NGOから見た世界銀行

市民社会と国際機構のはざま

松本 悟／大芝 亮
［編著］

ミネルヴァ書房

はじめに

　2012年10月，48年ぶりに世界銀行の年次総会が東京で開催された。世界銀行は，第2次世界大戦末期，戦後復興と開発支援を目的にアメリカとイギリスの主導で設立された。今日では188カ国が加盟する世界最大の国際開発機関である。

　東京での年次総会が終わりに近づいていたある日，知り合いのジャーナリストから取材を受け，こう尋ねられた。「世界銀行と言えば，開発途上国に社会的弱者を切り捨てる政策を押し付けたり，先住民族を強制的に立ち退かせたりと，悪者のイメージが強かったですが，今回の総会ではそうした問題がメディアに全く取り上げられていません。世界銀行を批判してきたNGOはどうなっているのでしょうか」。ここでは，この問いに答えることから本書の狙いを明らかにしようと思う。

　その前に，東京オリンピックの年以来，48年ぶりに日本で開かれた世界銀行年次総会について簡単に述べておく。もともとはエジプトで開催されるはずだったが，いわゆる「アラブの春」後の社会情勢の不安定さからエジプトが辞退し，代わって日本が名乗り出た。なぜ日本は立候補したのか。総会期間中に都内のホテルで開催された内閣総理大臣主催のレセプションの中で野田佳彦首相（当時）は，48年前は戦争による焦土からの復興を，今回は東日本大震災からの復興を世界に示し，そのためには国際協調がいかに重要かを日本が身をもって認識していることを強調していた。

　世界銀行年次総会は，大戦中に一緒に設立された国際通貨基金（IMF）の総会と合同で開催されるため「IMF・世界銀行年次総会」と呼ばれる。総会（正式名称は総務会）は組織の最高意思決定機関で，加盟国の担当閣僚（ほとんどが財務大臣）が重要事項を審議する場である。しかし，各国の財務大臣・中央銀

行総裁だけでなく，政府関係者，企業，研究者，NGO等が世界中から集まるため，開発や金融に関する様々なセミナーや会合が開催されている。今回の東京総会の場合，約200のセミナーが開かれ，公式に登録された参加者だけで1万人，非公式を含むと2万人が参加したと言われている。

　このうち本書のテーマであるNGOを含む市民社会組織（CSO）について少し触れておく。公式には67カ国から501名の参加者がCSOとして登録し，46のセミナーが市民社会プログラムとして開催された。市民社会プログラムは警戒厳重な総会会場内で開催されるため，事前にIMF・世界銀行年次総会事務局に届け出て身分証を入手した人たちしか参加できない。NGOとして公式に参加登録した人たちの6割近い287名が日本の参加者で，13のセミナーでは日本の団体がコーディネーターを担っていた。2番目にCSOの参加が多かったのがアメリカで34名，3番目がイギリスの20名だった。日本を除くと3分の2が開発途上国からの参加で，その中で一番多かったのはナイジェリアの10名，次がフィリピンの9名である。開催国とはいえ，さほどメディアに注目もされず，プログラムは英語で実施され，事前に登録が必要であること等を考えれば，日本のCSOの参加は決して少なくなかったと言えよう。

　一方で，総会期間中の週末，会場周辺でIMF・世界銀行総会に反対する抗議デモが行われ，およそ300人が参加した。総会会場内での市民社会プログラムは，NGOだけでなく世界銀行の職員等もパネリストになって議論をするもので，世界銀行の政策や事業の改善を求めることに重きが置かれている。それに対して会場周辺での抗議デモは，IMFや世界銀行が推し進める新自由主義こそが貧困を助長し格差を拡大させる元凶であるとし，存在そのものを否定していた。また，ヨーロッパの金融危機が続く中で，生活者を困窮させる緊縮財政を押し付けているIMFが攻撃の標的になった。IMF・世界銀行の年次総会は3年に1度，本部のあるワシントンD.C.以外で開催されるが，2003年のプラハ，06年のシンガポール，09年のイスタンブールでもNGOや労働組合による抗議デモが行われている。

　さて，最初のジャーナリストに投げかけられた問いに戻ろう。こうした抗議デモがあるものの，感覚としては90年代に比べて世界銀行への批判は小さくな

っているように見受けられる。しかし，それは必ずしも世界銀行の事業に問題がなくなったからではないと考えている。いくつかの理由があると思うが，ここでは3点を挙げておきたい。

　第1に途上国に流れる資金源としての世界銀行の量的な存在感の低下である。21世紀に入ってから開発途上国に流れる資金は民間投資が中心となり，途上国の開発をモニタリングする欧米のNGOのフォーカスもそちらに移ってきている。あまり世界銀行が重視されなくなっているといえよう。第2に，新興国，特に中国が出融資をした開発途上国の事業で深刻な悪影響が顕在化していることである。事業による負の影響をモニタリングするウォッチ・ドッグ（番犬）型のNGOは，中国等新興ドナー国が資金を供与している事業に目を光らせるようになった。相対的に世界銀行の事業が目立たなくなっている。第3に，少なくとも政策や方針のレベルでは貧困削減や環境保護といったこれまでNGOが主張してきた規範を世界銀行が受け入れていることである。経済開発には犠牲がつきものであるかのような見方はせず，ある意味でNGOと同様の行動規範を持つようになってきた。

　こうした変化がNGOの「矛先」を弱めたり，あるいはNGO同士の違いを表面化させたりしているように思う。例えば，民間投資の増加に伴う公的資金の役割をどう捉えるかだが，NGOの中には，民間資金や市場原理では対応できない社会開発や貧困削減に公的資金を投じることにつながるとして，世界銀行の存在意義を再評価する声がある。一方で，民間の「呼び水」として公的資金が使われるだけではないかと懐疑的な見方をするNGOも少なくない。現実には世界銀行は融資だけではなく返済義務のない無償援助を増加させている。こうした資金をNGOに供与し，共同で問題に取り組む姿勢を見せており，NGO側では，民間資金が増大する中で，公的資金源としての世界銀行への期待が高まっているのではないか。

　2つ目に，世界銀行が関与する方が，中国等新興ドナー国が融資するより「マシ」であるという考え方である。80年代以降NGOからの厳しい批判にさらされた世界銀行は，NGO等の意見を踏まえながら政策を改善し，事業の透明性を高めてきた。政策が適切に実行されているかどうかは疑問だが，少なく

とも中国等新興ドナーに比べれば透明性という点でも人権や環境への配慮という面でもかなり先進的である。多少プロジェクトに懸念があっても、「中国もそのプロジェクトへの融資に関心を示している」等と言われただけで、世界銀行の関与に正当性が付与されかねない状況にあると感じる。

　3つ目に、貧困削減や環境保護を世界銀行が政策の中心に置くことに対して、歓迎するNGOと懐疑的なNGOが現れている。前者は、こうした規範を重視してきたNGOであり、世界銀行とのパートナーシップや資金協力を含めて好意的な関係を築いている。一方で後者は、これらの規範を盲目的に適用すれば自然環境に依存して半自給的に生活をしている人々にとって悪影響をもたらすことを強く懸念している。環境保護を理由に森林の利用を禁止することで、村人が林産物の採取すらできなくなり生活が困窮するのではと考えているのである。

　21世紀に入って一段と進む経済のグローバル化が民間投資を後押しし、中国等新興ドナーの台頭は開発資金の多様化をもたらしている。見方を変えれば、世界銀行のような公的な国際開発機関の役割、さらには存在意義（レゾンデトール）そのものが問われているとも言える。そうした中で世界銀行は公的な国際開発機関としての生き残りを模索しているようにも見える。そのことが、同じように営利企業との差異や公共性を存在意義としているNGOへの歩み寄りに表れているのではないか。とすれば、NGOと世界銀行との今日の関係を明らかにすることは、グローバル化する世界経済における今後の公的国際開発機関のあり方を見通す上で1つのヒントを与えてくれるのではないだろうか。NGOが世界銀行をどのように見ているかを明らかにすることで、公的開発機関としての世界銀行の「生き残り策」の虚実を浮き彫りにすることができるのではないか。その際、研究者が理論的な枠組みを設けて分析的に語るのではなく、NGO活動に関わっている人たちが過去の歴史も踏まえて具体的に記述することに意義があるように思う。そのことが、結果的にNGOのあり方をも逆照射することにつながるからである。本書は経済のグローバル化における公的な国際開発機関のあり方だけでなくNGOのあり方を考える一助にもなると考えている。

以上のような狙いから生まれた本書だが，これまでに書かれた世界銀行に関する書籍と比較して3つの特色がある。第1に，日本のNGOで活躍している人々が自らの活動経験等を踏まえて書いている点であり，いわば「日本のNGOからの世界銀行論」と言える。世界銀行への働きかけの中心は本部のあるアメリカやヨーロッパのNGOであり，これまで日本のNGOが独自の視点で語ることは少なかった。本書は欧米のNGOの動きも追いつつ，なるべく世界銀行に関わる日本のNGOの活動に焦点を当てた。第2に，世界銀行の組織や歴史に触れながらも，教育，保健，環境，平和，経済開発等，様々な分野における実践例や問題事例を取り上げた「現場の眼」に基づく論考だという点である。ただ，残念ながら貧困削減の分野での執筆者を得られず，その点が本書の弱点となったかもしれない。第3に，NGOと世界銀行の協調と対立の関係を包括的に扱った点である。世界銀行と共同で，もしくは資金補助を受けて活動しているケース（第Ⅱ部「ともに活動する」），世界銀行や所管する日本の財務省に対して政策や融資の中止・改善を働きかけてきたケース（第Ⅲ部「内から働きかける」），世界銀行との対話よりも外側からの批判や抗議を重視しているケース（第Ⅳ部「外から働きかける」）を含んでいる。もちろん，執筆者や所属団体は必ずしもここに分類されたアプローチに固執しているわけではなく，様々な手段を使いながら世界銀行を利用したり働きかけたりしている。また，「ともに活動する」というと世界銀行に取り込まれている印象を与えるかもしれないが，本書を読めばわかるようにそれほど単純ではない。具体的な実践例は，上述したような分析だけではつかみきれないNGOの強さや戦略をあぶりだしている。

　以下に，本書の構成と各章の内容を簡単に紹介する。

　序章では，2012年が日本の世界銀行加盟60年にあたることから，世界銀行に加盟し融資される立場だった時代を中心に，日本と世界銀行の関係をたどる。「NGOから見た世界銀行」という本書のテーマからは若干ずれるが，「援助される日本」が世界銀行からどのような「圧力」を受け，それが日本にどのような影響を及ぼしたかを振り返ることは，その後の世界銀行と途上国の関係を考える上で重要である。

第Ⅰ部「世界銀行とは」では，世界銀行そのものと，NGOと世界銀行の関係史を概観する。第1章で焦点を当てたのは，設立背景，世界銀行の重点分野の変遷，資金源や組織面での特徴である。世界銀行に関する基本情報とともに，2章以降の事例や分析の背景知識を提供している。続く2つの章では本書のテーマである世界銀行とNGOの関係について2つのアングルから紐解いている。第2章では世界銀行に対するNGOの批判や双方の対話の歴史，第3章では事業を通じた世界銀行とNGOの関係の変遷に目を向ける。

　第Ⅱ部「ともに活動する」では世界銀行の資金を活用したり，世界銀行と共同で事業を支援したりしているNGOのケースを紹介する。第4章は日本が世界銀行に拠出している日本社会開発基金（JSDF）を活用したセーブ・ザ・チルドレン・ジャパンの事業である。NGOの得意分野である草の根の最貧困層をターゲットにした地域密着型の事業がなぜ世界銀行で可能になったのか，実際の資金運用上の課題は何か，規模の大きいプロジェクトでNGOらしさを失わないためにはどうしたらいいのかを問うている。第5章はNGOと世界銀行が対等な立場で資金を出し合って設立したクリティカル・エコシステム・パートナーシップ基金（CEPF）を取り上げる。主導したのは国際的な環境NGOのコンザベーション・インターナショナルである。NGOと公的なドナーが共同で1億ドル以上の資金を出すことによって，伝統的な世界銀行のプロジェクトとどういった点で変化が生じたのかを詳細に述べている。第6章は世界銀行の小規模無償資金を使ったジョイセフのリプロダクティブヘルスの事業である。JSDFやCEPFと比べて資金規模が小さいとはいえ，年間10万ドルの資金を簡素な手続きで，世界銀行からは何の干渉もされずに革新的な活動に使えると評価している。具体的にどのような活動が可能なのか，スリランカとネパールの事例から紹介する。

　第Ⅲ部「内から働きかける」では，NGOが世界銀行や加盟国政府・議会に対して政策の制定やプロジェクトの中止や改善等を求めてきたケースを取り上げる。第7章では1980年代以来，世界銀行の融資プロジェクトが引き起こす環境・社会面での被害をなくすべくNGOが制定を働きかけてきた政策（セーフガード政策）が岐路に立たされている現状を描いている。この分野で長年活動

している「環境・持続社会」研究センター（JACSES）の働きかけを中心に，2012年に始まった「成果連動型プログラム融資制度」をめぐる懸念について詳しく分析する。第8章は世界銀行が融資したプロジェクトをめぐる今日的な問題に焦点を当てている。環境・社会面での悪影響という点でしばしば批判の対象となる大規模ダム事業だが，日本のNGOのメコン・ウォッチが15年近くモニタリングしてきたラオスのナムトゥン2ダムは「貧困削減」と「環境保護」のためのダムとして融資された。「開発か，環境か」ではなく「環境のための開発」という言説がNGOに与えた影響などについて論じている。第9章も環境に関わるテーマだが，近年注目を浴びている気候分野への世界銀行の資金的関与をめぐるフレンズ・オブ・ディ・アース等，国際NGOの批判的な働きかけを描いている。気候変動対策の必要性を訴えながら，なぜNGOは世界銀行が関与することに否定的なのかを分析している。

第Ⅳ部「外から働きかける」は世界銀行と対話をしながら政策を変えていくというよりは，外側のチャンネルや路上での抗議を通じて変革を求めてきた動きを取り上げる。第10章はジュビリーを中心とする債務帳消しキャンペーンに焦点を当てた。このキャンペーンは先進国首脳会合（サミット）への働きかけが債権者である世界銀行を動かした成功例として捉えられることが多いが，この章では帳消しがタンザニアにもたらした結果や，帳消しの対象や方法をめぐるNGO間の意見対立にも目を向けている。第11章はアメリカの同時多発テロ以降，開発分野で盛んに論じられるようになった平和構築についてである。協定上政治的な問題に関与できない世界銀行だが，知的貢献として発行する「世界開発報告書（WDR）」を通じて積極的に平和と開発の関係性や方向性を示している。それに対して，アフガニスタンで活動する日本国際ボランティアセンター（JVC）の経験を踏まえ，世界銀行が唱える平和構築の理想と現実の乖離を分析する。

終章では，本書で取り上げた歴史的な分析や実践例等を，国際関係理論の枠組みから整理をし，世界銀行とNGOを俯瞰する道標を示している。具体的には，大国間のパワーポリティクスから捉えるアプローチ，国際的なルールを重視するアプローチ，NGO等非国家アクターを含めたグローバルガバナンス論

的なアプローチ，それにミクロ理論の政策決定論から捉えたアプローチである。本書で取り上げた個々の事象をつなげる理論的枠組みを提示する。無論，各章をつなぐのは国際関係理論ばかりではない。読者の中には各章で示唆されるNGOの価値観や戦略が相互に対立しているように感じる人もいるだろう。そのことが持つ意味について，読者1人1人が考察することも本書の能動的な読み方と考えている。

　本書の読者として想定しているのは，国際関係論，国際機構論，国際開発論，国際NGO論等を学ぶ大学生や大学院生，それにこれらの分野の研究者である。しかし，それに留まらず，開発協力の政策や実務に携わる方々にも是非ご一読頂きたい。世界最大の国際開発機関である世界銀行を取り上げているとはいえ，それぞれの実践例や問題事例の背景に横たわる課題は，開発をめぐる普遍的なテーマであると同時に，公的な資金のあり方を問い直す契機を与えてくれている。国際機構と言えば国連，国際協力と言えばJICAなど2国間援助，NGOと言えば国際条約等のレジーム形成というのが上記学問分野における昨今の志向のように感じるが，世界銀行を通して垣間見られる経済・社会・環境のリンクは，こうした分野に新たな切り口と視点を提供することであろう。

　本書の出版にあたっては多く方々の協力を頂いた。特にインタビューの書き起こし等の面でご助力頂いた鈴木あかね氏と松本光氏には感謝申し上げたい。また，インタビューの実施においては小川英治先生にお世話になった。予定通りに進まず，大幅に出版が遅れてしまった中で粘り強くお付き合い頂いたミネルヴァ書房の堀川健太郎さんにはこの場を借りてお礼を申し上げたい。

2013年1月

　　　　　　　　　　　　　　　　　　　　　　　　松本　悟・大芝　亮

NGO から見た世界銀行
──市民社会と国際機構のはざま──
目　次

はじめに

序　章　日本と世界銀行の60年……………………………行天豊雄…1
　　　　──借入国として，第2のドナーとして──
　1　日本が世界銀行に加盟するまで………………………………… 1
　2　最初の借入 ………………………………………………………… 6
　3　第2位の出資国としての日本 …………………………………… 11
　4　1990年代から現在──日本と世界銀行 ………………………… 15

第Ⅰ部　世界銀行とは

第1章　世界銀行──歴史・組織・資金──……………松本　悟…21
　1　世界銀行とは何か………………………………………………… 21
　2　世界銀行の誕生 ………………………………………………… 23
　3　戦後復興から開発援助機関へ ………………………………… 26
　4　世界銀行「グループ」…………………………………………… 33
　5　世界銀行の組織構造と総裁 …………………………………… 36
　6　理事会と資金源 ………………………………………………… 40
　7　IDA増資と政治的意味 ………………………………………… 43
　8　市民社会が働きかける2つのチャンネル …………………… 46

第2章　世界銀行とNGO(1)──批判と対話の小史──………松本　悟…49
　1　NGOとは何か …………………………………………………… 49
　2　世界銀行とNGOの「批判的対話」…………………………… 53
　3　NGO間の対立と「公式な対話」の変容 ……………………… 63
　4　「批判的な対話」と定着と多様化 ……………………………… 67

x

第3章　世界銀行とNGO（2）――協働・仲介役・日本のNGO……**松本　悟**…73

1　プロジェクトを通じた世界銀行とNGOの協力………………73
2　世界銀行とNGOの協力の難しさと政治性………………79
3　日本のNGOと世界銀行………………82
4　「協議」の時代の世界銀行とNGO………………89

第Ⅱ部　ともに活動する

第4章　世界銀行と協働した教育支援………………**新井綾香**…95
　　　――事業のスケールアップの効果と問題点――

1　世界銀行における日本社会開発基金（JSDF）の位置づけ…………95
2　JSDF事業の実例………………98
3　JSDFプロジェクト実施の経験から見えてきた成果………………110
4　NGO側から見た世銀との連携の課題………………113

第5章　共同基金による自然環境保全………………**日比保史**…119
　　　――市民社会のエンパワーメント――

1　CEPF設立前後の時期の世界銀行を取り巻く状況………………119
2　CEPFへの世界銀行参画の経緯………………120
3　CEPFの革新的なスキーム………………122
4　生物多様性と貧困削減の関係………………130
5　生物多様性保全を通じた貧困削減………………132
6　CEPF――10年間の成果………………134
7　CEPFの保全投資の事例――インドビルマ・ホットスポット………………138
8　CEPFに対する第三者評価結果………………140
9　CEPFの今後の展開………………143
10　世界銀行の生物多様性分野への支援およびNGOとの連携の課題…145

第6章　思春期保健プロジェクト ……………… 吉留　桂・松本　悟 … 149
　　　　——世界銀行の無償資金とビデオ制作——
　1　ジョイセフの活動と世界銀行資金の接点 ……………………… 149
　2　人口とリプロダクティブ・ヘルス能力向上プログラム ……… 155
　3　映像制作を通した若者の政策提言能力の強化 ………………… 157
　4　世界銀行の無償資金と NGO 活動 ……………………………… 164

第Ⅲ部　内から働きかける

第7章　悪影響を回避する政策 ……………………… 田辺有輝 … 169
　　　　——世界銀行の新しい融資形態と環境社会配慮——
　1　世界銀行の融資形態の変容 ……………………………………… 169
　2　成果連動型プログラム融資制度の導入背景 …………………… 170
　3　成果連動型プログラム融資制度の概要と策定プロセス ……… 171
　4　制度の導入を巡る NGO と世界銀行の攻防 …………………… 172
　5　成果連動型プログラム融資導入後の課題 ……………………… 184

第8章　「貧困」を創り出す開発事業 ……………… 東　智美 … 187
　　　　——ラオスのナムトゥン2水力発電事業——
　1　貧困削減のためのダム ………………………………………… 187
　2　世銀，NGO とナムトゥン2ダムの20年 ……………………… 192
　3　削減された「貧困」，創り出された「貧困」 ………………… 198
　4　世銀のプロジェクトを監視する NGO の役割と限界 ………… 205
　5　開発による貧困化を防ぐには …………………………………… 210

第9章　世界銀行と気候変動分野 …………………… 清水規子 … 215
　　　　——NGO のアドボカシー——
　1　気候変動分野における世界銀行の役割 ………………………… 215
　2　近年の気候資金を巡る世界銀行の動きと NGO ……………… 216

 3 気候変動対策としての森林分野を巡る世界銀行の関与と NGO ……224
 4 気候変動分野での NGO の影響，意義，課題……………………237

第Ⅳ部　外から働きかける

第10章　世界銀行と債務帳消し………………藤井大輔・高丸正人…245
  ——グローバルな市民キャンペーン——
 1 途上国債務と世界銀行………………………………………………246
 2 債務問題に対する NGO の取り組み………………………………251
 3 2000年以降の多国間債務……………………………………………258
 4 債務維持可能性の新たな課題………………………………………264

第11章　世界銀行と平和構築——「介入」の再考——……高橋清貴…269
 1 平和構築とは何か……………………………………………………269
 2 世界銀行と平和構築…………………………………………………273
 3 アフガニスタンの平和構築…………………………………………285
 4 「介入」の再考………………………………………………………294

終　章　国際関係の中の世界銀行……………………………大芝　亮…297
  ——理論から見えること——
 1 世界銀行の役割を考えることはなぜ重要か………………………297
 2 国際関係理論の3つの流れ…………………………………………298
 3 ホッブズ的見方からの問い——世界銀行はアメリカ支配の機関か………299
 4 グロチウス的見方からの問い——世界銀行は「経済」的な機関か………305
 5 カント的見方からの問い——世界銀行はグローバル社会の組織か………309
 6 世界銀行における政策決定…………………………………………315

索　引……323

序　章

日本と世界銀行の60年
—— 借入国として，第2のドナーとして ——

行天豊雄

1　日本が世界銀行に加盟するまで

戦後復興初期

　日本が国際通貨基金（IMF）・世界銀行のいわゆるブレトンウッズ機構に加盟したのは1952年である。まず，どのような国際情勢，経済情勢の中で日本がIMF・世界銀行に加盟したのかを振り返る。

　1945年から52年まで，日本は連合国による占領下にあった。国内では，第2次世界大戦によって引き起こされた経済的困窮が将来の希望に暗い影を落とし，とりわけ石炭・鉄鋼分野での生産力低下が著しかった。ここで政府が石炭と鉄鋼分野中心の傾斜生産方式を導入すると，生産力は回復したものの，融資資金調達のための債券発行に伴うインフレの加速が止まらなくなった。49年にはGHQ の経済顧問 J. M. ドッジがドッジ・ライン，すなわち緊縮財政政策を勧告し，同時に1ドル360円制という固定相場制が導入された。これにより今度はデフレが日本経済を襲った。

　50年代初頭，朝鮮戦争特需によって，ようやく経済は回復の一歩を踏み出したが，より一層の経済復興のボトルネックとなっているのが国内インフラ不備であることは明らかであった。だが基幹インフラ構築のために国内で資金を調達するには限界があったため，国外での資金調達の道を模索する必要があった。しかもサンフランシスコ平和条約を締結し，日本が独立を回復すれば，米国からの財政支援も終了することになる。こうしてアメリカに代わる資金源としてブレトンウッズ機構に参加するという案が政府内で浮上した。

IMF・世界銀行への参加をめぐっては日本政府内で賛否両論があった。まず参加の利点としては資金調達ができることのほかに，日本が国際社会に復帰でき，国際的な地位の向上が見込まれること，円への信頼が増すであろうこと，そして円への信頼が回復すれば国外からの投資も期待できることがあった。一方，反対論として為替レートを変更する際にIMFの認可が必要となる等自国の主導権を奪われることへの懸念や，すぐに借入できるようになるとは限らないという不安の声もあがっていた。

　最終的に日本政府が重く見たのは経済面よりも日本の国際社会への復帰という心理的，外交的な利点だった。また，IMFの融資よりも世界銀行からの借款のほうがインフラ再構築のために直接的な結果をもたらすと考えられていた。ただし，この時点では借入の額やどのセクターにどの程度投資するかといった具体的なプランがあったわけではなかった。

　こうして1952年，日本はIMFおよび世界銀行に加盟した。当初の出資額の順位は9番目であった。国土が荒廃し，経済が壊滅したにもかかわらず日本の出資比率が決して低くない理由は，当時は連合国も含め，あらゆる国が等しく戦争の傷を負っていたからである。敗戦当時の日本のGDPは戦前の3分の2ほどに縮小していた。とはいえ，日本にせよ，ドイツにせよ，第2次大戦前に既に世界の大国であった。人口も7,000万人おり，戦争に負けたからといって突然世界的にマイナーな国になったわけではなかったのである。

　では日本の加盟を受け入れた側，世界銀行側はどのように反応していただろうか。率直に言って，融資先として当時の日本が信用され，大歓迎されていたとは言えない。知日派で知られるE. O. ライシャワーをはじめ，アメリカの専門家や政府は戦後日本の回復能力に対してもろ手を挙げて好意的な評価をしていたわけではなかった。戦争を引き起こすような危険な国に貸付をしてまた不穏なことにならないのかといった見方もあり，戦後日本の経済復興についての猜疑心はアメリカ国内でも強かった。

　同様にヨーロッパの旧連合国側でも日本に好意的な立場をとらない人は多かった。自分たちも戦争被害を受け，マーシャル・プラン等の経済援助を受ける立場になった旧連合国側の国民が，自分たちの税金が旧枢軸国側にまわるのを

序　章　日本と世界銀行の60年

大歓迎できなかったとしても無理はない。したがって旧連合国側では，第2次世界大戦で戦った日本やドイツをどの段階で国際社会に復帰させるかは大きな問題だった。日本の世界銀行加盟をめぐり反対論や慎重論も当然出ていたと思われる。ただし，そうした否定論が大きな声となることはなく，また日本の加盟交渉者の耳に入ることもなかった。

　逆に，世界銀行の運営側からすれば日本やドイツ等の中規模国が加盟し，出資金が増えるのは歓迎であった。そして当時の世界銀行はすぐれてアメリカが主導するエージェンシーであった。アメリカは戦後の国際秩序の中で旧枢軸国をできるだけ早く自分たちの仲間にしたいと考えており，また冷戦が始まるとこの考えがさらに加速された。

　一方，ソ連邦を始めとする東側陣営は日本やドイツが西側陣営に入って行くことを歓迎していなかった。あえて問われれば不快感を表明したかもしれないが，公の場で日独の加盟に反対したり，妨害活動をしたりするといった事実はなかったと言ってよい。

　ところで，戦後日本の国際社会への復帰は，1956年の国際連合加盟によって達成されたと言われることが多い。それより4年も前に，戦後の国際経済秩序の枠組みであるIMF・世界銀行に加盟していることは注目に値する。日本のIMF・世界銀行への加盟が国連よりも先んじたのは，国連がすぐれて政治的な機関であり，ブレトンウッズ機構と較べると扱いにくい面もあったからであろう。日本にとっても世界銀行への加盟によって得られる復興開発の資金的なメリットへの期待は非常に高く，ブレトンウッズ機構への加盟は純粋に経済的な観点から進めることができたのだった。

融資をめぐる議論

　1952年7月，日本の経済状況，および融資候補となるプロジェクトを調査するために世界銀行のミッション（使節団）が訪日した。現在，世界銀行が融資のために途上国にミッションを送る際，その国の経済データを入手するだけでも苦労するものだが，戦後の日本ではこうした問題は起こらなかった。経済データは既にそろっていたからである。

日本政府サイドでも世界銀行の融資候補となるプロジェクトの選定作業が始まり，同年秋になって世界銀行の使節団は報告書を発表した。候補事業は7つ，総額は9億ドルにおよんだ。

　だが，報告書が公表されると東芝の石坂泰三率いる電気機器製造業界が報告書に対する請願書を提出してきた。世界銀行融資によって外国製の発電機が輸入されると国内の発電機製造の健全な発展が阻害されるばかりか，日本製の発電機が国際的に評価されなくなるおそれがある。将来の発電機輸出が見込めなくなるので，発電機の輸入に反対するというのが彼らの主張だった。当時の日本の製造業界がいかに輸出拡大を足がかりとして飛躍しようとしていたかを物語るエピソードである。

　世界銀行の使節団は翌53年の1月まで日本に滞在し，全国をまわって各県庁や民間企業家との面接を行った。産業界の世界銀行借款への期待は非常に高く，地方の政治家や民間企業の中には本来の計画にないプロジェクトへの借入を個別に陳情してくるケースもあった。そうした行き当たりばったりの陳情や過剰な接待攻勢が世界銀行のスタッフを苛立たせたとも伝えられている。

　半年近くにおよぶ現地調査を経て，世界銀行ミッションを率いるR.ガーナー世界銀行副総裁は調査後のブリーフィングを行った。そこでは日本経済に対する不安が3つ挙げられていた。その第1は，日本政府の予算請求額が候補事業の見積総額を超えていたことだった。このため予算をより厳密に作り直すよう，指示された。第2に，日本の経済発展への青写真が曖昧だとの指摘があり，計画をより具体的にするよう要求された。第3に，日本の国際収支が依然不安定であることが懸念され，このため東南アジアの輸出市場を開拓することが必須と提言された。この背景には世界銀行が東南アジア諸国の経済を援助すれば，日本の経済発展にもつながるという考え方も存在していた。

　当時の調査団の中には「イギリス人の公認会計士に財務諸表を作らせてからでないと日本への借款は行えない」と語ったスタッフもいたと言われる。この時点では日本の会計処理はまだ国際水準には達していないと見られていたのである。

　この当時，日本が頼っていた主要な海外の資金源は米国輸出入銀行（米輸銀）

だった。様々な要求を突きつけられながらも，日本が米輸銀から世界銀行への資金源を移していったのはなぜだろうか。その理由は，米輸銀の場合，米国からの輸出に対する融資であり，ある意味ではひもつきだからだといえる。プロジェクトで必要とするものが具体的な場合，例えば発電機を必要とし，その供給者がジェネラルエレクトリック社（GE）等アメリカの企業であれば，当然米輸銀からの融資が一番常識的であったろう。だがこの段階の日本で考えられていた高速道路や新幹線といった裾野の広いインフラ・プロジェクトは米輸銀からの融資にはなじまなかった。

カルチャー・ショック——日本が世界銀行から学んだもの

こうして世界銀行に加盟した日本は加盟交渉の時点から世界銀行の考え方を学ぶことになる。それは大きなカルチャー・ショック体験だったといってよい。

世界銀行からの借入では単なる金融的な側面に加え，工業での技術移転，さらにより広いマネジメントやガバナンス等ソフトの面での技術輸入ももたらした。その後の日本経済の発展の観点にとって学ぶべきことは非常に多かった。純粋に技術的な面においては，川崎製鉄が導入したホットスプリットミルは当時の日本にない技術だったし，新幹線にせよ，高速道路にせよ，それまで日本には存在していなかったものを作るための技術の多くは世界銀行借款の技術支援から学んでいる。ソフト面でもエンジニアリング・コンサルタントという職業や考え方はそれまで存在していなかった。日本ではコンサルタントは全てインハウス（社内）であり，独立性は存在していなかったからだ。

また，電力のような公益事業は経済単位としてどうあるべきかを考えるべきであるという発想も新しかった。その後の途上国への融資でも見られるように，国家資本主義的な立場の国では公益事業は他の産業とは性質が違い，電力等の生産物の価格は経済合理性からでなく，社会需要から決められるのが当然だという考え方をする。当時の日本でもそうだった。それが世界銀行によって電力事業でも企業である以上は，採算性がなければいけないということを教えられた。結局，世界銀行の貸付条件は財務体質の改善や物価政策にまでおよんだが，鉄鋼その他企業の財務を改善させたのは間違いない。

もちろん日本国内に世界銀行のやり方に対する抵抗はあった。コンサルタントを独立させなければならないと提言されれば，それまでの社内コンサルタントは職を失う。細かいことは気にせずやってくれといった大雑把な依頼もできなくなった。より深刻だったのは電力料金で，これは政治的混乱も生んだ。したがって世界銀行という新しいカルチャーに出会い，日本側が苦労をしたことは間違いない。ただ当時の電力会社，鉄鋼会社，交渉にあたった日本開発銀行（現在の日本政策投資銀行）のスタッフは誰もが学ぶべきことは多かったと答えるであろう。今から振り返って，世界銀行に入らないほうがよかったと思っている人はいないだろう。

　世界銀行側も交渉や調査の過程で日本人の事業の進め方が欧米とは違うことを認識するようになった。また，日本の政府官僚サイドは世界銀行からの要求を「外圧」として国内政治に利用するようにもなった。

2　最初の借入

第1号は関西電力の火力発電

　日本が世界銀行から借入を行ったプロジェクトの第1号は関西電力の火力・電力事業である。もともと関西電力は米国輸出入銀行に輸出信用の付与を依頼していたが，米国側の法改正によりこのプロジェクトは頓挫していた。そのため，53年になって日本政府がやむなく世界銀行に借款を申請したのだった。

　最初の借入交渉は困難を極めた。時間もかかり，世界銀行側のミッションは詳しいリサーチのために何度も来日せねばならなかった。リサーチを経て，世界銀行が関西電力への貸付をめぐって提示してきたコンディショナリティ（融資条件）は以下の3つであった。第1に電力会社の財政基盤を強化するために，日本政府は電力料金の値上げを進めること，第2，現行の電力開発五カ年計画は野心的にすぎ，見直しが必要である。電力会社の自己資本比率を改善するよう政府は努力すること。第3，システム障害を減らすよう，政府からも働きかけること。

　日本政府は最終的にこの条件を受け入れたが，電力料金値上げについては日

本の政官界で議論となった。日本側は電力料金を低く抑えたほうが日本の復興のためになると考えており，国際機関である世界銀行がこのようなデリケートな国内問題にまで口を出してくることは驚きであった。日本政府は最後には「ある程度迅速に」値上げを行うとしてこれらの条件を受け入れた。

もうひとつの問題は担保である。日本側は世界銀行と日本政府の間に入る日本開発銀行は公的機関なのだから借入に担保は不要と考えていた。だが世界銀行は担保を持つのが国際的な常識であると主張した。結果的に世界銀行と日本政府の担保条約，世界銀行と日本開発銀行の借款条約，世界銀行と電力会社の間のプロジェクト条約という3種類の条約が結ばれた。

このように基本的な原則をめぐる摩擦や食い違いも起こったが，日本の交渉者たちは世界銀行とは単にカネを貸すだけではなく，融資先の事業内容やその結果についても関心を持つ機関なのだということを学んでいったのだった。

これらのやりとりを経て，初の借入協定が調印されたのは53年10月，その額は4,020万ドルであった。この最初の体験によって日本と世界銀行の間にあった価値観の違いは次第に薄まり，時間をかけて日本は借入模範国となってゆく。

アメリカの熱意

多くの困難を乗り越えて，日本が最後には第1回融資にこぎ着けた背景には，日本の復興に対するアメリカの大きな熱意や期待もあった。来日した世界銀行の調査員たちは日本人と交渉を持つ中で，戦後よみがえっていた日本の国民の勤勉さや復興への熱意，そのほかの実務的な能力を高く評価するようになっていた。

しかしなによりも当時，世界銀行でのアメリカのプレゼンスは圧倒的であった。戦後直後のアメリカの国内総生産（GDP）は世界の40％にのぼった。ブレトンウッズ体制は形式的には米英の合作ではあるが，実際にはアメリカ主導で設立されたものだった。そしてアメリカが戦後直後に行った寛大な経済援助──マーシャル・プランにせよ，日本への援助にせよ，ブレトンウッズ機関にせよ──をめぐっては当然だが純粋な面とアメリカの利益への打算の結果という両面があった。

第2次世界大戦の前までにはアメリカは世界経済では最強国となっていた。大英帝国は19世紀末からその能力を超えて軍事的・経済的関与を拡大する「インペリアル・オーバーリーチ」によって力が拡散し，第1次世界大戦が始まる前には既にアメリカがイギリスを追い越していた。ただし20世紀前半のアメリカは豊かな国力を誇ったものの，自分たちが世界でどういう役割を果たすべきなのかという問題意識も十分でなく，また指導国家としての理念も未熟であった。第2次世界大戦が終わって初めて，アメリカに非常に明確な形で世界の指導国家だというエトスが生まれたといえる。

　その背景にはアメリカの若者たちが第2次世界大戦中に兵士としてヨーロッパやアジア等世界中に散らばっていったことがある。若い米兵たちは戦争に赴き，他国の破壊や惨禍を間近に見て，比較的無傷な母国へと帰って行った。自らの戦争体験から世界の破壊に対して自分たちが行動しなければならない，世界の発展や復興に貢献しなければならない，そうした純粋な気持ちが生まれていた。20世紀後半における世界の指導国家としてのアメリカのエトス（気風）はこうしたアメリカの従軍世代の意識に支えられていたといえる。

　同時に世界銀行の融資はもちろん産業界をはじめとするアメリカの利益につながるものであった。戦後のアメリカ経済は戦争中に肥大化した軍需産業の生産力をいかに維持して行くか，その需要をいかに作っていくかがカギとなった。失敗すれば大不況に陥るため，アメリカの経済，中でも製造業に対する需要を作らなければならない。そのためには他の世界を復興させる以外にない。したがって戦後のアメリカの経済政策は世界のため，他国のためという利他的で純粋な面と，自国の経済をいかに維持するかという自国利益中心の面，その両方があった。アメリカ外の経済を復興させ，そこに需要をつくる。そのためには2国間の援助も多国間の援助も必要であった。そして，さらに時代が下ると冷戦も要素として加わるのが第2次大戦後の世界経済のダイナミクスだったのである。

高度経済成長期の融資事業

　1955年から66年にかけて，日本は30回，合計8億ドルを世界銀行から借り入

れた。もっとも最初の借入のあとも世界銀行は依然として日本の債務返済能力に懐疑的であり，第1回の借入から2回目の借入までには2年を要した。

50年代には鉄鋼，自動車産業，造船，ダム建設を含めた電力開発に資金が向けられた。まず，製鐵・鉄鋼を近代化して国際競争力をつける取組の一環で，八幡製鐵と川崎製鐵への貸付が決まった。各社とも借入の条件として財務状況の改善を求められた。既に見たように日本側はこの条件にとまどったが，結果として，財務の健全化の重要性が日本でも認識されるようになっていった。

一方，電力業界は初回借入の際に世界銀行融資の手続きがあまりにも（彼らにとっては）理不尽で煩雑なのに嫌気が差しており，世界銀行ではなく，米国輸出入銀行からの融資を求めるようになっていた。この動きを懸念した世界銀行のE. R. ブラック総裁はすぐに来日すると，融資条件を緩和することを自ら提案した。またこの来日時にブラック総裁は日本経済の復興具合を自分の目で確認し，日本は返済能力が低いという当初の考えを撤回して，日本への貸付にいままでよりずっと積極的になった。融資条件の緩和によって，世界銀行プロジェクトとして黒部ダムが建設されることとなった。

60年代に入ると融資対象は道路・輸送セクターへと移る。まず戦前から計画されていた名神高速道路の建設が融資を受けた。当時の日本には高速道路建設の基本ノウハウがまったくなかったため，世界銀行の推薦によってドイツのエンジニアが招かれ，技術支援を行った。借款はいわゆるひもつきのタイドローンではなかったため，一部は国際入札制度が採り入れられ，アメリカ企業が契約をとりつけた。もうひとつこの時期に世界銀行融資を受けたのが東海道新幹線である。現在では世界銀行プロジェクトであったことはよく知られる新幹線だが，当初，世界銀行はこの事業は「実験的」で「贅沢」にすぎるとみて，貸付に難色を示していた。最後には輸送の高速化・効率化が見込まれるとして，借入が決定された。

世界銀行からの「卒業論」から現実の「卒業」まで

1961年，世界銀行副総裁B. ナップは日本道路公団への2度目の融資の際に，これを日本の公共部門への最後の融資とすべきだと発言し，初めて世界銀行側

から日本の「卒業」という話が問題提起された。これ以降，世界銀行理事会において，ほかの加盟国，特に途上国から日本の経済は順調に発展しており，巨額の借入国であるのはおかしい，卒業すべきだ，という意見がひんぱんに聞かれるようになっていった。これに対して，日本側は，日本は工業化は進んだものの，基本的なインフラがまだ整っておらず，さらなる公共部門への外資導入が必要であると応じていた。同時に，途上国への2国間経済援助やIDA（国際開発協会）を通しての経済援助は毎年増加していることを指摘し，乗り切ろうとした。

確かに日本政府は56年の『経済白書』において「もはや戦後ではない」と宣言していたが，国内ではまだまだ自分たちは復興途上にあるという議論も根強くあった。さらに借入を望む側からすれば世界銀行借款のメリットは明らかだった。政府融資や民間融資の場合は，ガバナンスや技術の面で旧来のしがらみが阻害要因となることがある。だが世界銀行からの融資であれば「世界銀行の指示でこのように行う」というように外圧を利用することができたからだ。新幹線プロジェクトもその一例である。当時の国鉄は赤字路線を抱えて経営がひっ迫し，労働組合とも対立する等多くの課題を抱えていた。新幹線事業にしてもオリンピックという期限を死守しない限り，公的資金は調達できないことになっており，決してスムースに運んだわけではない。だが世界銀行からの借入ならば国内問題と切り離すことができるし，国際入札を利用することもできる。こうした思惑のために世界銀行借入は好意的に受け入れられていた。当時の日本には需要はいくらでもあり，安定した資金が手に入る可能性があれば，利用したほうがいいという考え方も当然あった。

現在，急激な経済成長で世界第2位のGDPを誇る中国がその一方で自らを開発途上国だと規定し，世界銀行等からの経済援助を受け続けている。この状態を疑問視する声は大きくなる一方だが，現在の中国では都市化によって中間層が増える一方，農村地帯では貧困が残っており，その姿はかつての日本とも重なってみえる。中国には急速な発展を見せびらかさないほうが得だという外交的配慮や，もらえるものはもらっておこうという思惑等もあろう。このように世界銀行借入にメリットは事欠かないのである。

だが時を経て,次第に日本の内部からももはや日本は経済大国になったのであり,もう外国からカネを借りる必要はないという自負や自信の声が聞こえるようになっていった。日本の卒業をめぐって,ほかの借り入れ希望国や世界銀行の経営陣,さらに日本の3者が激しく対立したということもなかった。1964年になると日本はOECDに加入,東京オリンピックを開催する。さらには同年,日本を舞台とした戦後初めての国際会議であるIMF・世界銀行総会のホスト役をも務めた。日本が戦後のめざましい経済復興を世界にアピールした年であった。それから2年経った66年,東京神戸間高速道路への貸付を最後に,13年間におよんだ世界銀行による日本への貸付は終了した。

3　第2位の出資国としての日本

第2位の出資国になるまで

こうして「卒業」を終えた日本は純債権国の地位を目指すことになる。それまで出資比率で7位だったところが1970年には5位となり,翌71年には任命理事国の地位を占めるようになった。GNPはその3年前,68年に既にアメリカに次ぐ世界第2位となっていた。

同じ頃,OECDの参加条件である資本市場の自由化も進み,東京に世界銀行事務所が開設されると,ここが日本政府と世界銀行間の交渉の場,さらには次第に日本政府と日本の金融市場の有益な交渉の場／リエゾンとして機能するようになっていった。もし東京に事務所がなく,交渉が全て日本の慣習に疎い世界銀行担当者によって行われていたら様々な交渉がこれほどスムースには進まなかったであろう。日本によるサムライ債,大名債,将軍債等はこうした場で発行されていったのである。

70年代に入ると日本の貿易黒字に国際的な圧力がかかるようになった。石油危機が起こって経済環境がさらに変化すると,日本政府の中には経済外交の手段として多角的な海外援助が有効であるという認識が浸透していった。80年代になると日本は対外援助を大幅に増額し,同時に国際経済におけるプレゼンスの高まりとともに世界からは世界銀行等国際金融機関での貢献も求められるよ

うになった。こうして1984年，日本はアメリカに次いで世界銀行での第2位の出資国となった。

　ただし世界銀行における日本の地位向上が文句なしに歓迎されたわけではない。イギリス，フランスを筆頭とするヨーロッパの旧連合国側の懸念は依然，強かった。ブレトンウッズ体制も米欧主導でできたものであり，日本がヨーロッパの国を追い抜いて2位になることについて素朴な危機感が存在していた。とはいえヨーロッパ諸国は既にその地位を維持するための財政基盤を失っていた。

　一方，アメリカは日本とヨーロッパ双方に気を遣う必要があり，デリケートな立場に立たされた。とはいえ，ベトナム戦争，石油危機を経て，アメリカ経済も減速しており，財政も不安定になっていた。このため，アメリカは自分たちのトップの地位が脅かされない限りにおいては，他国からの拠出金が増えるのは歓迎というのが本音であった。

　途上国側からはむしろ日本の貿易黒字と途上国の債務国化により，日本は途上国に貢献を増やすべきだという圧力がかかっていた。途上国は日本がIDAへの出資を増やすことを熱烈に歓迎した。

第2位の出資国としての貢献

　では出資比率を第2位にした日本は世界銀行でどのような貢献を行ってきたのであろうか。

日本特別基金　日本は第2位の出資国となると87年に日本特別基金を設立した。基金の目的は世界銀行のプロジェクトを支援すること，そして支援プロジェクトを受ける途上国の負担を軽減することである。この基金は90年，そのほかの開発援助基金とともに開発政策・人材育成基金（Policy and Human Resources Development Fund: 以下，PHRD基金）という形に統合された。PHRD基金は環境保護活動や女性支援をするためのファンドを含む技術支援，さらには奨学金等人材育成を念頭にした基金である。この基金は運営が全面的に世界銀行に任され，日本政府は発言権を持たなかった。こうした柔軟性のためにPHRD基金は世界銀行では高く評価されている。

協調融資　　もうひとつ日本が力を入れたのが世界銀行との協調融資である。86年から93年にかけて日本は164億ドルを融資し，協調融資では最大の拠出国となっている。日本が協調融資に力を入れた背景は次のような事情があった。国際的なコミットメントを増やす中で，日本は途上国に対する財政援助を増加させる必要があったが，依然として援助大国としてのノウハウや国際的な資格を持ったコンサルタントといった人材資源に欠けていた。こうした援助プロジェクトの運営能力の未熟さを補うために，日本の援助機関は世界銀行の制度や手腕というインプットを必要としたのである。

　また，90年代に入ると日本は協調融資強化スキーム（Accelerated Co-financing Facility: ACF）構想を提案した。これはまだ日本の援助の手がそれほど届いていなかったラテン・アメリカやアフリカへの援助を行う際に，世界銀行のノウハウを得るために立ち上げられたものであった。協調融資は一般的に資金供与国企業が受注する紐付きであることと，手続きが複雑なために批判されがちであるが，日本の協調融資は紐付きでないという特色もある。ただし，プロジェクトを決定するのは世界銀行で，日本はそれに従うだけという受動的な傾向も指摘されている。今後はより積極的にコミットし，対等なパートナーシップを作ることが望ましい。

アジアの　　日本が戦後一貫して世界銀行の理事会や総会の場で主張し
リーダーとして　続けてきたのは，世界銀行はアジアにもっと関心を持つべきだということであった。日本がアジアの中で最も進んだ経済大国だという自負もあり，日本はアジアの代表選手としてアジアのために発言をし，アジアのプレゼンスを高めなければいけないという意識が強かった。こうした日本の言動にヨーロッパは常に抵抗する傾向があり，またアメリカは伝統的に自分たちのいわば裏庭であるラテン・アメリカ地域を配慮しがちであった。特にアメリカについては現在でもラテン・アメリカ地域への配慮が多すぎるという見方が日本政府の中に存在する。

　アジア地域の国際開発機関としては1966年にアジア開発銀行（ADB）がフィリピンのマニラを本部に設立された。日本はアメリカと並んで最大出資国になり，総裁も出しているが，世界銀行におけるアメリカとの関係とは違う。

ADBがあれば，世界銀行はいらないとは日本はいえないし，現実にそう思っていなかった。当初はADBの規模がきわめて小さかったという事情もある。できたときから多少のライバル意識のようなものが存在していた。

人的貢献という課題　アジア的なアプローチを世界銀行の中で広めていくためには，世界銀行に日本人職員や幹部を増やすことも大切である。これまでにも世界銀行に多くの日本人エコノミストを送る努力がなされてきたが，必ずしも実現しているとはいえない。日本が財政貢献の規模のわりに人的貢献が少ないことは長年の課題となっており，日本の国会において世界銀行での出資増額を求める提案がなされるたびに日本人職員の少なさを指摘する声があがるほどである。

この問題の原因は日本サイドと世界銀行サイド両方にあると思われる。

まず，過去に日本の人的貢献が不足してきた要因としては，言葉の壁，日本人が求める終身雇用が世界銀行では提供されないこと，さらに戦後一直線に進んできた円高によって世界銀行でのキャリアが必ずしも魅力的と考えられていないこと等があった。

ただし，現在考えられる日本サイドの問題としてはとにかく人材がいない，また適切な人材の供給能力が日本に欠けているということに尽きる。世界銀行のような国際的な官僚制度の中でのキャリアアップには，日本とはまったく違う努力や能力が必要とされる。必要なのは徹底した自己主張をし，いかに自分を際立たせるか，同時にいかにライバルや相手の能力が欠けているかを示すこと。さらにそうした非常に厳しい競争社会で生き抜くとともに，それが当たり前であり，むしろそれを楽しめる，少なくともそこに違和感を持たない，といった資質である。言い替えれば"非日本的"な資質が必要とされるのである。加えて，経済発展や経済開発の理論なり，アカデミックな要素が身についている，あるいは身についているかのように振る舞うことができたほうがよいし，これら全てを英語でやらねばならない。だが，日本の高等教育機関でこうしたスキルを教え，人材を育成するところは存在しなかったし，現在でも存在しない。日本には国際機関でキャリアを積めるような人材を供給する能力がなかったのである。また，世界銀行内部においても，特に開発途上国出身のスタッフ

たちは失業率の高い本国に戻って仕事に就くという将来は考えていない。まさに背水の陣で世界銀行でのキャリアアップを追求している。だが日本人の場合，そのような必死な覚悟で外国で戦うという意識もなかった。

　世界銀行サイドとしても出資比率の高さから，求められれば日本の職員を積極的に受け入れる姿勢はある。だからといって自動的に総裁をはじめとする高いポジションに就けようという話にはならない。

　もちろん日本側の理屈が全て的外れというわけではない。日本側は世界銀行スタッフは世界銀行でのみキャリアを追求しなければならないのか，という疑問を常に呈してきた。知識と経験がある日本の人材が世界銀行で3，4年働き，そのあと次の人材と交代する方法でもよいではないかという理屈である。だが世界銀行からはその方法ではいつまで経っても"日本からの派遣職員"という意識が残り，"本当の国際職員"になれない。常に本国の日本ばかり向いてしまい，国際機関への忠誠心を持てないという反論が出る。このように供給サイド，需要サイドそれぞれの議論に短所と長所があり，それゆえに日本の人的貢献はなかなか進まないといえる。

　この問題の解決のために日本にできることは何であろうか。まず第1に日本政府は世界銀行の活動や世界銀行で働くことのメリットをPRし，世界銀行でのキャリアアップという道のインセンティブを高めるべきである。第2に海外留学をした若者，とりわけ日本の企業社会でキャリアアップをはかりにくい女性の留学経験者を登用するようにしたい。第3には，世界銀行と日本側のカウンターパートである国際協力銀行（JBIC; 旧日本輸出入銀行）等の間で人的交換を増やし，ネットワーキングを進めていく。どれひとつとっても万能薬ではない。とはいえ日本政府，世界銀行双方にとって，こうした地道な取り組みの積み重ねが必要であろう。

4　1990年代から現在——日本と世界銀行

NGOとの関係

1980年代に入ると世界銀行プロジェクトは環境問題や開発援助を担う国際

NGOから様々な提言や批判をうけるようになり，国際機関の世界的なありようも徐々に変わっていった。90年代に入ると，理事会等でもヨーロッパやアメリカ側からNGOをめぐる問題提起がなされるようになった。とはいえ，日本では環境保護や人権問題を扱うNGOの誕生自体が欧米諸国よりも遅れたこともあり，政府サイドでのNGOへの理解は欧米諸国に較べると遅れていた。さらに日本政府の中には日本の過去の経済発展を教訓に，草の根の庶民の生活を資するためには何よりも経済発展が必要だという考え方も根強かった。したがって90年頃までは政府サイドでNGOが問題になったことはない。

ただし，日本でも環境問題が顕在化するとともに政府の態度も変わりはじめ，また90年代半ば以降，世界銀行を含む国際機関の総会を対象とした運動や反WTO・反グローバリゼーション運動等の異議申し立ての動きが活発になった。それを受けて日本でもNGOを真剣に受け止めねばならないという意識が出てきたといえよう。

現在は財務省もNGOとの対話を重視するようになっており，96年以降は日本のNGOと定期協議を開始して，これまでに50回以上の協議会を重ねている。内容は世界銀行の政策やプロジェクトについての意見交換や議論等である。

とはいえ，世界銀行とNGOとの間には本質的な問題が横たわっている。つまり経済発展の光と影にどう対処して行くかということだ。環境保護や人権問題は経済発展の影の問題と言えるからだ。

中国の台頭と21世紀の世界銀行，日本

現在，中国の出資比率は3位であり，2位になるのは時間の問題であろう。中国が存在感を増す中で，世界銀行とはどのような関係を築いていくであろうか。

中国が世界銀行のような国際機関にどのようなアプローチをするつもりなのかは，中国自体がこれから経済その他をどのくらい発展させていくのかという大きな問題と同様，不透明な部分が多い。中国が世界銀行への出資額やスタッフを増やし，関与にも積極的になるとすれば，中国自身が国際的な発展のための支援協力とは何かということについて明確な理念を持たねばならないだろう。

先に見たように世界銀行の黎明期にアメリカは非常にはっきりした理念を持って，機関全体を主導した。経済大国になった中国が国際的支援についてどんなエトスを持っているのか，依然，不透明であり，今後，大きな課題になっていくであろう。

　さらに世界銀行は設立から70年近く経ち，その意義も変化している。世界銀行自体にどんな意義があるのか，どこまで必要なのかも大きな問題になっているといえる。もう政府機関が他国の経済発展に口を出す時代ではないのではないかとか，経済合理性のあるプロジェクトを選んで，そこに利子付き資金を貸しつけるという伝統的融資でよいのではないかという意見もあれば，本来の国際機関の役割とは真に困窮して商業ベースにのらないような性質のプロジェクトに尽力することのはずだという議論もある。世界銀行の中でも貧困国向け無利子融資機関のIDA（国際開発協会）中心でいいのではないかとか，あるいは民間ベースにしてIFC（国際金融公社）のようにコマーシャルベースの支援をすればいいという意見もある。これまでに世界銀行本体が行ってきたような融資活動がどこまで必要かという議論が起こってもいる。

　いずれにせよ，世界銀行が現状のように職員1万人を抱える大機関である必要があるのか，疑問は残る。世界銀行の規模は過去の歴代総裁の経営方針によって変わり，特に第5代マクナマラ総裁（任期1968年〜81年）のときに飛躍的に巨大化した。国際機関というものは自己増殖本能が強く，放っておくといくらでも広がっていく傾向がある。現状の水準が適性なのかどうか，議論が必要であろう。

　第2次世界大戦から70年近く経ち，世界の構造は様変わりした。還暦をとうに過ぎた世界銀行がIMFとの関係も含め，その存在意義を見つめ直すこと，さらにはブレトンウッズ機関全体の抜本的な再検討をすること，これが21世紀の大きな課題であろう。

　日本と世界銀行の関係は「成功した卒業物語」としばしば言われる。世界銀行はそもそも戦後当初の日本の債務返済能力に懐疑的であったが，その日本が開発途上国への最大援助拠出国の1つとなり続けている。日本が世界銀行から得たものは融資とその結果の基幹インフラだけではない。経営や金融に関する

新しい手法や科学技術といった多くの有形無形の価値をも学んできた。世界銀行が日本の戦後の発展に多くを貢献したことは議論の余地はない。中国等新興国の台頭という新たな国際情勢の中で，日本はそうした大国の1つとして自らの役割を果たしていくことが重要である。

参考文献

Gyohten, Toyoo, 1997, "Japan and the World Bank", In Kapur, D. et al. (eds.), *The World Bank Its First Half Century*, Brookings Institution Press: 275-316.

第Ⅰ部

世界銀行とは

第1章

世界銀行
──歴史・組織・資金──

松本　悟

1　世界銀行とは何か

世界最大の開発金融機関

世界銀行は貧困削減を至上目標とする世界最大の公的な開発金融機関である。2012年に南スーダンが加わったため，現在188カ国が出資・加盟している。世界銀行のように途上国の開発支援を主な目的に複数の国々が出資・加盟している国際金融機関は，一般に多国間開発銀行（Multi-lateral Development Bank: MDBs）と呼ばれる。世界銀行以外に，米州開発銀行（Inter-American Development Bank: IDB），アジア開発銀行（Asian Development Bank: ADB），アフリカ開発銀行（African Development Bank; AfDB），欧州復興開発銀行（European Bank for Reconstruction and Development: EBRD）がある。

世界銀行の会計年度は7月に始まり翌年6月に終わる。2011年度に供与した出資，融資，贈与の額は321億6,100万ドルで，同じ年の日本の政府開発援助（Official Development Assistance: ODA）のおよそ1.7倍に及んだ。創立から65年間で7,455億ドル余りを供与してきた（図1-1）。

168カ国出身の1万人の職員

168カ国から集まった職員は1万人を超えており，日本の政府開発援助機関のJICA（国際協力機構）の5倍以上である。資金と人員面での世界銀行とJICAの比較はいくつかの論点を提供している。人員がJICAの5倍以上もいるのに，供与額が日本のODAの2倍に満たないことをもって，世界銀行の非

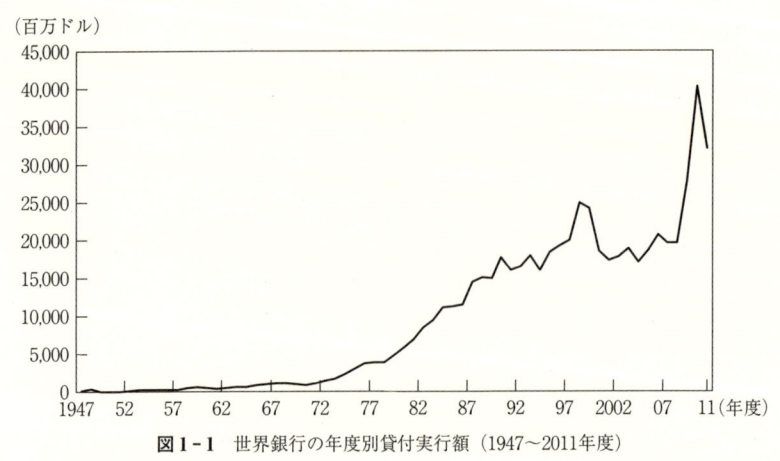

図1-1 世界銀行の年度別貸付実行額（1947～2011年度）
出所：世界銀行年次報告書から筆者作成。

効率性を指摘することが可能である。半面，JICAの2倍にも満たない資金で開発分野での圧倒的な存在感を示している世界銀行の影響力に着目することもできる。世界銀行の職員の6割以上が開発途上国の出身者であり，管理職だけでみても4割を超えている。3分の2近い職員はアメリカの首都ワシントンD.C.の本部に勤務し，残りの職員は124カ国の現地事務所で働いている。職員数では本部が現地事務所の2倍近くだが，融資を受けるそれぞれの開発途上国を担当する局長やマネージャーの9割以上は現地事務所に駐在しているのである（World Bank 2011a）。

今日，我々は世界銀行のような巨大な多国間開発銀行の存在を当たり前のように考えている。188カ国が共同出資して国際機関を作ることも，その機関が「銀行」と称しながら開発途上国の貧困問題の解消を目的としていることも，さらに，適切に実現されているかどうかはともかく融資にあたっては必要な情報を公開しNGO（非政府機関）等の市民社会の意見を聞くことも，それが当然のように考えられている。しかし，そうなるまでには様々なプロセスを踏んできており，いまだに実現できていないことも少なくない。

本章ではまず，世界銀行がいつ，どのような理由で生まれ，いかにして今日の姿になったのかを概観する。そして，この巨大な組織の意思決定の仕組みと

資金源について紐解いてみる。歴史と権力構造を知ることは，NGO等市民社会組織と世界銀行の関わり方の背景を理解する上で重要である。

2　世界銀行の誕生

アメリカの思惑

　世界銀行を，その双子の姉妹と称される国際通貨基金（IMF）とともに誕生させたのは「大西洋憲章」である。第2次世界大戦の最中の1941年8月，イギリスのW.チャーチル首相とアメリカのF.ローズベルト大統領が，大西洋のニューファンドランド島沖に停泊した軍艦で会談し調印したものである。当時イギリスはナチスドイツの攻撃に追い込まれ，一方のアメリカはまだ参戦していなかった。そのような時期に，両国首脳が戦後世界について議論しその方向性について合意したのである。

　世界銀行とIMFの設立につながったのは「大西洋憲章」の第4項と第5項で，順に見ていくことにする。まず第4項には次のように記されている。

　両国は，現在の義務を適切に尊重し，大国か小国か，戦勝国か敗戦国かを問わず，全ての国々が，平等な条件で経済的繁栄に必要な世界の貿易や原料へのアクセスを一層享受できるように努める。

　この条項に対しては，大英帝国（イギリス連邦）の解体を意味するものだとしてイギリスは強い難色を示した。なぜなら，ここに定められているのは平等な条件での自由貿易や原料へのアクセスであり，イギリス連邦内の特恵的な待遇を否定するものだからである。しかし，ナチスドイツの電撃作戦で窮地に追い込まれ，是が非でもアメリカの協力を必要としていたイギリスは，この主張を呑まざるをえなかった（George and Sabelli 1994）。

　この条項には大戦前の世界経済に対するアメリカの見方，すなわち，イギリスが植民地を囲う形で作り上げたスターリング（ポンド）・ブロック等の保護主義的な経済ナショナリズムが第2次世界大戦を引き起こした一因だとの考え方

が表れている。実際，アメリカのF. ローズベルト大統領は，1940年1月3日の年頭演説で貿易の制限が戦争の原因の1つであると述べている（Jones and Myer 1940）。同時に忘れてはならないのは，「自由・無差別・多角主義」を唱える自由貿易を平和の礎としてだけ見ていたわけではなく，むしろアメリカの国内経済と密接につなげていたという点である。F. ローズベルトは同じ演説の中で，アメリカの生活水準の維持のために戦後は余剰生産物を海外に輸出する必要性を強調している（Jones and Myer 1940）。実際，自由貿易の方が戦後のイギリス経済にとってもプラスであるとの見方は徐々に高まっており，戦争遂行上アメリカに従わざるをえなかったというだけでなく，積極的な意味からも，イギリス国内で「大西洋憲章」第4項への強い批判は見られなかった（Gardner 1969）。

米英の妥協の産物

一方イギリスは，アメリカが強く推した大西洋憲章第4項と引き換えに第5項を憲章に盛り込んだ。第5項は次のように定めている。

両国は，あらゆる人びとが，よりよい雇用水準，経済的な発展，それに社会保障を確保できるように，経済の分野において全ての国家間で最大限の協力が生じることを望む。

この「国際協力」条項を強く推したのはイギリスの著名な経済学者のJ. M. ケインズである。アメリカを中心とした自由貿易主義的な戦後の国際経済秩序を受け入れたとしても，それまで行ってきた国家の政策による雇用の確保，経済の拡大，福祉の充実を続ける必要があった（佐々木 1980）。そのためにケインズが考えていた「国際協力」とは，財政基盤がしっかりした国が（第2次世界大戦時にあってはアメリカしか考えられなかったが），意識的に拡張主義的な経済政策を採って，他の国々の輸出を可能にしたり，債権国が債務国を積極的に援助したりすること等を意味していた（Keynes 2012）。

第2次世界大戦後の国際通貨・通商体制の大枠を米英両国で合意した大西洋

憲章は，その後，アメリカ財務省のH. D. ホワイト次官の案とイギリスのケインズ案という形で具体化され，1年以上の交渉が続けられた (Gardner 1969)。そして1944年7月，アメリカ北東部のニューハンプシャー州ブレトンウッズに44カ国の代表者が集まった「連合国通貨金融会議」で国際通貨・金融の安定を図る国際通貨基金 (International Monetary Fund: IMF) と国際復興開発銀行 (IBRD, のちの世界銀行) が設立されたのである。

1944年の設立時の名称は国際復興開発銀行 (IBRD) だが，1946年に開催された第1回理事会を報じたワシントンポスト紙が「世界の銀行」(a world bank) という呼称を用いた。これが通称となり，1975年にはIBRDと低所得国向けの融資を行う国際開発協会 (International Development Association: IDA) を合わせた正式名称が「世界銀行」(The World Bank) となった (World Bank 2011a: 11)。この両機関に，国際金融公社 (International Finance Corporation: IFC)，多国間投資保証機関 (Multilateral Investment Guarantee Agency: MIGA)，国際投資紛争調停センター (International Centre for Settlement of Investment Disputes: ICSID) を含めた総称を世界銀行グループという。

IBRDはその目的の第1項で，加盟国の復興と開発の支援を掲げている。その中には戦争で荒廃した国だけでなく，開発途上国 (less developed countries) の生産施設や資源の開発促進も含まれていた。それ以外にも，民間による融資や投資への保証等を通じた海外民間投資の促進，国際貿易の均衡ある長期成長や国際収支の均衡の推進が掲げられた。しかし，米英間の交渉の最終段階で「開発途上国の開発」が含まれたものの，設立当初の世界銀行は必ずしもそこに重きを置いていたわけではなかった。いわば，米英両国の国内的な利害の調整による妥協の産物だったとさえ言える。また，設立の過程ではNGO等市民社会の関与はほとんど見られなかった。ブレトンウッズで産声を上げた世界銀行は，米英両国の思惑によって生み出された戦後国際秩序の仕組みだったのである。

3 戦後復興から開発援助機関へ

ヨーロッパの復興と冷戦

こうして誕生した世界銀行はどのようにして今日の国際開発機関になったのだろうか。

世界銀行が業務を始めたのは1946年6月25日で、その時点ではわずか25人のスタッフしかいなかった（World Bank 1966）。初めての融資は経済的に十分発展しているフランス、オランダ、デンマーク、ルクセンブルグへの「ノンプロジェクト融資」だった（Kapur, Lewis and Webb 1997）。復興に必要な原材料や機械等を購入する外貨を融通するというものである（Alacevich 2009）。最初の年度の貸付実行額は9,200万ドル、翌48年度が3億7,800万ドルだった。しかし、第2次世界大戦で荒廃したヨーロッパ全土の復興は、誕生したばかりの国際金融機関の資金規模でまかなえるようなものではなかった。それに加えて、既に冷戦が顕在化しており、アメリカはギリシャやトルコへの共産主義の拡大を阻止し、ソ連に対する封じ込め政策（トルーマン・ドクトリン）を打ち出した。具体的には、経済的困難が原因と考えられるヨーロッパでの共産主義の広まりを防ぐために、1947年6月にヨーロッパ経済復興計画（マーシャル・プラン）を2国間ベースで開始したのである。アメリカによるヨーロッパの復興支援は、融資だけでなく返済義務のない無償協力を含めて年間およそ40億ドルに達し、48年度の世界銀行の融資規模の10倍以上に及んだ（Alacevich 2009）。

資金面での限界と冷戦のため、世界銀行は業務開始からわずか1年で、第1の目的であるヨーロッパの戦後復興の看板を降ろし、もう1つの目的である途上国の開発支援に軸足を移していったのである。しかし、冷戦が世界銀行に途上国の開発支援の道を選ばせた理由は、単にヨーロッパの戦後復興が巨大な資金を持つアメリカの手に委ねられたということに留まらない。世界銀行が自らの存在意義を開発途上国の共産主義化を防ぐための開発支援に見出したことにもある（Alacevich 2009）。そのため世界銀行は、1948年を頂点にしばらくの間、新規の融資を積極的に進めるよりも、開発途上国の現状を把握するための調査

第1章　世界銀行

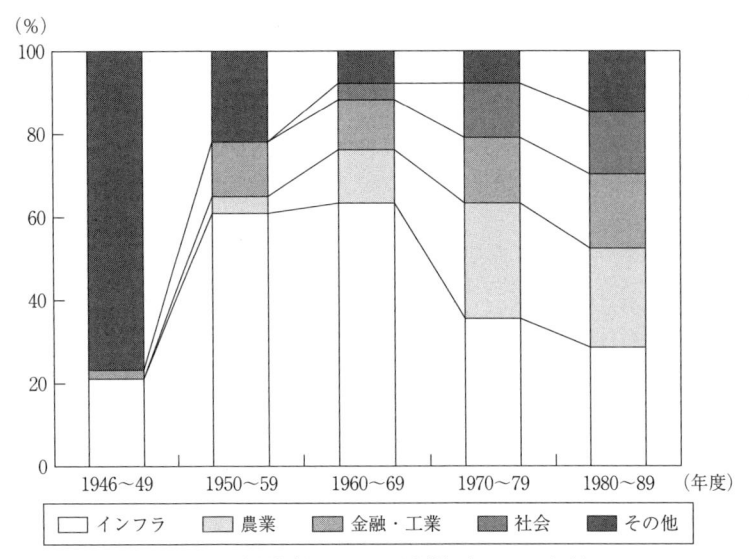

図1-2　世界銀行のセクター別融資（1946～89年度）

＊「インフラ」には通信，運輸，電力，エネルギーを，「社会」には教育，環境，人口，都市開発，水・衛生を，「その他」には石油・ガス，鉱業，公共セクター管理，観光，マルチセクター等を含んでいる。
出所：Kapur, Lewis and Webb (1997) Table 1-1 をもとに筆者作成。

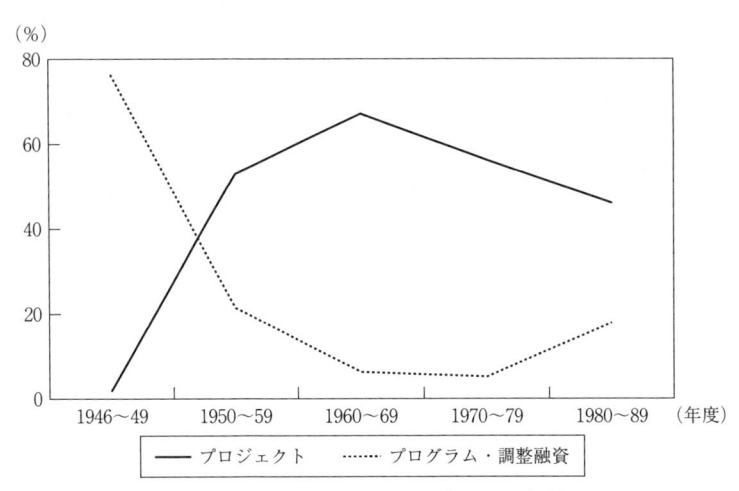

図1-3　世界銀行の融資タイプ（1946～89年度）
出所：Kapur, Lewis and Webb (1997) Table 1-1 をもとに筆者作成。

や研究に資金と時間を費やしたのである。1948年度の貸付実行額が3億7,800万ドルだったのに対して、翌49年度は5,900万ドル、50年度が8,800万ドル、51年度が7,800万ドルだった。貸付実行額が48年度の水準を超えたのは10年後の58年度である。

インフラ支援中心の時代

その後世界銀行はどのような開発分野に融資をしてきたのだろうか。世界銀行ができて60年以上の歴史の中で、国際政治・社会情勢だけでなく社会的な規範も変化してきた。その上、世界銀行のデータの集計方法も何度も変更されているため、例えば年次報告書を使って比較・分析しようとしても、65年間の事業全体の傾向を明示することは難しい。ここでは時系列的な変化を比較できる資料をいくつか使いながら、世界銀行の融資の歴史を簡単に描いてみる。

図1-2は世界銀行が業務を開始してから1989年度までのセクター別の融資を設立後3年間とその後の10年おきの傾向を比較したものである。これを見るとインフラ整備への融資が1950年代と60年代に6割以上を占めていたことがわかる。道路や発電所等のインフラを整備して産業を振興すれば、その恩恵は社会に行きわたるだろうという「トリクルダウン」理論が開発研究で優勢だった時期と重なる。それが思うような成果を達成できず、70年代になると貧困層のニーズに直接応える「ベーシック・ヒューマン・ニーズ」(BHN)のアプローチが採られるようになった。世界銀行も徐々にインフラから「社会」「農業」へとの比重を移していった。

構造調整融資の始まり

それと同時にプロジェクトではないタイプの融資が増加した。図1-3がそれを表している。世界銀行設立当初はヨーロッパの外貨不足を補うためにノンプロジェクト（プログラム融資）が主流だった。それが開発途上国のインフラ支援に軸足を移してからは大部分がプロジェクト型の融資になっていた。それが80年代に入って再びプログラム型のノンプロジェクト融資が増えたのである。この背景には、一部の開発途上国が深刻な累積債務問題に陥り、その解消をし

(%)

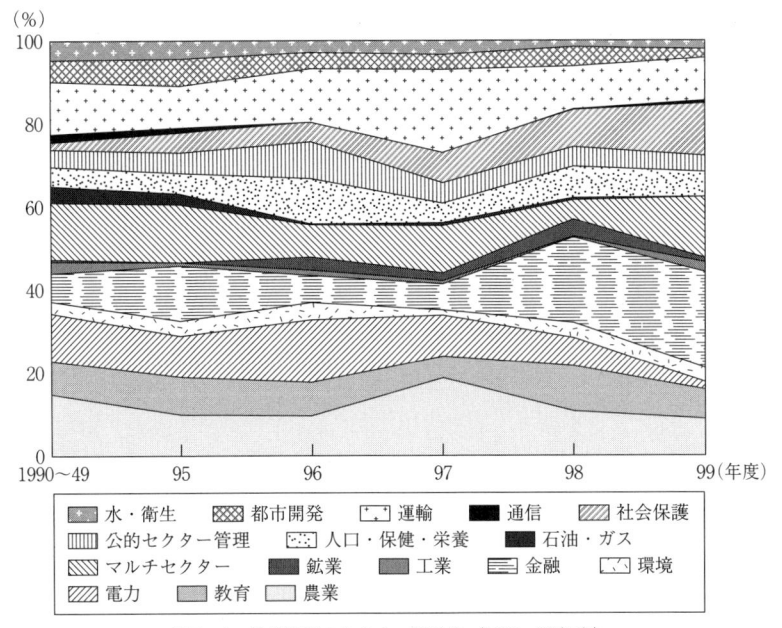

図1-4　世界銀行のセクター別融資（1990～99年度）
出所：World Bank (1999) をもとに筆者作成。

凡例：水・衛生／都市開発／運輸／通信／社会保護／公的セクター管理／人口・保健・栄養／石油・ガス／マルチセクター／鉱業／工業／金融／環境／電力／教育／農業

なければ開発援助が効果を発揮できないと考えたことにある（債務問題とその解決方法が生み出した問題については第10章を参照）。

世界銀行は国際収支の改善のための資金を融資する代わりに，マクロ経済や財政支出に関して様々な政策実行を条件づけるという構造調整融資やセクター調整融資を拡大した。開発途上国の財政健全化を題目に社会セクターの予算や雇用が削られるため，貧困層や社会的弱者に深刻な悪影響をもたらすとNGO等から厳しく批判された。また，日本政府も世界銀行の構造調整は市場原理に頼り過ぎで，産業振興の視点が欠けていると批判的な発言を繰り返した（George and Sabelli 1994）。

世界銀行批判の高まり

80年代には，もう1つの世界銀行批判が高まりを見せた。世界銀行が融資したプロジェクトによる環境社会面での悪影響である。フィリピン，ブラジル，

インドネシアで先住民族が強制的な立ち退きや農地の強制収用に対して激しい抗議運動を展開した。欧米や日本のNGOも共感し、国際的な世界銀行批判が繰り広げられた。80年代終わりから90年代初頭にかけてはインドのナルマダダム（サルダル・サロバルダム）への世界銀行の融資が大きな国際問題となった。世界銀行のプロジェクトに伴う環境社会影響が、日本を初めとする各国のNGOと世界銀行の関係にどのような変化をもたらし、どのように今日まで至っているかという点については第2章で述べることとする。

　構造調整に伴う社会的弱者への影響やプロジェクトの環境社会面での悪影響に対する抗議を受けて、90年代の世界銀行は再び貧困層等に直接裨益する社会セクター支援に重点を置き始める。図1-4は90年代の世界銀行の融資をセクター別に表したものである。99年の割合を見てみると、電力や運輸といった自然環境や社会環境に悪影響を及ぼしやすいセクターの融資が減少し、代わって社会保護（ソーシャルセーフティ）や金融分野の融資が拡大している。また、これまでの世界銀行では馴染みの薄かった、保健セクターや教育セクターの支援が一定の水準を維持するようになったことは90年代の特徴と言える。その一方で、構造調整融資を指すマルチセクターローンが依然として高い割合を占めている。

「環境プロジェクト」の増加とインフラへの回帰

　2000年度以降、世界銀行の年次報告書のセクター分けの仕方が変更され、セクターとテーマの2つの分類ができた上、セクターもこれまでとは異なる項目で括られるようになった。したがって、90年代との比較が難しい。ここでは2000年度以降の「セクター」別融資と「テーマ」別融資のそれぞれについて概観する。

　図1-5は2000年度から2011年度までの「セクター」別融資のグラフである。これを見ると、インフラ整備と重なる水と衛生・治水と運輸、それにエネルギー・鉱業という50年代・60年代を思わせるセクターが融資額を伸ばしている。

　一方の図1-6は同じ期間の「テーマ」別融資のグラフである。こちらを見ると、90年代は融資額がきわめて低かった環境や公共セクター・ガバナンスや、

第1章 世界銀行

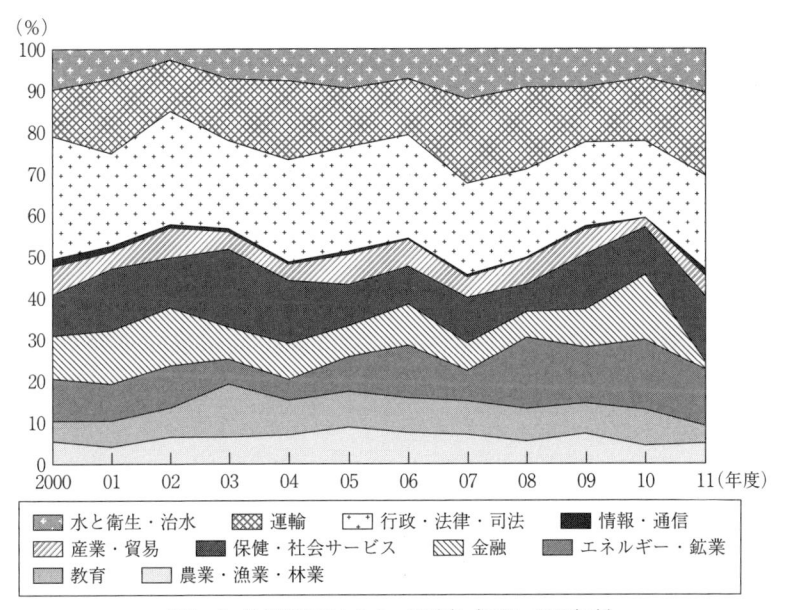

凡例
水と衛生・治水　運輸　行政・法律・司法　情報・通信
産業・貿易　保健・社会サービス　金融　エネルギー・鉱業
教育　農業・漁業・林業

図1-5 世界銀行のセクター別融資（2000〜2011年度）
出所：World Bank (2005), World Bank (2011b) をもとに筆者作成。

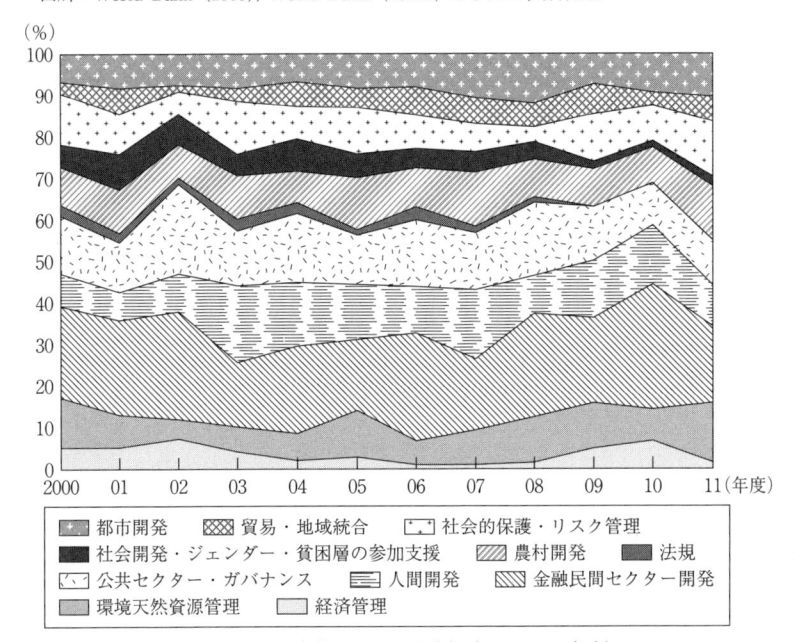

凡例
都市開発　貿易・地域統合　社会的保護・リスク管理
社会開発・ジェンダー・貧困層の参加支援　農村開発　法規
公共セクター・ガバナンス　人間開発　金融民間セクター開発
環境天然資源管理　経済管理

図1-6 世界銀行のテーマ別融資（2000〜2011年度）
出所：World Bank (2005), World Bank (2011b) をもとに筆者作成。

90年代の分類にはなかった人間開発が比較的高い割合を示している。特に環境分野での融資が伸びていることは，環境NGOが世界銀行と一緒に事業を行う機会を増やしているものと考えられる（第5章参照）。一方で，環境分野への融資を「緑の帝国主義」（Goldman 2005）と呼び，新たな社会問題の原因となっているとの批判も増えている（第9章参照）。また，80年代末に融資額が伸びた社会的保護も一定水準を維持している。これらのテーマはいずれもNGOとの接点を見出しやすい分野である。とは言え，数の上では，金融・民間セクター開発が常に2割以上を維持していることも2000年度以降の特徴の一つと言える。

「紛争」後への関与

2000年度以降のもう1つの動きは「紛争」への対応である。ニューヨークで起きた9.11テロ以降，アフガニスタン等の紛争国や脆弱国家への財政支援や，ドナー国の信託基金の創設等の形で関わりを深めてきた。2008年4月には「国家・平和構築基金」が作られ，翌年には世界銀行から3,330万ドルが拠出された。また，世界銀行の議題設定者的な役割を担保している「世界開発報告」の2011年度のテーマには『紛争，安全保障と開発』を選んだ。そして，脆弱国や紛争の影響下特有の課題に対する支援のため，脆弱国の人びとにとって一層役立つような資金や知見の提供の実現を目的とした「紛争・安全保障・開発グローバルセンター」（CCSD）を創設した。設立協定で政治的な関与を禁じられている世界銀行が，資金協力を通じて紛争国・脆弱国の国家建設に関わり始めたのである。このような新たな動きに対して，NGOからは逆に紛争を助長するのではないかとの批判が出されている（第11章参照）。

以上，駆け足で世界銀行の歴史を業務内容から振り返った。世界銀行という世界最大の国際開発金融機関といえども，国際的な援助の潮流や社会的な動きによって何度も大きな転換を経験してきた。あるいは，世界銀行の戦略変更が国際的な開発支援の新たな流れを作ったとも言える側面がある。こうした変遷を知ることは，NGOと世界銀行の関係を理解する上でも重要である。本書で取り上げる市民社会と世界銀行の協力や対立は，こうした歴史的な背景とは無関係ではないからである。

表1-1 世界銀行グループ5機関の概要

	IBRD	IDA	IFC	MIGA	ICSID
設立年	1944	1960	156	1988	1966
加盟国数	188	172	184	176	148
主な業務	中所得国・信用力のある貧困国向け融資	貧困国向け融資・贈与	民間セクター事業への出資・融資	途上国での非商業投資リスクの保証	国際投資紛争の調停と仲裁
実績	5,200億ドル	2,200億ドル	1,000億ドル	220億ドル	319件

もう1つ、世界銀行に対するNGOの働きかけの実態を理解する上で重要なことがある。それは世界銀行の組織について知ることである。世界銀行がどのようにして巨額の資金を調達し、その使い方をいかに決定しているのか、いわば、世界銀行の権力基盤を理解することである。次節からは、世界銀行の組織構成、意思決定、資金源等について述べていく。

4 世界銀行「グループ」

世界銀行の2つの組織——IBRDとIDA

ブレトンウッズ会議で誕生した「世界銀行」の正式名称は国際復興開発銀行（IBRD）だったが、その後4つの機関が設立され、現在ではそれらを合わせて世界銀行グループと呼んでいる（表1-1）。ここでは最初に設立されたIBRDを含めてそれぞれの機関について簡単に説明する。

IBRDは1944年に設立された世界銀行グループの原点とも言える機関である。中所得国や信用力の高い低所得国へ金利付きの融資や保証、分析や助言等を行っている。世界銀行では、1人当たり年間所得が996ドルから12,195ドルの国は中所得、995ドル以下は低所得国と定めている（2011年4月時点）。総資産は2,800億ドル余りで、これまでに融資した額は5,200億ドルを超えている。毎年5億ドルから20億ドル以上の業務利益を上げている。

一方で、信用力が低い低所得国へ無利子の貸付や贈与を提供しているのが国際開発協会（IDA）である。IDAが設立されるきっかけとなったのは、国際連合を舞台にした開発途上国の強い働きかけである。自国の経済発展のため、

第I部　世界銀行とは

表1-2　IBRDの「卒業国（地域）」

年	国（地域）	年	国（地域）
1947	フランス	1976	アイルランド
1948	ルクセンブルグ	1977	スペイン
1957	オランダ	1979	ギリシャ
1958	ベルギー	1987	オマーン
1962	オーストラリア，オーストリア	1989	ポルトガル，バハマ
1964	デンマーク，マルタ，ノルウェー	1992	キプロス
1965	イタリア	1994	バルバドス
1967	日本	2004	スロベニア
1971	台湾	2005	チェコ
1972	ニュージーランド	2006	エストニア，リトアニア
1974	アイスランド	2007	ハンガリー，ラトビア
1975	フィンランド，イスラエル，シンガポール	2008	スロバキア

出所：World Bank (2011a).

IBRDよりも緩い融資条件や贈与の資金源の創設を開発途上国は強く求めた (Mason and Asher 1973)。その結果，1960年に設立されたIDAは，金利がないだけでなく，支払猶予が10年，返済期間が40年等IBRDよりかなり緩い融資条件となった。IDAが開発途上国に供与した額はこれまでに2,200億ドルを超えている。

貸し出し条件が異なるIBRDとIDAのどちらの融資を受けられるかは借入国の国内総所得（Gross National Income: GNI）でおおよそ割り当てられているが，必ずしもGNIだけで明確に分けられてはいない。例えば，GNIが1,790ドル (2009年）のフィリピンは中所得国向けのIBRDの融資しか受けられないが，GNIではフィリピンの2倍以上あるモルジブは逆に低所得国向けのIDAからしか借りることができない（World Bank 2011a)。

中所得国に分類される1人当たり国民所得の水準を超えた場合，「卒業国（地域）」と呼ばれIBRDの融資も受けられなくなる。日本もかつては援助を受ける側であり，IBRDからの融資で新幹線や高速道路等のインフラを整備したが，1967年にIBRDの新規借入国から「卒業」した。援助される側だった国が援助する側になったという観点から世界銀行における日本の存在意義を捉える

ことがしばしばあるが，実際には日本が必ずしも特異というわけではなく，「卒業国（地域）」はかなり多いのである（表1-2）。

後で詳しく述べるが，IBRD と IDA はいずれも開発途上国の政府や公的機関に対して資金を供与し，総裁，理事，スタッフが全て同じである。一般にこの2つの機関を合わせて世界銀行と呼んでいる。これに対して世界銀行グループの残りの3つの機関は民間セクターと関係している。

民間セクターへの支援

1つ目が国際金融公社（IFC）である。IFC は，開発途上国の民間企業に資金を供与する多国間機関としては最も規模が大きい。世界銀行（IBRD）の設立協定には民間企業に資金供与をして投資を促進することが目的としてうたわれており（IBRD 協定1条2項），IFC の構想は1948年からあった。

しかし，それが実際に1956年に設立されるまでに8年を要した。主たる反対はアメリカ国内から出された。その理由としては，政府の資金で民間企業の株式を購入することへの抵抗，民間企業の投資にはより大きなリスクが伴うこと，新たな業務に手を出すには IBRD 自体の経験が浅いこと，相応しいスタッフの確保が難しいこと等が挙げられた。ヨーロッパや開発途上国が賛成する中でアメリカが孤立し，最終的には当初の計画を大幅に変更することで妥協が図られた（Mason and Asher 1973）。具体的には，設立時の資本金が期待額の4分の1の1億ドル程度に抑制されるとともに，当初は出資業務（エクイティファイナンス）が認められなかった。その結果，IFC の役割は1970年まではかなり限定的だった（Mason and Asher 1973）。

IFC の目的は，IFC 抜きでは市場から資金を十分確保できないような民間のビジネスに対して，出資，長期融資，融資保証，アドバイス等を提供することである。これまでに開発途上国の民間投資に対して自らの資金から1,000億ドル以上の関与を実施し，300億ドル程度の資金をシンジケーション（協調融資団の形成）によって呼び込んできた（World Bank 2011a）。

民間セクターに関わる世界銀行グループの2つ目は多国間投資保証機関（MIGA）である。1960年代初め，世界銀行は海外直接投資に際しての非商業的

なリスク（例えば，投資事業の国営化，資産没収，海外への外貨送金の制限等）を回避するための国際組織の設立方法を検討するよう，経済協力開発機構（OECD）等から求められた。しかし，各国の財政負担や意思決定をめぐって合意に至らず73年には一度頓挫した。80年代に入って，世界銀行の法律顧問（General Counsel）となったイブラヒム・シハタ氏のイニシアティブで再度検討が始まり，数年間に及ぶ調査の末，1988年に MIGA が設立された（Kapur, Lewis and Webb 1997）。MIGA の設立協定を承認した1985年9月の理事会においても，主要な借入国や G7 の国々は棄権したほどである。MIGA はこれまでに100カ国以上の600を超えるプロジェクトに対して220億ドルの保証を供与している。

最後の機関は投資紛争解決国際センター（ICSID）である。設立は MIGA よりも早く1966年である。ICSID は世界銀行が融資したかどうかに関わりなく，文字通り投資をめぐる紛争の調停と仲裁を行う場を提供することを目的としている。設立の引き金となったのは実際に生じた紛争である。

1950年代，投資家と投資先の政府との間での紛争が世界銀行に持ち込まれるようになった。アングロ・イラニアン石油会社やスエズ運河会社の国有化問題等をめぐって，世界銀行は調停役を担った（Mason and Asher 1973）。実は日本が関係する紛争も世界銀行に持ち込まれていた。旧東京市が市電や電灯事業のため1912年にフランスで年利5％，1952年に全額返済という条件で1億88万フラン（当時の日本円換算で約3,900万円）の市債を募集したが，2度の世界大戦でフランの価値が下落する等混乱が生じ，フランス側の債権者と東京都の双方が世界銀行総裁に調停を依頼したという事案であった（読売新聞1960年4月4日夕刊1面）。こうした経験を制度化するとともに，他の紛争事例を研究した上で，「国家と他の国家の国民との間の投資紛争の解決に関する条約」のもとにICSID が設立されたのである。これまでに319件の紛争が受理された。

5　世界銀行の組織構造と総裁

世界銀行の組織

世界銀行グループの5つの機関はそれぞれ個別の協定や条約によって設立さ

第1章 世界銀行

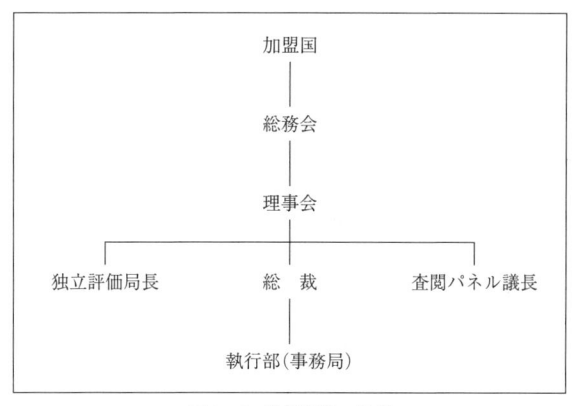

```
                    加盟国
                      │
                    総務会
                      │
                    理事会
         ┌────────────┼────────────┐
    独立評価局長    総　裁    査閲パネル議長
                      │
                  執行部(事務局)
```

図1-7 世界銀行の組織

れており，加盟国の数も異なる。2012年4月に南スーダンが全ての機関に加盟したため，現在IBRDは188カ国，IDAは172カ国，IFCは184カ国，MIGAは176カ国，ICSIDは148カ国が加盟している。いずれの機関も加盟国の大臣級による総務会（ICSIDの場合，運営理事会と訳されることがあるが，機能としては他の4機関の総務会に近い）が最高意思決定機関で，年に1度集まり，新規加盟国の承認等の重要事項を議論する。通常，加盟国の総務会メンバーは，MIGA以外は兼職で同一となっている。

加盟国の代表者が日常的な意思決定を行う場が理事会である。理事会のメンバーは協定によって，IBRDの加盟国代表理事がIDAとIFCの理事を兼務している。またMIGAの理事は別途選出されるが，通常は3機関と同一である。なおICSIDだけは，こうした機能を持った理事会を備えていない（World Bank 2011）。IBRD，IDA，IFC，MIGAの理事会およびICSIDの総務会（Administrative Council; 運営理事会とも訳される）の議長を務め，世界銀行グループ執行部（Management）のトップに立つのが総裁である（図1-7）。

再び話を本書の主題である世界銀行（IBRDとIDA）に戻す。理事会の議長であり事務方のトップである総裁が世界銀行に与える影響は大きい。例えば，ベトナム戦争時のアメリカ国防長官マクナマラが総裁を務めた時代（1968～81年），世界銀行は大きく変容した。それまでの22年間に世界銀行が融資した額が107億ドルだったのに対して，マクナマラが総裁となった最初の1期4年間

で134億ドルもの資金を融資した。後に「承認の文化」と揶揄される「融資額の多さ」を重視する路線は，オイルショック等の世界経済の変化と相俟って開発途上国の累積債務問題を引き起こした。それを解消するための輸出振興策は，世界銀行が良しとする政策の導入を融資条件とする構造調整融資につながり，貧困層等社会的弱者に深刻な悪影響を及ぼしたと指摘されることになる (George and Sabelli 1994)。

　影響力を発揮した総裁をもう１人挙げるとするならば第９代のウォルフェンソン総裁であろう（総裁在職1995〜2005年）。ウォルフェンソン総裁はマクナマラ時代の「量」ではなく「質」を重視し，「ストラテジック・コンパクト」と呼ばれる包括的な組織改革を実行した。それまでの「課」を廃止して「融資対象国」と「セクター（インフラ，環境，人間開発等）」の２つの局を横並びで置き，海外事務所に権限を大幅に移譲した（大野 2000）。また，後に述べるように，少なくとも就任当初はNGO等市民社会組織との対話を重視した。こうした変化は，総裁のリーダーシップに因るところが大きい。

総裁はアメリカの指定席

　では，世界銀行総裁はどのように選ばれるのだろうか。2012年４月，世界銀行の次期総裁選びが日本でも大きく報じられた。1944年に世界銀行（国際復興開発銀行）と国際通貨基金（IMF）が同時に誕生して以来，世界銀行の総裁にはアメリカ人が，IMFの専務理事にはヨーロッパの出身者が就くことが慣例となっていた。ところが，アメリカの指定席だった世界銀行総裁のポジションに，新興国の一部の支持を受けたナイジェリアの財務大臣とコロンビアの元財務大臣が立候補したのである。

　総裁の選出について協定は以下のように定めているだけである。

理事会は総務，理事，理事代理でない者を総裁に選出しなければならない（Article V, Section5〔a〕）

　慣例的にアメリカ人が総裁に就くことに対しては以前から疑問が呈されてい

たが，協定上は理事会が総裁の任命と罷免を多数決で行えるということしか定めていない。総裁選出の方法が具体的に定められたのは2011年3月の理事会である（Development Committee 2011）。まず，総裁の資質としては次の5点を挙げている。

① リーダーシップの実績
② 国際的に活動する大組織の運営経験と公共セクターに対する知識
③ 世界銀行の使命について明確な見通しを表現する能力
④ 多国間の協力に対するしっかりした責任と正しい認識
⑤ 効果的で外交的なコミュニケーション能力，不偏性，客観性

全ての理事が候補者を推薦できるが，3名を超えた場合は理事会で非公式の予備投票を行って絞り込み，その後最終候補者の同意を得て結果を公開する。最終候補者に対しては理事会が面接を実施する。正式には理事会の過半数の賛同によって総裁が選ばれるが，理事会としてはその前に非公式の投票を行ってコンセンサスによる選出を目指すと定められた。(Development Committee 2011 ANNEX2 5〔i〕〜〔v〕)。

このプロセスが初めて適用となった2012年4月の総裁選びでは，韓国系アメリカ人のジム・ヨン・キム氏（米国ダートマス大学総長），コロンビア人のホゼ・アントニオ・オカンポ氏（米国コロンビア大学教授，元コロンビア財務大臣），ナイジェリア人のンゴジ・オコンジョ・イウエアラ氏（ナイジェリア経済政策調整大臣兼財務大臣）の3人が最終立候補者として公表され理事会の面接に臨んだ。その後，オカンポ氏が立候補を取り下げたため，キム氏とオコンジョ氏の一騎打ちとなった。理事会での議論の結果，新総裁にはキム氏が選ばれ，「アメリカ人枠」は維持された。これに対して，アメリカのオバマ大統領はオープンなプロセスを評価する一方，敗れたオコンジョ氏は選考過程の透明性を高めるべきだとコメントしている（『朝日新聞』2012年4月18日付朝刊）。確かに理事会での選考過程は明らかにされていない。しかし，それは2011年3月の理事会決定の時点でそのようにルールが決められていたことに原因がある。理事会は，よほどのことがない限り，非公式の投票によるコンセンサスを最初から目指している。総裁選出過程の更なる透明化は，資金力を背景にした投票よりもコンセ

ンサスを重視しようという理事会の意思決定のあり方そのものの再検討と深く関係していると言える。

6　理事会と資金源

請求払資本という「マジック」

　総裁の選出だけでなく，具体的な融資の承認や政策の立案等世界銀行の重要事項の決定を担っているのは，週に2回ワシントンD.C.の本部で開催されている理事会である。理事会の構成を説明する前に，それと深く関わる世界銀行の財源について述べておく。

　世界銀行はIBRDとIDAで資金の調達方法が大きく異なる。IBRDの場合，加盟国に出資を求め，その資本金に準備金や純利益等を加えた額を上限に市場から資金を調達する仕組みになっている。例えば，2010年の時点で，加盟国からの出資額（授権資本）は1,898億ドルにのぼる。しかし，この資金を全て加盟国が支払うわけではなく，実際には115億ドルだけが世界銀行に支払われ（払込資本），残りの1,783億ドルは請求があったときに支払えばいい（請求払資本）ことになっている（表1-3）。ただし，実際に世界銀行が加盟国に支払いを請求したことは今まで一度もない。その分，自らの信用力で市場から資金を調達している。具体的には，2011年度は26の通貨で世界銀行債を発行して290億ドルを調達した。また，数百億ドルの資金運用やデリバティブ取引等を行っている。

　もっともこうした市場を活用した資金調達方法は今日ではあまり疑問を持たれない仕組みだが，1944年の発足当時は失望とともに受け入れられた。当時アメリカは世界銀行（国際復興開発銀行）への多額の資金提供に消極的であり，戦争の痛手が大きかったイギリスにもそのような余裕はなかった。その結果，戦後復興や旧植民地の開発を担うにはあまりに少額の払込資本しか期待できなかったからである。直接融資よりも保証を主要な業務とし，民間資本の調達を促進することに役割を限定せざるをえなかった（Gardner 1969）。

1ドル1票

この出資額が世界銀行での発言権につながっている。世界銀行理事会の議決方法は俗に「1ドル1票」制と呼ばれる。これは国連総会の1国1票と対比して考えるとわ

表1-3　世界銀行への出資額（億ドル）

	2010年	2015年
払込資本	115	166
請求払資本	1,783	2,595
授権資本	1,898	2,761

かりやすい。すなわち、投票権は出資額に応じて分配されることを意味している。

加盟国の投票権は各国均等に付与される基本票数と出資額に基づく票数からなる。これまで基本票数は250票だったが、度重なる増資によって票数全体に占める基本票数の割合が低下し、設立時の10.78％から2.86％にまで落ち込んだ。また、経済成長著しい新興国や開発途上国は、世界銀行の意思決定へのより一層の関与を求めた。その結果、2008年以来ヴォイス・リフォーム（Voice Reform）と呼ばれる改革が進み、2009年1月の総務会で基本票数を2倍の500票に増加し、今後の増資においても全票数の5.55％を基本票として維持することが承認された。IBRDの投票権の再分配については、経済的な要素を75％、IDAへの資金的な貢献を20％、借入国としての貢献度を5％と傾斜評価することになった（Development Committee 2010）。

それと合わせて翌年には20年ぶりのIBRDの増資も決まった。IBRDの増資には、投票権に影響を与えない一般増資と、投票権の変更を伴う選択増資がある。2010年に決まった増資はこの両方を含むもので、授権資本全体で860億ドル（選択増資が278億ドル）、このうち払込資本は51億ドルである（表1-3）。

中国の投票権の拡大

ヴォイス・リフォームと増資によって2015年までに世界銀行における投票権は表1-4のように変わる。開発途上国の投票権は約4.6％増加し、中でも中国は日米に次ぐ第3位の発言権を持つことになる。1985年の増資で、日本がそれまでの5位から、英仏独を抜いて一気に2位になったとき以来の大きな変化と言える。

1980年代前半、日本政府は世界銀行での投票権を2位にすべく働きかけを強

表1-4 IBRDでの各国の投票権の変化

	2008年(%)	増資後(%)
先進国	57.40	52.81
アメリカ	16.36	15.85
日　本	7.85	6.84
ドイツ	4.48	4.00
イギリス	4.30	3.75
フランス	4.30	3.75
イタリア	2.78	2.64
カナダ	2.78	2.43
途上国・移行国	42.60	47.19
中　国	2.78	4.42
サウジアラビア	2.78	2.77
ロシア	2.78	2.77
インド	2.78	2.91
ブラジル	2.07	2.24

出所：Development Committee (2010) をもとに筆者作成。

めた。背景には，既にIDAの拠出額がアメリカに次いで多かったこと等が挙げられる。しかし，アメリカやフランス等から激しい批判にさらされた。その理由として，円が国際化していないこと，日本の資本市場が閉鎖的であること，輸入障壁が多いこと，援助がアジア偏重であること等が指摘された（山口1995）。ここ数年，中国の存在感の増大に対する警戒が目立つが，日本も同様の警戒を欧米諸国に持たれながら世界銀行での投票権を伸ばしていったのである。中国をはじめとする新興国の投票権の拡大を論じる際には，1980年代の日本の経験を振り返ることには意味があると言えよう。

投票権をめぐる議論

IBRDの投票権は，世界銀行理事会の構成に深く関係している。世界銀行の加盟国は188カ国（IBRD）だが，理事は25名しかいない。ちなみに，理事の数は長年24名だったが，ヴォイス・リフォームの一貫として2010年11月からアフリカ地域を代表する理事1名が増員され25名となった。

5大出資国と言われるアメリカ，日本，ドイツ，イギリス，フランスからはそれぞれ1名ずつが任命理事を出し，残りの理事はそれ以外の加盟国から2年ごとに選任されている。具体的には複数国で合計の投票権が3パーセント程度になるようにグループを組み，グループごとに理事や理事代理を出すことになる。大多数の国にとっては，まず同じグループ内の数カ国と意見をすり合わせた上で，グループを代表する理事のポジションを決めなければならない。ただ

し，比較的出資額が大きい中国，サウジアラビア，ロシアはグループを作らず事実上任命理事のような形で理事を出している。

「1ドル1票」制の意思決定については，お金をたくさん出している国の意見が通りやすいことへの批判がある一方で，金融機関である以上は持っている「株」（＝出資額）が多い国ほど発言権が大きいことは当然だとの意見もある。しかし，実態としては，理事会の意思決定がコンセンサスを基本としているため，必ずしも大株主の意見が通るとも限らない。むしろ，少数派がコンセンサスを盾に意見を押し通し，事実上の「少数決」となる可能性もある。さらに，2012年4月の総裁選びで見られたように，開発途上国が一枚岩だとも言えない。投票権が増えたことで開発途上国の意見が通りやすくはなったが，これらの国々が理事会で結束するとは限らない。「1ドル1票」と「1国1票」の是非については実態に即した議論が必要である。

1つ論議の的となっているのは「拒否権」である。IBRD協定の改正には理事会の85％の投票権が必要となっている。つまり，特定の国が15％を超える投票権を持っていれば，協定の改正に事実上の拒否権を発動することができることになる。現在アメリカが唯一15％以上を確保している。したがって，世界銀行の制度改革の中で，協定改定に必要な投票権を85％から80％に引き下げる案が検討されている。

7　IDA増資と政治的意味

各国の拠出金が中心のIDA

世界銀行のもう1つの機関であるIDAはどのような資金源で運用されて，それが世界銀行の意思決定とどのような関係にあるのだろうか。IDAは1人当たり国民所得の低い国に対して無償の贈与や返済期間40年程度の長期無利子融資を行っている。借入国の経済状況が必ずしも安定しておらず，返済までの期間が長いため，IBRDのように債権の発行でまかなうことは困難である。そこで3年に1度加盟国の増資等で原資を補填している。2012年度から第16次増資の資金が使われ始めた。

第Ⅰ部　世界銀行とは

表1-5　IDA増資の内訳

(単位：10億ドル)

	13次増資	14次増資	15次増資
各国拠出	12.3	17.7	25.7
返済等	9.2	9.0	8.3
IBRD/IFC	0.9	2.1	3.9
債務救済補填	n.a	3.8	4.9
合計	22.4	32.6	41.8

出所：World Bank (2010)。

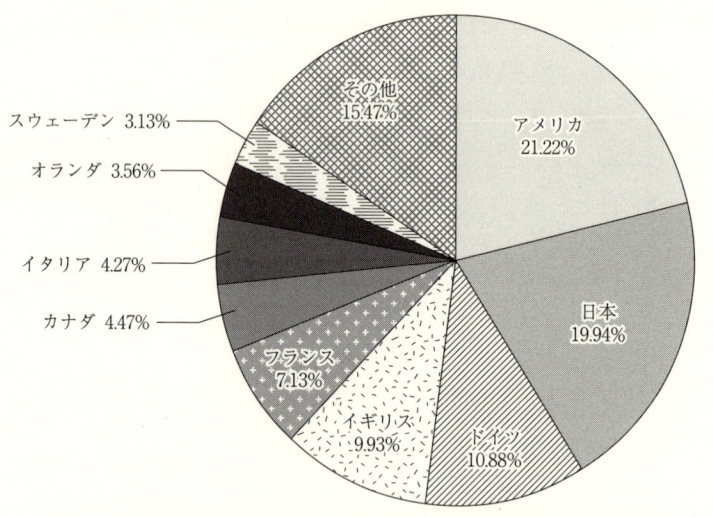

図1-8　IDAへの出資と拠出の累計（2010年末現在）

アメリカ 21.22%
日本 19.94%
ドイツ 10.88%
イギリス 9.93%
フランス 7.13%
カナダ 4.47%
イタリア 4.27%
オランダ 3.56%
スウェーデン 3.13%
その他 15.47%

出所：World Bank (2011a)をもとに筆者作成。

　増資の内訳は，1980年代まではほとんどがドナー国による新規拠出だったが，90年以降はそれ以外の資金，具体的にはIBRDやIFCの利益還元や返済等の資金が増加傾向にある。直近の3回の増資の内容を表1-5にまとめたが，場合によっては各国の新規拠出が増資全体の半分に満たないケースも出ている。その一方で新規拠出も額としては伸びており，設立直後に議論された原資の「補填」以上の資金増加になっている（Mason and Asher 1973）。

　最初に述べたようにIBRDとIDAは総務，理事，総裁，職員がほぼ同じで

ある。協定上，IBRDとIDAの双方に加盟している場合は，IBRDの総務や理事がIDAの理事を兼務すると定められている。前節で説明したように，貧困国向けのIDAへの拠出は世界銀行全体の投票権に影響を及ぼすものの，その比重は20％とされている。図1-8は1960年にIDAが発足して以来の，各国の資金提供額の累計を割合で示した。表1-4と比較すると明らかだが，投票権の拡大と直接リンクしない貧困国向けのIDAへの拠出は先進国9カ国だけで全体の85％近くを占めており，ヴォイス・リフォームで大幅に投票権が伸びる中国は，累計で0.04％に留まっている（World Bank 2011a）。「1ドル1票」制と呼ばれるものの，IDAへの拠出額と世界銀行における投票権のずれを見る限り，必ずしも資金的貢献の大きい国が世界銀行を動かしているとも言えない側面がある。

拠出国の国内議論とIDA増資

過去65年間で5度しか実施されていないIBRDの増資に比べ，世界銀行の全体の組織運営に対する投票権とは直接結びつかないものの3年に1度行われるIDAの増資は，日常的な意思決定につながる投票権とは異なる重要な「力」を加盟国に与えている。なぜなら，増資には各国の議会で承認が必要となるからである。したがって，世界銀行に自国の主張や新たな政策を導入させるためにIDA増資の機会を使うことが有効になる。さらに言えば，世界銀行に対して改革を求めるNGO等の市民社会組織にとっても，自国政府に働きかける絶好の機会となりうる。あとで述べるように，1980年代以降，欧米のNGOはIDA増資の機会に様々な政策改善を世界銀行に求めてきた。

日本の場合も，IDA増資のためには「国際開発協会（IDA）への加盟に伴う措置に関する法律」を改正し，国会で承認を受けなければならない。日本では，途上国への開発協力関連予算は一般会計全体の予算案に組み入れられている。したがって，開発協力の予算を否定するには，予算案全体を否決しなければならない。予算不成立による市民生活への影響を考えると実現は困難である。しかし，開発協力関連予算の中で，唯一世界銀行への出資だけは個別法が存在しており，新たな出資額を書き込んだ法律の改正が承認されない限り，増資は認

められない仕組みになっている。IDA の増資は，投票権とは異なる形で出資国の意見を世界銀行に反映する機会であり，NGO はこうしたチャンネルも活かしながら，世界銀行の政策改善にコミットしてきたのである。

8　市民社会が働きかける2つのチャンネル

　本章では，世界銀行の誕生から今日に至るまでの業務の大雑把な歴史的な流れ，世界銀行の政策や融資の意思決定に関わる資金源や，日常的な意思決定機関である理事会の構成等について見てきた。

　世界銀行は第2次世界大戦後の国際秩序を話し合うアメリカとイギリスの交渉の中から誕生した。戦後復興の資金をアメリカに拠出させたいイギリス，国際協力への財政負担を嫌いつつも，戦後のアメリカ製品の輸出市場拡大を説得材料に国内世論をまとめたアメリカ。妥協の産物だった世界銀行は，誕生から1年も経たずに，冷戦の波に飲み込まれていった。資金規模も小さく，民間資金の呼び水を主眼に置いていた路線は，国連を舞台にした開発途上国の声を背景に，無利子融資や贈与を行う機関の誕生へと向かい，1960年に今日の「世界銀行」が形作られた。マクナマラ総裁の時代に拡大路線を進み，融資額の大きさを求める「承認の文化」が根付き始めた。その負の側面として，大型インフラ事業に伴う環境社会面での被害や，構造調整が社会的弱者の切り捨てにつながるとの批判が，現地や欧米の NGO 等から指摘されるようになった。それらも誘因となって，1990年代以降は，貧困層や環境に対するセーフティネットや，重債務問題への対応等を重視し，「量」より「質」の充実を図る政策や組織改革が実施された。そして，2000年度半ば以降は急速な融資拡大を進めている。特に目立つのは，エネルギー，水，運輸といったインフラ支援への「回帰」，民間セクターや環境・天然資源管理への融資，紛争国や脆弱国への対応等である。世界銀行は，それぞれの時代の変化に対して，時にはその目的すら時代に合わせて組織を維持・拡大してきたといえよう。

　組織もアメリカ中心から五大出資国中心へ，そして近年のヴォイス・リフォームによって多角化が進もうとしている。請求払資本という独自の仕組みに

よって民間金融機関のように市場から多額の資金を招き寄せると同時に,ドナー国の多額の拠出によって援助機関としての役割も担っている。加盟国はIBRDへの出資とIDAへの拠出(増資)という2つの資金ツールを使いながら,世界銀行への影響力の拡大を模索している。特定の国の利害を超えて貧困層への支援を最上位の目標に掲げつつも,「多国間」開発銀行(MDBs)という総称が示す通り,世界銀行は各国の利害の衝突と調整の場でもある。それは見方を変えれば,NGO等の外部のアクターにとって世界銀行に影響力を及ぼすチャンネルが2つあることを示している。すなわち,世界銀行それ自体と,加盟国である。

本書で取り上げるNGOを初めとする市民社会組織と世界銀行との関係は,まさしくこの2つのチャンネルを通して,時に協力し,時に対立し,時には2つのチャンネルでねじれた関係になることもあった。次章では,世界銀行のこうした組織的な特徴や,歴史的な変遷をふまえて,市民社会組織と世界銀行の関係を紐解いていく。

参考文献

大野泉(2000)『世界銀行――開発戦略の変革』NTT出版。
佐々木隆生(1980)「戦後国際経済関係再編成の構想と原理」『経済学研究』(北海道大学)第30巻,第2号,447-477頁。
山口健治(1995)『世界銀行』近代文藝社。

Development Committee, 2011, *Strengthening Governance and Accountability: Shareholder Stewardship and Oversight*, DC2011-0006, April 4, 2011.

Development Committee, 2010, *World Bank Group Voice Reform: Enhancing Voice and Participation of Developing and Transition Countries in 2010 and Beyond*, DC2010-0006/1, April 25, 2010.

Gardner, Richard N., 1969, *Sterling-Dollar Diplomacy: the origins and the prospects of our international economic order*, New expanded edition, McGraw-Hill.(村野孝・加瀬正一訳『国際通貨体制成立史』東洋経済新報社,1973年。)

George, Susan and Sabelli, Fabrizio, 1994, *Faith and Credit: The World Bank's Secular Empire*, Penguin.(毛利良一訳『世界銀行は地球を救えるか――開発帝国五〇年の功罪』朝日選書,1996年。)

Goldman, Michael, 2005, Imperial Nature: The World Bank and Struggles of Social Justice in the Age of Globalization, Yale University. (山口富子監訳『緑の帝国——世界銀行とグリーン・ネオリベラリズム』京都大学学術出版会, 2008年。)

Jones, S. Shepard and Myers, Denys P. (eds.), 1976, *Documents on American foreign relations*, Kraus Reprint.

Keynes, John Maynard, 2012, *The Means to Prosperity; The Great Slump of 1930; The Economic Consequences of the Peace*, Oxford City Press.

Mason, Edward S. and Asher, Robert E., 1973, *The World Bank Since Bretton Woords*, The Brookings Institution.

World Bank, 1966, *Annual Report 1966*.

World Bank, 2005, *Annual Report 2005*.

World Bank, 2010, *Annual Report 2010*.

World Bank, 2011a, *A guide to The World Bank*, third edition.

World Bank, 2011b, *Annual Report 2011*.

第2章

世界銀行とNGO(1)
── 批判と対話の小史 ──

松本　悟

1　NGOとは何か

NGOと市民社会組織（CSO）

　世界銀行がNGO等の市民社会組織と接点を持つようになったのは設立から30年近く経った1970年代半ば，本格的に関係を持ち始めたのはそれからさらに10年も先のことである。第1章で詳しく述べたように，世界銀行は国際復興開発銀行（IBRD）と国際開発協会（IDA）から構成されているが，いずれの設立協定にも国際機関との関係構築について定められただけでNGOに関しては何も記述がない。国連が憲章の中で既にNGOの経済社会理事会との協議資格を盛り込んでいたのとは対照的である。

　世界銀行はホームページにおいてNGOを含む市民社会組織（Civil Society Organizations: CSO）をかなり広く定義している。すなわち，倫理的，文化的，政治的，科学的，宗教的あるいは博愛主義的な思いに基づいて，自らの会員や他の人びととの利益や価値を表明する広範な非政府・非営利団体を指している。その中には，地域社会のグループ，労働組合，宗教グループ，慈善団体，信仰に基づく組織，専門家の協会等広範な組織が含まれ，その1つが非政府組織（Non Governmental Organizations: NGO）であると位置づけている。ただし，重要なのは現実に即した理解であり，何がCSOやNGOで何がそうでないかを抽象的に定義することはあまり意味がない。世界銀行自身，市民社会とは人びとが利潤や政治力のためでなく共通の関心のもとに集まる広場のようなものだと捉えている（World Bank 2000）。

一方NGOは、一般的には、非政府、非営利（利益を出資者に分配しない）、自発性、継続性、組織性、それに公益性を有している団体のことを指している（Korten 1990）。1990年代初めに世界銀行の副総裁で法律顧問（General Council）だったイブラヒム・シハタ氏は、NGOとは、自らの集合的な影響力をよりよい公共の福祉、健康、環境のために活用しようとするために組織された非営利団体だと定義した（Shihata 1992）。あるいは、別の世界銀行の文書では、「経済社会開発、福利厚生、緊急救援、環境保護の領域で活動する団体、あるいは貧困層や社会的弱者から成る、もしくはそうした人びとを代表する団体」と定義している（World Bank 1998, 2）。本書では上記のような要件を満たした組織をNGOという語で表現しているが、必ずしも市民社会組織（CSO）のようなより広範な考え方を排除するものではない。特に、近年世界銀行はCSOという語を使うことが多い。したがって、本書では特段の断りをしない限り、NGOとCSOをほぼ同じ意味として扱っている。

NGO活動の類型

NGOやその活動にはいくつかの分類がある。国際開発分野では地理的な活動範囲で分類されることが多く、開発途上国の特定の地域のみで活動しているローカルNGO、ある開発途上国の国全域で活動する国レベルのNGO、そして複数の国で活動する国際NGOの3つに分類される。国際NGOはしばしば直接もしくは開発途上国のNGOを通じて国レベルやローカルレベルでの活動を実施している。また、先進国を本部としている「北のNGO」と、開発途上国の人びとが国レベルやローカルレベルで活動するために設立した「南のNGO」という呼称もよく使われる。

地理的な区分とは別に、活動内容によって分類されることも多い。一般的な分け方としては、開発途上国での事業実施を主たる活動としている「実施型NGO」と、個別に問題が発生した開発事業や世界銀行のような公的開発機関の政策の改善を働きかける「アドボカシーNGO」というものがある。アドボカシーとは本来「誰かの代わりに申立を行う行為」を意味することばで、日本語では政策提言活動と訳される。しかし、アドボカシーには問題を抱えている

人たちの代わりに訴えるという意味がある点は重要である。問題を抱えている人たちに目を向けず，公的機関に政策を提言しているだけでは本質的にはアドボカシー活動とは言えない。もちろん，現地での開発事業をやりながら，アドボカシー活動を行っているNGOも数多くあり，NGOをこの2つのカテゴリーで分けることには無理がある。むしろ，国際開発分野のNGOの活動の類型と考える方が現状に則していると言える。

　NGOの存在は統計上も年々拡大している。『国際組織年鑑』(Yearbook of International Organizations)によれば，1990年には6,000団体だった国際NGOが，2010年には56,000団体以上になっている。資金力という点で見ると，先進国の国際開発協力を調整している経済協力開発機構（OECD）の統計では，1999年にNGO等先進国の民間のボランティア組織が発展途上国に提供した資金は68億5,000万ドルだったのが，2010年には306億3,900万ドルと4.5倍近くに増えている。

　こうした量的な拡大だけでなく，質的な意味でも国際関係におけるNGOの重要性が高まっている。本章で詳述するように，1980年代以降，特に環境や人権といった面でNGOは国際開発機関の政策に強い影響を与えるようになった。東西冷戦終結後は，対人地雷全面禁止条約や気候温暖化防止枠組み条約等の新たな規範に基づいた国際条約の設立や，紛争の原因となるダイヤモンドの不正取引を規制するキンバリー認証制度のような国際レジームの形成に中心的な役割を果してきている。世界銀行とNGOの関係も，歴史的な変化を見すえながら分析することが重要である。

世界銀行から見たNGOとの関わり方

　世界銀行はNGOとの関わり方を3つに整理している（World Bank 2003）。

　第1に，世界銀行の政策，プログラム，調査，個別の開発事業等について直接NGOと対話するというものである。対話は，プロジェクトの周辺地域だけでなく，借入国，国際レベル等様々な場所で多様な利害関係者（ステークホルダー）と実施される。主催者は必ずしも世界銀行ではなく，NGO側が主催する対話の場に世界銀行側が参加するような場合も含んでいる。対話よりも公式

的な場として捉えられているのが「協議」である。協議の内容は，プロジェクトによる環境や人権面での負の影響を防ぐための政策，借入国の社会セクター予算の削減につながったとして厳しい批判を浴びてきた構造調整融資，あるいは世界銀行が融資を検討もしくは実際に融資した大規模インフラ開発事業等多岐にわたっており，政策や個別融資案件について世界銀行とNGOが議論する。

第2の関わり方は，世界銀行が支援する開発プロジェクトにおいてNGOとパートナーを組むというものである。これには様々な形態があり，技術協力やトレーニングの実施についてNGOと委託契約を結んだり，NGOが自ら実施する開発プロジェクトに資金を提供したり，あるいは世界銀行とNGOが共同でプログラムを形成して実施したりすることが挙げられる。これまでに，森林保全，HIV/AIDS対策，農村の貧困問題対策，小規模融資（マイクロクレジット）等様々なプロジェクトでこうしたパートナー関係が構築されてきた。

第3の関わり方は，世界銀行が融資等を行う現地の政府とNGOの関係を円滑にする役割（ファシリテーター）である。その前提には，開発途上国政府がNGOの関与を好ましいと考えておらず，片や現地のNGOの側も政府と関わることに意味を見出していないことがある。そこで世界銀行は，当該政府とNGO双方のキャパシティ・ビルディング（能力向上）を通じて両者の関係改善を図ろうと考えている。具体的には世界銀行による助言や，資金等のリソースや研修の機会の提供，知識やうまくいった事例（グッド・プラクティス）の共有，政府とNGO以外の関係者を交えたマルチステークホルダー会合の開催や支援を行っている。実践例としては，貧困国の債務削減のために導入された貧困削減戦略文書（Poverty Reduction Strategy Paper: PRSP）の作成を挙げている。

ここで留意すべきことは，これら3つの関わり方は世界銀行が理論的に打ち立てたものではなく，むしろNGO側の動きや国際社会の趨勢に対するいわば反作用として徐々に形作られたものだという点である。したがって，今日の世界銀行とNGOの関係を考えるには，反作用を導いたNGOや国際社会の側の動きから紐解いていくことが有効であろう。

本章では，世界銀行から見たNGOとの3つの関わり方のうち，最初に挙げた「対話」に焦点を当てる。世界銀行とNGOの間に「対話」が生じてきた背

景や，それがいかに変質・展開していったかを様々な文献をもとに明らかにする。「対話」というと，世界銀行とNGOが同じ席について議論をしている光景をイメージするかもしれないが，実際にはいわば「場外」での批判も「対話」の一部と言える。なぜなら，所詮意思決定の権限は世界銀行にあり，場外からの批判がなければ「対話」は形式的にNGOの意見を聞いたというアリバイに終わってしまう恐れがあるからだ。したがって，「対話」をめぐる重層的な動きに着目する。なお世界銀行から見た残りの2つの関わり方，すなわち「パートナーシップ」と「ファシリテーター」については第3章で論じることにする。

2　世界銀行とNGOの「批判的対話」

1970年代の火種

　世界銀行が政策としてNGOとの対話を重視するようになったのは，自ら進んで改革したというよりは，世界銀行が支援した事業に対してNGOから激しい抗議を受けたことが主な誘因である。環境や人権等の面で世界銀行の事業への批判が高まるのは1980年代だが，既に70年代からその傾向が見られていた。

　東西冷戦の最中の1970年にチリで民主的な選挙によって社会主義政権が誕生したが，世界銀行は急進的な改革を進める新政権への融資を拒否した。その一方，1973年にアメリカの支援を受けたピノチェト将軍がよる軍事クーデターで政権につくと，すぐさま新しくできた軍事政権への融資を再開したのである。これに対して人権擁護活動家から強い批判を浴びた。

　また，融資事業に伴う環境や地域社会への悪影響が原因で批判を浴びるケースも出始めた。フィリピンのルソン島北部を流れるチコ川流域のダム建設をめぐっては，深刻な影響を受ける地元コルディレラの先住民族グループが戒厳令下でも激しく抵抗し，世界銀行は融資から撤退を余儀なくされた。フィリピン以外でも，インドの社会林業プログラムやブラジルのダムへの融資をめぐって，先住民族グループ等から抗議の声が挙げられていた。

　こうした環境社会影響面での批判の高まりは，いくつかの要因が重なったも

のである。第1に、世界銀行の融資の急速な拡大である。世界銀行は、1968年にマクナマラが総裁に就任した最初の5年間だけで、それまでの22年間の全融資額の1.2倍を貸し付けた。その中心はダムや道路等大型のインフラ建設であり、環境や社会に負の影響を与えやすい事業だった。第2に、国際的な環境への関心が高まっていたことが挙げられる。1970年に初めてのアースデイがアメリカで開催され、1972年には環境問題を世界規模で話し合う初めての国連人間環境会議がスウェーデンのストックホルムで開催された。第3に、世界銀行の常勤スタッフとして環境や社会学の専門家が雇用されるようになったことも重要な要素である。こうした新しいスタッフが、世界銀行の融資事業が引き起こす環境社会面での悪影響に強い関心を持ち、世界銀行内部から変化を起こし始めていたことも、NGOの批判を世界銀行側が適切に受け止めるためには重要な要素だったと言える。

NGO－世界銀行委員会

こうした市民社会からの世界銀行批判に対応すると同時に、世界銀行が支援するプロジェクトでのNGOとの協力を強化するため、1982年に「NGO－世界銀行委員会」が設立された (Shihata 1992)。きっかけとなったのは、1980年に開催された小規模企業に関するワークショップで、翌81年に世界銀行が16の国際NGOを招き委員会の立ち上げが具体化した (City University London 2001)。設立当初は、NGO側は欧米と日本の14団体、世界銀行側は開発分野と地域を担当する管理職15人が、年に2回会合を開いていた。しばらくしてメンバー構成を変更し、開発途上国を含めた地域割ごとに団体数を決めた。その結果、アフリカ、アジア、ヨーロッパから5団体、ラテンアメリカとカリブ海諸国から4団体、北アメリカと太平洋諸国から4団体、国際NGOから2団体の合計15団体となった。その後、さらに東ヨーロッパと中東を加えた。ちなみに日本からは神道系新宗教の教祖が創設したオイスカがメンバーとなっていた (Covey 2000)。

当初の目的は両者の情報交換と協力を強化することにあり、NGO側もプロジェクトを通した世界銀行との連携を拡大したいと考えている団体が中心だっ

た。委員会の運営費は世界銀行が負担し，NGO側は会議に出席する旅費等の必要経費を自分たちでまかなうだけだった。NGOが経費の半分を負担することを目標に掲げたのは設立から13年後の1995年のことである（Covey 2000）。

「NGO-世界銀行委員会」のメンバーとなる15団体の選出方法ははっきりしていなかったため，不透明なプロセスに対してNGOの中から批判が起きた。そこで委員会のNGOメンバーは，1984年に世界銀行から独立した形で「世界銀行に関するNGO作業グループ」（以下，NGO作業グループ）を設立したのである。NGO作業グループは世界銀行の年次総会の前に，独自にNGO側の優先テーマ等を決めた。またNGO作業グループは開発途上国で会合や調査を行って世界銀行との政策対話に反映する情報を強化した。事務局は，当初はジュネーブの国際ボランティア機関協議会（ICVA）に置いたが，その後はNGO作業グループ議長となった団体が持ち回りで担うこととなった（City University London 2001）。この結果，NGO-世界銀行委員会は，NGO作業グループと世界銀行の対話の場という形に変容し，1989年には「南のNGO」15団体を含む26のNGOがメンバーになっていた（Editors 1990）。

NGO-世界銀行委員会では様々な議題が話し合われた。具体的には，世界銀行の政策やプロジェクトに対して開発途上国の市民社会の声を反映させること，構造調整融資による悪影響を改善すること，あるいはNGOと世界銀行の関係それ自体をモニタリングすること等が議論された。特に注目されるのは1980年代後半に構造調整融資が委員会の議題に挙がってきたことである。構造調整は世界銀行が融資の条件に様々な経済改革を借入国に課すというもので，それに伴って教育や医療等社会セクターの予算が削られ，社会的弱者が切り捨てられるとの批判がNGO等から盛んに出されていた。当初は世界銀行とNGOの協力を主眼に置いていた対話のチャンネルが，次第に論争的なテーマを扱うようになっていったのである（Shihata 1992）。

アマゾン開発とブーメラン効果

NGO-世界銀行委員会の議論を論争的なものにしていったもう1つの要因は，世界銀行が融資した事業に伴う環境や先住民族の生活基盤への悪影響であ

第Ⅰ部　世界銀行とは

```
ブラジル政府 ←----------×---------- ブラジルの
     ↑                              NGO
     |                               ↓
   世界銀行 ← アメリカ政府 ← アメリカの
                                    NGO
```

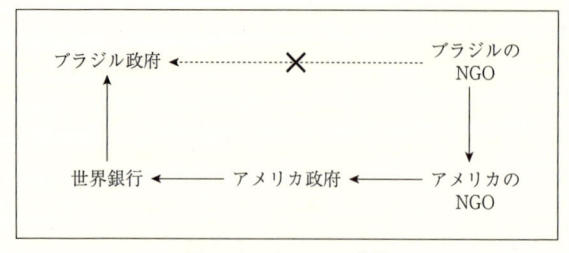

図2-1　ブーメラン効果

る。その中で最も大きな問題となり、NGOから世界銀行へのその後の働きかけにつながっていったのが「北西ブラジル統合開発プロジェクト」(通称ポロノロエステ・プロジェクト)だった。

　このプロジェクトは、アマゾンのロンドニア州に総延長1,500キロメートルの高速道路を建設し、ブラジル全土から小農民を無秩序に入植させるというものである。入植者による開拓によって現地の生態系は破壊され、先住民族との対立や開墾に伴う病気の蔓延等、深刻な被害が生じた。これに対して、アメリカの環境NGO、先進国の国際NGO、先住民族団体、それにブラジルのNGOが協力し合って現地調査等を実施して問題解決に向けた働きかけを行った。

　注目されるのは、ポロノロエステ・プロジェクトをめぐってNGOがアメリカ連邦議会を通して世界銀行に働きかけた点である。これはその後のNGOの働きかけの一種の雛形になった。1983年、アメリカ連邦議会下院でポロノロエステ・プロジェクトに関する初めての公聴会が開かれた。環境NGO、先住民族団体等に加えて、このプロジェクトに関わった元世界銀行のコンサルタントも証言に立った。これを皮切りに、毎年のように世界銀行の融資事業に伴う環境社会被害に関する公聴会がアメリカ連邦議会で開催され、4年間で20回を超えた（川村 2004)。当初世界銀行の対応は緩慢なものだったが、NGO側はアメリカ連邦議会上院の海外活動歳出小委員会委員長という、世界銀行へのアメリカの拠出に深く関係する議員を通じて問題の解決を世界銀行に迫ったのである。その結果、世界銀行はこのプロジェクトへの融資を停止した。公的な国際金融機関が環境社会被害を理由に融資を止めたのはこれが初めてのケースである。

　アメリカは世界銀行への最大の出資国であり、出資額の多さが投票権につながる加重表決制度を採っている世界銀行では最も発言力が強い(第1章を参照)。世界銀行総裁も歴代アメリカから選出されており、世界銀行に対するアメリ

政府の影響力は極めて大きい。そのアメリカの連邦議会が世界銀行のプロジェクトや政策に対して厳しい目を向け始めた。しかも、そこに情報を提供し、証言に立ったのが、アメリカや現地のNGOなのである。

アメリカ連邦議会を通じた世界銀行への働きかけは、もう1つ別の側面を映し出している。ブーメラン効果と呼べるような構造である（図2-1）。ポロノロエステ・プロジェクトが問題になっていたブラジルは、当時民主化が進んでおらず、政府の事業に関する問題を直接自らの政府に訴えて解決することが困難な状況にあった。そこでブラジルのNGOはアメリカのNGOの協力を得てアメリカの連邦議会や政府に働きかけた。その結果、アメリカ政府がブラジルの事業に融資している世界銀行に改善を迫り、最終的には世界銀行を通じてブラジル政府の事業に大きく影響を与えることになったのである。1990年以降のブラジルの民主化によって、ブラジルのNGOは問題を直接自国の議会や政府に投げかけ解決を図ることが可能になった。過渡期的なアプローチではあったが、他の国々の世界銀行融資事業でも類似の構図は見て取れることを考えれば、NGOと世界銀行の関係の1つの機能として捉えることができよう。

NGO-世界銀行委員会の変容

世界銀行とNGOの「対話」を考える上で、1987年はある意味でターニングポイントとなった年といえる。ポロノロエステ・プロジェクト等世界銀行の融資をめぐる環境社会被害がワシントンで政治問題化したことから、1986年に着任したコナブル総裁は環境面での対策やNGOとの対話路線を強化した。

87年に世界銀行はNGO-世界銀行委員会を担当する部署を対外的な関係を担う渉外局から、融資事業の計画や審査を担当する「戦略的計画・審査局」（Strategic Planning and Review Department）に変更した。このことは、世界銀行にとってのNGOの位置づけが、受け身的で形式的なものからプロジェクトの計画や審査に影響を及ぼす実質的な協議の相手としてより真剣に考えられるようになったことを示している（Covey 2000）。そのことは、同じ年にドミニカ共和国の首都サント・ドミンゴで開催されたNGO-世界銀行委員会に表れた。この会合では、開発途上国のNGOや草の根組織の知識や経験を重視する必要

性について認識を共有した上で，世界銀行は今後プロジェクトの計画や政策形成の際には，NGO や草の根組織と協議することに合意したのである（Editors 1990）。

世界銀行と NGO の協力を目的に誕生した NGO－世界銀行委員会だったが，1989年には世界銀行に厳しい注文を突きつける場へと変容した。NGO－世界銀行委員会での NGO 側のアジェンダを決める NGO 作業グループは，89年12月のタイのバンコクでの会合で初めて「ポジションペーパー」を発表し，その中で世界銀行のプロジェクトや政策に対して厳しく批判したのである。具体的には，構造調整融資による経済・社会への悪影響，輸出指向型の農業偏向への批判，ジェンダーに対する意識の低さ，大規模プロジェクトによる環境社会被害，プロジェクト形成や実施における地元住民の参加の軽視，情報公開の不十分さ等を指摘した。さらに NGO との関係についても，世界銀行はプロジェクトに NGO を巻き込むことで「偽の」NGO を作り上げようとしているとこれまでにない厳しい表現で世界銀行を批判している。

これに対して世界銀行は翌年の3月に回答を発表した。この中で世界銀行は，構造調整や輸出指向等個別の課題について NGO 側の主張に真っ向から反論を展開した。また，プロジェクトに伴う環境社会被害の防止や地元住民の参加，情報へのアクセス等については改善を進めており，NGO は開発途上国政府や企業について悪いことばかり述べていると批判し，ポジションペーパーは過去の議論とステレオタイプを繰り返しているだけだと NGO 側の見解を受け入れる姿勢はほとんど見られなかった（Editors 1990）。

NGO の2つの「二方面作戦」

1980年代後半以降，世界銀行と NGO の「対話」は構造調整と環境社会被害をめぐって一層激しくなっていった。先に述べたように意思決定に対する影響力を考えれば，直接的な「対話」のみによって NGO 側の主張を世界銀行に受け入れさせるところことは困難である。一方で，世界銀行を外側から批判するだけでは，内部の変化を起こすことは難しい。この頃の NGO の対世界銀行戦略は，世界銀行に直接働きかける内部アプローチと外から圧力をかける外部ア

第2章　世界銀行とNGO(1)

プローチ，それにドナー国と被援助国という2つの次元での二方面からの挟み撃ち作戦であった (Fox and Brown 2000)。

　世界銀行の融資事業によって問題が生じた途上国で活動しているNGOや草の根市民組織からは現場の情報が提示される。現場の生々しい声は，現地や国際的なメディアの関心を呼び，世界銀行に対する批判的な記事が書かれるようになる。一方世界銀行の本部があるワシントンD.C.では，アメリカのNGOや被害を訴える現地のNGO等が世界銀行と「対話」を行うと同時に，アメリカの連邦議会議員を通じてアメリカ政府，特に世界銀行を担当するアメリカ財務省に働きかけ，「対話」の内容を無視できなくさせるというものである。

　この頃になると，NGO側の主張に共感して積極的に情報交換する世界銀行内部の専門家も現れ，世界銀行の政策や制度を内から変えようとしていた。また，アメリカのNGOは環境だけでなく法律の専門家も抱え，議会に対して説得的な情報を適確に提供することが可能になっていた。議会の中には，世界銀行のような国際機関に多額の資金を拠出することに消極的な保守派の議員もおり，革新的なNGOがこうした保守派の議員の協力も得ながら，財務省や世界銀行に改革を迫っていたのである。

　その象徴的な出来事が融資事業に伴う環境社会被害を回避するための政策の改定と，その遵守を確保するためのインスペクションパネルの制定である。

　1989年までは世界銀行は「業務マニュアル声明」(OMSs) と呼ばれる内規によって，職員がどのように業務を実施するかを定めていた。この文書はあくまで内部で共有されるだけで，世界銀行の外には公開されていなかった。したがって，どのような手続きでいかなる基準を用いて世界銀行が融資を決めていたのかはほとんどわからなかったのである。コナブル総裁はこれを改善し，OMSsを業務指令 (OD) に改めて借入国や他の国際機関，NGO等と共有する方針を決めた (Shihata 1992)。

　特にNGOの関心が高かったのは，世界銀行が融資する事業が自然環境や社会環境に及ぼす影響を事前に調査して回避・最小化する環境アセスメント政策（業務指令4.00別表A）の制定だった。しかし1989年に制定されたこの政策は，すぐにNGOからの批判にさらされた。第1に，政策策定過程にNGOが参加

していないこと，第2に，アメリカ連邦議会の要求に応じていなかったからである。後者は，関連するアメリカの「国際開発融資法」の修正を提案した議員の名をとって「ペロシ修正条項」と呼ばれる。この条項によれば，世界銀行の意思決定の120日前までに，プロジェクトの環境アセスメント報告書が理事に提出されなければ，アメリカの理事は融資に賛成できないのである（JACSES 1995）。

増資を盾にした「対話」

この頃から，世界銀行に政策の改善や問題プロジェクトへの適切な対応を迫るためにアメリカのNGOが利用したのが，低所得国向けの無利子融資を行う国際開発協会（IDA）の増資交渉だった。第1章で述べたように，無利子融資のIDAの場合は3年に1度原資となる資金をドナー国等から拠出してもらう必要があり，アメリカでは議会の賛成が不可欠だった。週に2回の理事会での投票行動では，アメリカといえども16％余りの投票権しかないため，過半数の票を獲得するには多くの理事の理解を得なければならない。一方，3年に1度のIDA増資では，理事会での交渉は必要なく，割り当てられた増資に応じるかどうかはアメリカ自身で決めることができる。言い換えれば，アメリカの市民社会や連邦議会が大きな発言力を持っていることになる。この増資を盾に，アメリカのNGOと議会は世界銀行に改革を迫ったのである。

この戦略は注目に値する。なぜなら，先に述べた構造調整融資では，融資の条件に借入国である開発途上国の財政政策に注文をつけ，社会保障等の予算を削ることにNGO等市民社会は厳しい批判を繰り返している。条件付けは開発途上国の主権の侵害だというわけである。一方で，環境や人権等の環境社会影響という面では，NGOは自らアメリカ議会という「外圧」を使って，開発途上国ではまだ十分整備されていなかった環境アセスメントの義務化や報告書の公開を間接的に求めたのである。開発途上国のオーナーシップという原則はNGOの間でも必ずしも共通の認識に立てていないといえる。

結局，世界銀行は制定からわずか2年後に環境アセスメント政策を再度改定し（業務指令4.01），報告書の事前公開を盛り込んだ。また，政策改定プロセス

におけるNGOの参加についても，同じ年の4月に制定された森林政策を皮切りに，理事会での意思決定よりも前にNGOと協議を行うようになったのである（Covey 2000）。

インドのナルマダダム問題

　IDA増資交渉を政治的機会と捉え，アメリカ連邦議会を通して世界銀行に改革を迫る戦略は，1990年代に入るとインドのサルダル・サロバルダム（ナルマダダム）問題と世界銀行の政策不遵守に向けられた。サルダル・サロバルダムは，インド西部を流れるナルマダ川とその支流に建設が計画されていた3,000以上ダムのうち最も規模が大きいもので，計画では肥沃な土地を水に沈め数十万人の人びとを強制的に立ち退かせることになっていた。しかし世界銀行が融資を決めた1985年の段階では，環境アセスメントも立ち退き住民への対応も十分に行われていなかった。

　早くからイギリスのNGO等がこのプロジェクトの問題を世界銀行に投げかけていたが，運動として拡大したのはアメリカと現地のNGOが連携し始めた80年代後半からである。アメリカ連邦議会の公聴会でインドの活動家等が証言をし，この問題は大きく取り上げられるようになった。アメリカだけでなく，日本やオーストラリア，ヨーロッパの国々でもナルマダ問題に取り組むNGOのネットワークが形成され，NGOと国会議員の追及を受けた日本政府は2国間ベースでのこの事業への融資を見送った。

　ナルマダダム問題が世界銀行に大きな影響を与えたのは，当時のコナブル総裁が指名した独立調査委員会（モース委員会）によって，ナルマダダムへの融資に際して世界銀行が自らの政策を遵守していなかったことが明らかにされた点にある。アメリカのNGOは世界銀行内部の情報源から政策が守られていない実態を把握しており，IDAの増資交渉の機会に独立調査委員会の設置を強く働きかけたのである（Udal 2000）。世界銀行が外部の専門家によって個別プロジェクトに関する独立した調査を実施したのはこれが初めてだった。背景には，理事会が世界銀行の上級職員から正確な情報が伝えられていないと感じていたことが挙げられる。委託者（プリンシパル＝理事会）と受託者（エージェント＝

世界銀行）が持つ情報の非対称性から，受託者が委託者の意に沿わない行動をとるエージェンシー問題が深刻になっていたのである（クラーク 2003）。

　92年のモース委員会による調査の結果，80年代後半から世界銀行が進めていた政策改善は，遵守を伴っていなかったことが明らかになった。しかし，この調査報告書を突きつけられた世界銀行が取ろうとした道はナルマダム計画の「更なる調査」と「プロジェクトの継続」であり，アメリカや日本が反対したにもかかわらず，理事会は過半数でそれに賛成した。Li（2007）が指摘するように，改善は失敗に寄生し，失敗の根本的な原因は温存されることがしばしばある。結局，理事会に約束していた行動計画の実施が困難になった段階で，インド政府が自分から融資の申請を取り下げ，世界銀行におけるナルマダ問題は一応の収束をみたのである。

政策遵守のためのインスペクションパネル

　しかし，世界銀行側の根本的な原因である政策不遵守の実態は，さらに大きな問題となった。同じ時期に世界銀行が実施した内部評価報告書（ワッペンハンス報告書）によって，政策不遵守はナルマダムに限ったことではないことが明らかにされた。その原因の1つとして指摘されたのが，職員への評価が融資額の多さによってなされる「承認の文化」である。マクナマラ総裁時代の融資拡大路線以来，世界銀行に染み付いているのはたくさん融資することが良いという考え方だった。

　ナルマダム問題に取り組んでいた弁護士を中心としたアメリカのNGOは，世界銀行の内部評価によって政策不遵守の常態化が指摘されたことに勢いを得，のちにインスペクションパネルとなる制度を提案した。この制度は，世界銀行が自らの政策を守らずにプロジェクトを支援したことで被害が生じるような場合に，被害を受ける側が世界銀行の融資部門から組織的にも予算的にも独立した専門家委員会に異議や苦情を申し立て，調査を求めることができるというものである。モース委員会がその原形と言える。

　これに対して世界銀行側は，調査は職員が行うこと，調査には当該国の許可が必要なこと，調査結果を世界銀行が拒否できること等，NGOの提案からか

なり後退した制度設計を検討していた。この動きを察知したアメリカのNGOは，再びIDA増資交渉のタイミングで連邦議会に働きかけを強めた。世界銀行への資金供与を決める連邦議会の小委員会の委員長はNGOの提案に協力的で，公聴会では世界銀行を強く批判した。世界銀行がインスペクションパネルの創設を約束したあとも，アメリカ政府はIDAへの増資は3分の1しか実行せず，異議申立や調査の手続きが適切なものとなったことを確認するまで残りの支払を延期したのである（クラーク 2003）。

80年代後半から90年代にかけては，3年に1度のIDA増資のタイミングでアメリカ連邦議会から世界銀行に政策改善を働きかけるNGOの戦略は，プロジェクトの環境社会被害をなくすための改革に直結したといえる。

3　NGO間の対立と「公式な対話」の変容

IDA増資戦術をめぐるNGO同士の対立

世界銀行との直接的な「対話」が形式的で実際の変化が伴わないと感じたNGOは，アメリカに限らずそれぞれの国の議会の協力も得ながら影響力を強めていった。一方で，公式の対話の場であったNGO－世界銀行委員会やNGO作業グループは異なる立場を表明するようになっていた。

世界銀行に批判的なNGOがIDAの増資を盾に改革を迫ったことは，ナルマダダム問題への働きかけや環境社会配慮政策の改善という面ではきわめて有効であった。見方を換えれば，3年に1度のIDA増資は世界銀行にとって欠かせない資金調達方法だったのである。こうしたNGOのキャンペーンに対して，世界銀行はNGO－世界銀行委員会の関心を引き寄せ，6つの開発途上国のNGOが世界銀行職員と会談した。そして，これらの「南のNGO」は，IDA増資を支持する立場を明らかにしたのである。この中には同委員会のNGO作業グループに所属する4つのNGOが含まれていた（Covey 2000）。

こうした「南のNGO」に呼応して，NGO作業グループは1992年10月30日付けで当時のプレストン総裁に書簡を送った。その中でIDA増資を支持するだけに留まらず，将来的な増額すら求めていた。他方，IDA資金の使い方の透

明性や説明責任を高める NGO キャンペーンを支持しながらも，インスペクションパネルや政策改善の条件付け等は盛り込まれていなかった。むしろ，地球環境の保護を理由に貧困削減の資金である IDA を減らすことはすべきではないと訴えた。また，IDA の資金は構造調整に使わないことや，事業への普通の人たちの参加を世界銀行の優先事項にすること等も世界銀行に求めた。

ここで留意すべきは，IDA 増資をめぐる NGO 同士の相違は「北の NGO」と「南の NGO」の対立というわけではない点である。世界銀行に批判的なアメリカ等の NGO も，インドやブラジル等世界銀行の融資プロジェクトで被害を受けた開発途上国の住民グループや NGO と連携していたからである。IDA 増資への条件付けは，決して，先進国の NGO 中心のキャンペーンだったわけではない。世界銀行本部があるワシントン D. C. を舞台にしたアドボカシーキャンペーンは，現場の声なくしては成立しなかったであろう。

では，開発プロジェクトを現地で支援する「実施型 NGO」と被害者を代弁して政策改善を図る「アドボカシー NGO」の対立だったのか。必ずしもそうとは言えない。IDA の無利子資金は貧困国向けの融資にまわされるため，貧困削減を目指す NGO のアドボカシー活動としても IDA 増資には賛成の立場をとったと考えられる。むしろここに表れているのは，予算を棚上げしてでも世界銀行の改革を迫るのか，それとも予算の増額を求めながら実施段階での改革を求めるのかという，いわば戦略の違いと言える。

世界銀行に批判的なグループは，70年代後半以来の働きかけを通して，荒療治なくして世界銀行は改革しないと考えており，他方，NGO − 世界銀行委員会に関わる NGO はあくまで対話によって世界銀行の内部改革を進めようと考えていた。こうした対立は既に NGO 作業グループの構成にも表れていた。90年代初めには世界銀行に批判的な NGO は NGO 作業グループを去っていたのである。

NGO 作業グループの「分権化」

NGO 間の戦略の違いは2つの結果をもたらした。第1が，世界銀行による「Divide & Conquer」（分裂させて征服する）戦術である。NGO 作業グループが

IDA増資を強く支持したことに対して，世界銀行のプレストン総裁は93年秋のNGO-世界銀行委員会の会合で謝意を表した。世界銀行の改革は求めるが同時に資金は増やすべきというNGO作業グループは，世界銀行への発言権を高めることにつながったといえる (Covey 2000)。

もう1つは，それと矛盾するかもしれないが，NGO-世界銀行委員会やNGO作業グループといった世界銀行とNGOをつなぐいわば公式の場の弱体化につながったことである。NGO作業グループは改革に向けて提言は行ったが，必ずしも改革の実施状況や効果をモニタリングする能力を備えていたわけではない。設立から10年以上が経過していたが，NGOの役割を肯定的に考えている世界銀行職員からも，委員会や作業グループに対しては失望の声が挙がっていた。

さらにそれまでの10年間で世界銀行がNGOとの対話のチャンネルを多様化していたことがある。80年代前半と比べ，開発協力に携わるNGOは格段に増加していた。その一方で，NGO作業グループは，NGO全体を代表しているわけではなかった。また，教育，保健衛生，HIV/AIDS，貧困削減等テーマごとの議論が必要になり，広範な開発協力NGOの関心や協力を引き出すのには時代遅れの枠組みになりつつあった。

NGO作業グループはより多くのNGOを巻き込むため組織の改革に乗り出した。95年には「分権化」の試みとして，アフリカ，アジア，ラテンアメリカ，カリブ海諸国でそれぞれの地域の会合を持った。2年後の97年10月にはグローバルな規模でのNGO作業グループ年次会合を開催し，分権化に基づくグループの再編を正式に決定したのである。具体的には，先に地域会合を開催した4地域に加えて中東・北アフリカ，東ヨーロッパ，中央アジア，それに西ヨーロッパと北アメリカでNGO-世界銀行委員会を作り，それぞれの地域の委員会から全体の運営委員のメンバーを選出するという仕組みに変更した。当時世界銀行は権限を各地域・国の事務所に委譲する改革を進めていた。こうした世界銀行の分権化に対応し，かつ「南のNGO」の参加を強化することでNGO作業グループは再出発を図ったのである (City University London 2001)。

NGOと世界銀行の「組織的な対話」の終焉

　地域レベルの活動がより重要となったため，NGO作業グループはグローバルなレベルでの活動の役割を見直す必要に迫られた。NGO間や世界銀行との議論を経て，2000年12月6日にNGO–世界銀行委員会は，NGO作業グループと世界銀行の共同声明を承諾した（Joint Resolution Between the World Bank and the NGO Working Group）。

　声明の中で両者は，まず各地域レベルでは，作業グループと世界銀行の関係を強化し，より広範な市民社会組織と対話を推進することで合意した。またグローバルなレベルでは，作業グループは，地域から挙げられた課題を新設される年次開催の「世界銀行–市民社会フォーラム」に反映することになった。このフォーラムを運営するために作業グループと世界銀行が新たに作ったのが「共同ファシリテーション委員会」（JFC）である。これによって，NGO–世界銀行委員会は事実上消滅した。

　しかし，JFCが年次会合としての「世界銀行–市民社会フォーラム」を開催することはなかった。最初の2年間は事務局体制を整え，ネットワークの拡大に費やされた。2003年10月，14のNGOネットワークの代表者と世界銀行の幹部が集まって正式にJFCが発足した。世界銀行とNGOは，JFCを移行的な組織体と位置づけ，開発途上国のNGOがもっと世界銀行にアクセスできるようにすることを目的に掲げた。NGOグループは1年半をかけてそれまでの世界銀行との関係をレビューするとともに，世界銀行と共同でグローバル政策フォーラムの開催の準備に加わることに合意した（World Bank 2005）。

　2005年4月下旬の3日間，ワシントンD.C.において「世界銀行–市民社会グローバル政策フォーラム」が開かれた。市民社会側は「南のNGO」を中心に50カ国から代表が集まり，世界銀行や加盟国政府，他の援助機関等から200人以上が参加した。その一方で，いくつかのNGOは世界銀行とのこうした関係の持ち方に疑問を提起してフォーラムの開催に反対した。議論されたテーマは主に2点あった。1つ目は世界銀行が開発途上国に持っている公的債務を帳消しにする条件である「貧困削減戦略」の策定プロセス，もう1つがグローバルなレベルでの世界銀行とNGOの関係改善についてである。後者の議論では，

世界銀行とJFCのNGOが互いにこれまでの両者の対話を分析したレポートを報告した。

JFCは自らを移行的な組織体と称したように、2005年4月の「世界銀行 - 市民社会グローバル政策フォーラム」を最後の活動とし、翌5月には解散した。これによって、1982年のNGO - 世界銀行委員会の設立以来続いていたNGOと世界銀行の組織的な対話の場は幕を閉じたのである。

2006年以降も、「市民社会政策フォーラム」は続いているが、現在は世界銀行が主催して、秋の年次総会といわゆる「スプリング（春）会合」の際に開かれるようになった。NGOは自らの関心のあるテーマについて政策対話のセッションをその枠の中で開催し、毎回300以上のNGOが参加して35から40のセッションが開かれている。世界銀行は市民社会の関与に関する年次報告書の中で、組織的なつながりからより非公式でイシュー中心へのつながりに変化したと捉えている（World Bank 2009）。

4　「批判的な対話」と定着と多様化

NGO - 世界銀行委員会やNGO作業グループに参加しなかった世界銀行に批判的なNGOの活動は、その後も世界銀行内部と外部、プロジェクトが実施されている現地と先進国のドナー国という二方面からの戦略を続けている。90年代半ば以降のNGOの働きかけの特徴は以下の5つにまとめられる。

政策を使った活動
90年代半ばのアドボカシー活動の中心が現地の声を背景にした政策策定とその遵守メカニズムの構築にあったとすれば、90年代後半以降はそれまでの働きかけの成果である政策と制度を活用した活動に発展していると言える。

1つは、93年に制定されたインスペクションパネルを通した被害住民支援である。インスペクションパネルの制度を開発途上国の住民が使うのはなかなか難しい。申し立てを行うには、制度設計に携わったアメリカを初めとするドナー国のNGOの協力が不可欠である。世界銀行は2000年から2011年までの12

年間に57件の申し立てを受けており，年平均4〜5件の申し立てがあることになる。政策違反が認められたケースや，申し立てがきっかけとなってプロジェクトの改善が図られたケースも少なくない。

もう1つは，事前の情報公開やパブリック・コンサルテーション（公衆協議）を通した政策改善である。今後政策が新たに制定されたり改定されたりする際には，必ず事前に十分な情報公開が行われ，それに基づいて公衆協議が開催されることが政策に定められている。したがって，そうした情報や場を活かして必要な政策改善の内容を働きかける活動が増えている。

デモとの連携

世界銀行は姉妹組織である国際通貨基金（IMF）とともに，年に一度加盟国の閣僚級の代表が集まっての総務会（一般には「年次総会」と呼ばれる）を開催しているが，この年次総会に合わせたデモ等大衆行動との連携したアドボカシー活動が行われてきた。国際会議のデモと言えば，1999年11月のシアトルでの反WTO（世界貿易機構）の運動がよく知られているが，世界銀行創立50周年を記念した1994年マドリッド総会では，「50年でもうたくさん！」（50 years is enough!）というNGOのキャンペーンが繰り広げられた。

世界銀行総裁の演説中に，国際環境NGOのグリーンピースのメンバーが会場の天井によじ登って，米ドル札によく似たビラをばら撒いた。そのビラには「環境破壊の50年，もう世界銀行のドルはいらない」と書かれてあった（山口1995）。3年に1度ワシントンD.C.以外で開催される総会では，21世紀に入ってから，2003年のプラハ，06年のシンガポール，09年のイスタンブールで，年次総会に合わせた抗議行動は続いている。

ドナー国を通じた戦略

90年代半ばまでのアドボカシー活動の経験によって，世界銀行本体だけでなく，欧米や日本等の主要等ドナー国への働きかけを通じた戦略が確立したと言える。プロジェクトに伴う被害の回避・最小化や，環境社会配慮政策や情報公開政策等の改定において，NGOは世界銀行に直接要求するだけでなく，ド

第2章　世界銀行とNGO(1)

ナー国の政府・議会を通して働きかけを行っている。

アメリカでは，1990年にNGOとアメリカ国際開発庁（USAID）が共同で「火曜グループ」を設立した。これは，世界銀行等多国間開発銀行のプロジェクトや政策について情報交換をする場で，毎月開催されている。アメリカ政府からは，財務省，国務省，世界銀行米国理事室等が，NGO側は，人権，環境，開発，労働問題等に関わる団体から，毎回20人程度参加して議論が行われている。ここで議論された案件が政府の「早期警戒リスト」に掲載されることもある。

日本でも1997年に「大蔵省（現財務省）-NGO定期協議」が始まった。詳細は第3章で述べるが，世界銀行を初めとする多国間開発銀行（MDBs）のプロジェクトや政策をめぐる問題について，日本のNGOと政府が年3-4回のペースで定期的に議論を続けている。

また，これとはやや異なるが，90年代後半から公的債務帳消しの運動（ジュビリー2000）が盛んになり世界銀行が保有する貧困国への多額の債権も問題になった。その際に有効だったのは，先進国首脳会談（G7）の機会を捉えた働きかけだった。まず主要ドナー国で合意を形成した上で，世界銀行等の国際金融機関に同様の対策を迫るという戦略である。

他の金融機関への波及

90年代後半以降顕著になっているのは，開発途上国の事業に資金を供与する他の公的・民間金融機関への働きかけの拡大である。90年代以降，開発途上国に流れる民間資金が急速に拡大し，公的資金の4倍以上になっている。こうした民間投資に資金提供しているのが，世界銀行グループ（第1章を参照）で民間セクターを担っている国際金融公社（IFC）や多国間投資保証機関（MIGA），各国が自国企業の海外投資や輸出入を支援するために設立している輸出信用機関（ECA），さらには民間銀行等である。

世界銀行のプロジェクトや政策に関わる問題に批判的に取り組んできたNGOは，こうした公的・民間金融機関に対しても，「2方面戦術」を使いながら改革を働きかけ，世界銀行と同等程度の環境社会配慮政策や，紛争解決のた

めのオンブズマン制度等の設立に力を尽くしてきた。

近年は新興ドナー国である中国等に対しても，現地のアドボカシーNGOの協力を得ながら，政策の策定やプロジェクトのモニタリングを行っている。そこには2つの理由が存在している。1つは，環境社会面での悪影響等を理由に世界銀行が融資しなかった事業が，他の公的・民間資金によって実施され，現地に被害が起きることを防ぐことである。もう1つは，仮にそうした事態が生じれば，「世界銀行が融資した方がまだマシ」という発想が生まれる。世界銀行の政策を緩める Race to the Bottom（低い方に向かう競争）につながらないようにすることである。世界経済の現状や開発資金の流れを考えれば，こうしたNGO活動の重要性は近年ますます重要になっていると言える。

イシューの多様化による活動分野の拡大

90年代後半以降，NGOが取り組むイシューが多様化し，個別プロジェクトのモニタリングや政策の改善の前に，いわば前提となる「規範」の形成に活動の重点を置く傾向が見られるようになった。典型的な例は環境である。80年代から90年代にかけて「批判的対話」の焦点は，構造調整融資やインフラ整備に伴う社会環境や自然環境への悪影響だった。つまり，当時は環境が世界銀行の融資で破壊されることを回避するというわかりやすい規範が存在していた。しかし，90年代後半から，こうした規範に変化が見られる。

環境の保全は，場合によっては，森や川等開発途上国の農村の人びとに欠かせない自然へのアクセスを制限し，結果として生活基盤を失わせることにつながりかねない。90年代以降は，保全を銘打った「環境プロジェクト」が問題視されるようになったのである。問題視された「環境プロジェクト」とは，環境保全を題目に人びとを立ち退かせたり，天然資源の利用を禁止したりする事業を指す。本書で扱っているラオスのナムトゥン2ダム（第8章）や気候基金（第9章）はまさに「環境保全」が問題とされているイシューと言える。

また，ダムや鉱山開発等これまではプロジェクトごとに批判の対象となってきたイシューに対して，NGOと世界銀行が共同で委員会を構成し，国際的な規範作りを模索してきた。代表的な枠組みとしては「世界ダム委員会

(WCD)」と「採掘産業透明化イニシアティブ（EITI）」が挙げられる。さらに、90年代以降、世界銀行が教育や保健といった社会セクターに対する融資を拡大すると同時に、冷戦の終結とともに、世界銀行が国際的な開発政策をリードするようになったことで、もともとNGOが関心を持っていたこうした社会セクターへの支援をめぐる議論が活発化していった。

　世界銀行とNGOの「対話」は、もはやNGO-世界銀行委員会のような単一の委員会でカバーできるものではなく、様々なプロジェクト、政策、セクター戦略、国別計画等広範なイシューについて、現地、国、地域、ドナー国という異なるレベルで重層的に実施されるようになってきた。形の上では、NGOが要求してきたような仕組みがかなり実現したということもできる。では、そうした仕組みは、開発途上国の人たちのためにどの程度貢献しているのだろうか。第Ⅱ部以降の具体的な事例検証に移る前に、次章では世界銀行とNGOのプロジェクトを通じたパートナーシップ関係や、日本のNGOの世界銀行への働きかけについて考えてみる。

参考文献

川村暁雄（2004）「地球社会の統合の行方——世界銀行の環境ガイドライン形成過程における地球的公共圏の役割」『法政理論』第36巻、3・4号、新潟大学、82-112。

JACSES（1995）「多国間開発銀行（MDB）に関するドナー国の責任と政策決定システム——アメリカにおける取り組みの事例を中心に」『JACSESブリーフィングペーパーシリーズ』No.2。

クラーク、ダナ（2003）「世界銀行のインスペクションパネルとは」松本悟編『被害住民が問う開発援助の責任』築地書館。

山口健治（1995）『世界銀行』近代文藝社。

City University London, 2001, www.staff.city.ac.uk/p.willetts/PIE-DOCS/INDEX. HTM, NGO Working Group on the World Bank, updated on 24 October 2001.

Covey, Jane G., 2000, Critical Cooperation? Influencing the World Bank through Operational Collaboration and Policy Dialogue, Fox, Jonathan A. and Brown, L. David eds., The Straggle for Accountability: The World Bank, NGOs, and

Grassroots Movements, The MIT Press.
Editors, 1990, The World Bank and Development: An NGO Critique and a World Bank Response, Trocire Development Review, Dublin: 9-27.
Fox, Jonathan A. and Brown, L. David, 2000, Introduction, Fox and Brown eds., The Straggle for Accountability : The World Bank, NGOs, and Grassroots Movements, The MIT Press.
Korten, David, 1990, Getting to the 21 Century : Voluntary Action and the Global Agenda, Kumarian Press, Inc.（渡辺龍也訳『NGOとボランティアの21世紀』学陽書房，1995年。）
Li, Tania Murray, 2007, The Will to Improve: Governmentality, Development, and the Practice of Politics, Duke University Press.
Shihata, Ibrahim F. I., 1992, The World Bank and Non-Governmental Organizations, Cornell International Law Journal 25: 623-641
Udall, Lori, 2000, The World Bank and Public Accountability: Has Anything Changed?, Fox, Jonathan A. and Brown, L. David eds., The Straggle for Accountability : The World Bank, NGOs, and Grassroots Movements, The MIT Press.
World Bank, 1998, The Bank's Relations with NGOs: Issues and Directions, Social Development Papers, Paper No.28, The NGO Unit, Social Development, August 11, 1998.
World Bank, 2000, Consultations with Civil Society Organizations General Guidelines for World Bank Staff.
World Bank, 2003, Working Together World Bank-Civil Society Relations.
World Bank, 2005, World Bank-Civil Society Engagement Review of Fiscal Years 2002 to 2004.
World Bank, 2009, World Bank-Civil Society Engagement Review of Fiscal Years 2007 to 2009.

第3章

世界銀行とNGO(2)
―― 協働・仲介役・日本のNGO ――

松本　悟

1　プロジェクトを通じた世界銀行とNGOの協力

パートナーシップとファシリテーター

　第2章（1節3項）で述べたように，世界銀行はNGOとの関わり方を3つに整理している（World Bank 2003）。すなわち，政策や個別事業等についての「対話」，世界銀行の開発プロジェクトでの「パートナーシップ」，それに開発途上国政府と現地NGOの関係を円滑化する「ファシリテーター」である。このうち，第2章では「対話」に焦点を当てて世界銀行とNGOの関係を歴史的に紐解くと同時に，今日的な課題について論じた。そこで，本章ではまず前半の節で「パートナーシップ」と「ファシリテーター」についてこれまでの関係を振り返ると同時に，いくつかの文献を通して批判的に考察する。また後半は，「対話」と「パートナーシップ」の双方の視点から，日本のNGOと世界銀行の関係について述べる。

　世界銀行とNGOの関係を歴史的に振り返ると，プロジェクトを通じた協力関係が活発化するのは「対話」よりも後になってからである。世界銀行がNGOとの関係を真剣に考え始めるきっかけとなったのは，開発プロジェクトにNGOを巻き込みたいという動機よりも，批判への対応が先だったことがうかがえる。

　図3-1は年度ごとに世界銀行が支援したプロジェクトのうちNGOが何らかの形で関与したものの割合をパーセントで表したものである。NGOが初めて世界銀行のプロジェクトに関わったのは1973年度で4件だが，当時の世界銀

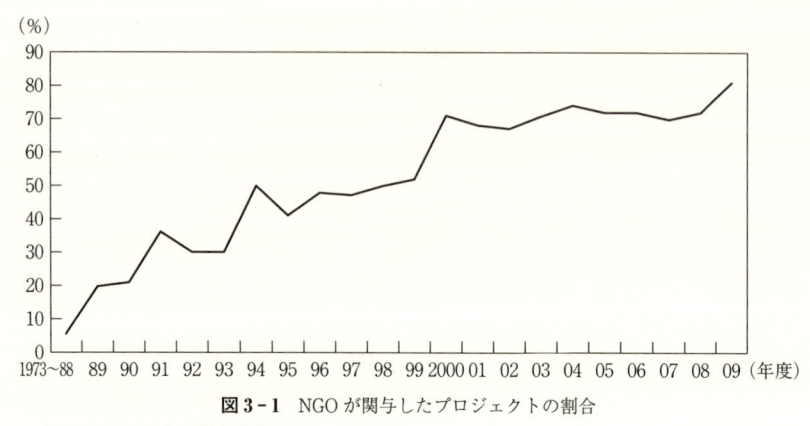

図 3-1　NGO が関与したプロジェクトの割合
出所：世界銀行年次報告書等をもとに筆者作成。

行の年次報告書には特段それに関する記述はない。その後，1988年度までは，NGO が関与した世界銀行プロジェクトは多くても年20件に過ぎなかった。73年度から88年度までの16年間で，NGO が関わったのは約200事業，世界銀行の全融資プロジェクトの6％にも満たなかった。また，関与の仕方としては，プロジェクトの実施段階が57％で過半数を占め，プロジェクト計画・設計段階はわずかに11％に過ぎなかった。関与した NGO はいわゆるサービス提供型が45％，世界銀行と契約を結ぶ NGO が35％で，アドボカシー活動や，コミュニティレベルの団体，あるいは協同組合等はほとんど見受けられなかった（Salmen & Eaves 1989）。

70年代は世界銀行が融資したプロジェクトの中のある活動に NGO を招くという程度の関係だった。それが90年代以降徐々に NGO が参加するプロジェクトの割合が高まり，最近では年間350件程度のプロジェクトが新規に承認されるが，そのうち250件程度で NGO が関与するようになっている。2009年度はこれまでで最も多い82％のプロジェクトに NGO が関わったと世界銀行は報告している（World Bank 2009）。

世界銀行のプロジェクトに NGO を巻き込む初の政策

第2章で述べたように，70年代から世界銀行が融資したプロジェクトに伴う

環境，生活，人権面での悪影響に対してNGOの中から厳しい批判や抗議が起きていた。その一方で，単発的ではあったが，開発途上国のプロジェクト実施の過程でNGOとの協力関係が形成されつつあった。

例えば，1976年に融資が承認されたフィリピンの都市プロジェクトでは，地元のNGOの支援がなければ，受益者から敵意を持たれることになっただろうと世界銀行は分析していた。また，79年承認のインドネシアのヨグヤカルタ（ジョグジャカルタ）農村開発プロジェクトでは，地元のNGOが自ら持っている輸送手段を使ってプロジェクトの一部を運営した。この地域にはそれ以外の輸送手段がなかったため，NGOの協力は不可欠であった。一方で，単発的な協力関係からはNGOと政府等の優先事項の違いがプロジェクト実施の問題になりうる点も示唆されていた（Shihata 1992）。

プロジェクトに対する批判への対応と同時に，現場レベルでのNGOの協力の必要性を感じた世界銀行は，1981年12月31日にNGOに関する初めての政策を発表した。業務政策ノート（OPN）10.05「世界銀行融資プロジェクトの準備と実施におけるNGOの関与」というものである。具体的な手続きや方針は示されていないが，世界銀行が融資するプロジェクトの発掘，計画・立案，融資審査，実施，評価等あらゆる段階でNGOの参加の可能性を提起した初めての政策として意味がある（Shihata 1992）。NGOと世界銀行の対話や協力を促進するためにNGO-世界銀行委員会が設立されたのは翌82年である（第2章を参照）。

一方で，NGOとの協力は現地国政府にとって政治的に敏感なテーマなので，業務政策ノート（OPN）10.05では当該政府の合意に基づくべきであると記している。この点は，開発途上国でNGOの関与をしやすくする（ファシリテーター）という世界銀行のもう1つの役割と関係している。

世界銀行が期待するNGOの役割

1980年代半ば，ブラジルのポロノロエステ・プロジェクトへの融資が，アメリカ連邦議会の協力を得たNGO等の働きかけによって停止に追い込まれた（第2章を参照）。87年には世界銀行でNGOを担当する部署が，それまでの渉外

局から戦略的計画・審査局に移管され，世界銀行はより真剣にNGOに対応する姿勢を見せた。また，コナブル総裁自ら，88年9月の年次総会で今後のNGOとの協力に期待を表明する等，世界銀行の幹部が開発途上国のプロジェクトをより効率的，効果的に実施するためにNGOとの協力の必要性を強調するようになった。

そうした中で，世界銀行は80年代終わりに，それまで内規で定めていた業務実施方針を透明性のある業務指令（OD）に改めた。これに伴って，NGOの関与をうたった「業務政策ノート（OPN）10.05」やそれをもとにした「業務政策声明（OMS）5.30」は，新たに業務指令（OD）14.70として改定された。その際に，世界銀行はNGOとの関係を初めてレビューして，ワーキングペーパーにまとめた。図3-1のもととなったデータが，1989年以降詳しくなっているのはそのせいである。世界銀行は直接NGOに貸付を行うことはないが，OD14.70において世界銀行は，NGOは現地国政府の方針に従いながら，以下に挙げるような様々な方法で，世界銀行が支援する活動の枠組みの中で一定の役割を果たせると述べている。

① 開発課題の分析：特に構造調整融資プログラムの社会的側面等について，公的な開発プロジェクトに対するNGOによる評価から学ぶことが多い。
② プロジェクトの発掘：支援が必要な人びとや技術的・組織的な革新さについての情報源，NGOの小規模事業がモデルとなりうる点，世界銀行の調査団に対する助言等が期待できる。
③ プロジェクトの計画立案：案件形成段階で，コンサルタントや情報源となりうる。
④ プロジェクトへの資金供与：国際NGOの中には世界銀行が融資するプロジェクトの補完的な活動に資金供与ができる。
⑤ プロジェクトの実施：具体的には，(i)途上国政府と契約し，融資や加盟国拠出の信託基金の受託者や管理運営者，(ii)資金の仲介者や技術的な知識の提供者，(iii)アドバイザー，(iv)世界銀行融資プロジェクトの補完的な活動の実施，(v)政府の無償資金やローン資金の受け手，(vi)プロジェクトによっ

表3-1 世界銀行から見たNGO

	1989年（OD14.70）	2000年（GP14.70）
長所	・貧困層，生活に必要な物資が不足し社会基盤が整っていない遠隔地，政府のサービスが行き届かない地域へのアクセス ・公共プログラムの計画立案や実施段階での地域住民の参加促進 ・適正技術を使い，費用が安価 ・地域のニーズの特定，既存資源の活用，外からの技術の移転に優位	・草の根やコミュニティとのつながり ・現場での開発の専門性 ・重要な専門化した知識や技能 ・新規開拓と適応の能力 ・草の根の経験を国レベルの開発の議論に持ち込む能力 ・参加型の方法やツール ・長期の関与と持続可能性 ・費用の効率性
短所	・狭い地域に留まり効果の広がりが難しい。その反面，地理的に広げようとすると，トップダウンになったり，NGOらしい革新さが失われたり，住民の参加が不適切になったりする。 ・政府のプロジェクト同様，NGOの関与がなくなった後の活動の持続性や継続性が十分考慮されていない。 ・プロジェクト管理や技術面で不十分な能力しかない場合がある。 ・より広い開発プログラムに位置づけられず単独の事業として行われることが多い。	・資金・分析・運営管理面の専門性が限られている。 ・組織的な能力が限られている。 ・掲げている使命と業務を通じて達成したこととの乖離 ・自立的な持続可能性が低い ・他の組織との連絡や連携が孤立的もしくは不足している。 ・小規模の事業しか実施できない。 ・マクロ経済や特定の経済問題に関する専門性が限られている。

て作られるNGOへの資金提供メカニズムの受益者，となりうる。

⑥ モニタリングと評価：開発途上国政府，プロジェクト実施主体，世界銀行を支援して，プロジェクトの進捗の監視や成果の評価を実施できる。

世界銀行から見たNGO

OD14.70の制定から10年後には，世界銀行は組織改革の一環として業務指令（OD）を，業務政策（OP），世界銀行内部手続き（BP），模範的な実践（GP）という3つに整理し直した。NGOに対する方針もGP14.70として改定された。いずれの政策文書においても，それぞれの時期に世界銀行がNGOをどのように認識していたかが明確に述べられている。

表3-1は，1989年のOD14.70と2000年のGP14.70に書かれていたNGOに対する世界銀行の評価をまとめたものである。2つの時期を比較すると，80年代後半から2000年にかけて，NGOに対する認識の変化が見られる。

世界銀行側がNGOの長所と考えているのは，どちらの時点でも住民参加や費用の効率性である。その反面，89年の段階では世界銀行や政府の手が行き届

かないところにアクセスできる点を長所に挙げていたが，2000年になるとNGOの専門性や能力を高く評価するようになった。初めの頃は，NGOを安くプロジェクトを完了するためのツールとして捉え，プロジェクトの効果を高める視点から注目していなかったのである（Covey 2000）。

世界銀行から見た短所としては，資金やプロジェクト管理の点での弱さ，事業の規模の小ささや広がりのなさをどちらの時期でも指摘している。一方で，2000年には使命と成果のギャップや経済面の専門性のなさが課題として挙げられている。図3-1に示したように，NGOが何らかの関与をしたプロジェクトは90年には融資プロジェクトの20％程度だったが，2000年には70％に達した。NGOとの活動が増えるにつれて，世界銀行の中ではNGOに対する期待だけでなく，その活動内容や成果に対して評価の目を向けていると言える。なお，2000年2月に制定されたGP14.70は，2012年6月時点でも改定されておらず，今日でも有効な文書となっている。

NGO向けの世界銀行資金

プロジェクトを通じた世界銀行とNGOの関係を考える上で欠かせないのが，世界銀行からNGOに供与されている資金である。世界銀行というと融資のイメージしかないかもしれないが，実際には返済不要の小規模な助成（無償資金）制度をいくつも持っている。

世界銀行が初めてNGO向けに創設した無償資金制度は「小規模無償プログラム」で，1983年のことだった。このプログラムは直接NGOに資金供与できるもので，その後「市民社会基金」（CSF）として知られるようになった。最近の数年間だけで，55カ国以上のNGOを含む市民社会組織350から400団体に資金を提供した（World Bank 2012）。

世界銀行は自らが運営しているNGO向けの資金の実態や統計を体系的に把握していないが，2011年時点でNGOを支援できる無償資金メカニズムは27もある。なお，筆者が確認できたのはそのうち25のプログラムで，その概要は本書の第6章に記した。

NGO向けの資金とは言っても，直接NGOに資金を提供できるプログラム

もあれば，開発途上国の政府を経由しなければ出せない資金源もある。金額は過去10年間少しずつ増えており，2008～10年度の3年間だけでNGOに提供された無償資金はおよそ6億4,500万ドルにのぼっている（World Bank 2012）。

2　世界銀行とNGOの協力の難しさと政治性

NGO側の苦悩

　世界銀行自身が認めているように，図3-1に表したような協力プロジェクト数の増加や，NGOが応募できる資金源の拡大といった量的な変化だけでNGOと世界銀行のプロジェクトを通じたつながりの中身を知ることはできない（World Bank 1995）。世界銀行が定期的にNGOとの連携について報告書を発行し，関係の深化を強調しているが，見方が一面的との印象はぬぐえない。その反面，NGOは世界銀行のプロジェクトや政策に関して批判的に分析した報告や書籍を数多く出しているが，自らが資金をもらっているプロジェクトに対する評価は数少ない。

　その数少ないNGO側の自己評価の1つが国際NGOのワールドビジョン（World Vision）が1993年に発行したワーキングペーパーである。ウガンダの構造調整融資において補償プログラムの実施を担ったワールドビジョンは多くの困難に遭遇した。世界銀行の資金を使ったウガンダ政府とのパートナーシップは問題だらけだったと記している。具体的には，高望みしたプロジェクトの計画，ウガンダ政府や世界銀行の官僚的な融通のなさ，政府の省庁間の対立，政府の能力のなさ，プログラムを実施しようという政治的な意思の欠如等が課題だったと批判的に評価している（Covey 2000）。

開発途上国政府との仲介役

　ワールドビジョンのレポートからほぼ10年後の2002年に，国際NGOのインターアクション（Inter Action）が世界銀行と共同で実施した評価でも似たような結果が出ている。共同評価は同年4月から9月にかけて実施され，世界銀行の128人，インターアクションの160人へのアンケート調査をベースに行われた。

このうち世界銀行で84％が，またインターアクションの60％がプロジェクトや政策対話を通じて相手の組織と働いた経験を持っていた（Ashman 2003）。

プロジェクトを通じた協力についてのインターアクションと世界銀行の反応はある意味で二律背反といえる結果だった。

インターアクションは，世界銀行の財政的，法的，運営管理上のシステムや文化に則った手続きや組織的な制約が，効果的な業務連携を困難にしていると指摘している。評価によれば，この傾向は現地国政府が世界銀行の融資するプロジェクトを実施し，NGOが仲介的な役割を担う際によりはっきりしているということだ。その重要性やユニークさを理解しつつも，煩雑さを考えればできれば現地国政府の仲介役をするよりも小規模の無償や研修のみで携わりたいとの声がインターアクションからは挙がっている。過度の官僚的な慣行は費用もかさむし，NGOにとっては非常にストレスがかかるのである。

一方世界銀行側は，NGOが開発途上国政府と現地市民社会組織の仲介者的な役割を果してくれると助かると述べている。なぜなら，NGOは世界銀行と現地政府の双方と協力するのに必要な組織運営システムを持っているからである。回答を寄せた世界銀行スタッフは，草の根のコミュニティグループと仕事をすることに関するインターアクションの経験と知識を高く評価している。

協働という政治性

前の2項で述べたように，ワールドビジョンやインターアクションといった国際NGOが苦慮していたのが現地国政府との関係だった。実は，NGOと現地国政府の関係を円滑にする役割（ファシリテーター）は，世界銀行が掲げているNGOとの3つの関係──「対話」「パートナーシップ」「ファシリテーター」──のうち（本章第1節を参照）の最後の1つにあたる。ここではこの点について述べる。

2つの国際NGOがぶつかったのは官僚主義的な手続きや政治的意思の弱さだった。一方，現地のNGOと政府の間には別の問題が存在している。利益や権限といった政治権力に関わる問題である。現地NGOが直接住民にサービスを提供したり，住民から要望を吸い上げて実施したりすれば，それは政府の代

わりをしていると見られなくもない。住民からすれば，開発に協力しているのは現地 NGO であり，政府ではないということになりかねない。また，海外のドナーからの資金が現地の NGO に流れることによって政府の権益が失われる可能性もある。様々な理由から，現地 NGO は政府や政治家から反発を受けることになる。

　世界銀行は，90年代前半にウォルフェンソン総裁になってから，コミュニティ中心の開発（CDD）や包括的開発フレームワーク（CDF）といった概念を前面に押し出し，NGO 等市民社会組織の参加を極めて重視する方針を打ち出した。また，重債務貧困国の債務帳消しの条件として，帳消しで浮いた予算が当該国の貧困削減につながるようにするため，貧困削減戦略（PRS）の策定を義務づけた（第10章参照）。PRS の策定には広範な市民社会の参加を求めたのである。また，構造調整融資が引き起こした社会問題の解決のためにも NGO の協力は益々重要になっていた。

　債務を抱えた途上国政府は世界銀行から NGO の参加をいわば押し付けられた形になった。世界銀行が自らを途上国政府と現地 NGO の間の「ファシリテーター」と呼ぶのはこうした背景からである。ブラウティガムとセガーラは，中南米の3つの債務国であるガンビア，エクアドル，グアテマラを事例に，NGO の参加という政治的にセンシティブな圧力が現地にどのような影響を与えたかを分析した（Brautigam and Segarra 2007）。その結果，80年代後半は3カ国とも NGO の参加に否定的だったが，世界銀行や NGO 自身が橋渡し役を担う中で，ガンビアとエクアドルは次第に受け入れるようになっていったことがわかった。一方，グアテマラはその後も現地 NGO とのパートナーシップは深まらなかったと結論付けている。

　その原因として2人は，圧力や貸し付け条件は，政府と NGO を協力関係の入り口に立たせるのには有効だが，政府が相互作用の相手として NGO を受け入れることを保証するわけではないと分析している。重要なのは，プロセスにおける学習の積み重ねであり，それには，NGO 側の専門的な技術の向上や専門家間のネットワークの形成，その橋渡しとしての世界銀行の役割，それぞれの国における政府と NGO の歴史的な負の関係を乗り越える努力が必要だと論

じている。

　このことは裏を返せば，世界銀行とNGOとのパートナーシップはプロジェクトを効果的に進めるための技術的な手法ではないということである。むしろ，現地における様々なアクター間の歴史的な対立や直接・間接的に利権に絡むような政治的なテーマなのである。世界銀行は設立の協定（Articles of Agreement）で政治的な活動を禁止されている。明らかに政治的な要素を含むNGOとのパートナーシップを非政治と言い張って技術的に実現しようとしているところにNGOが直面する困難さの原因がある。一方で，そのことが良きにつけ悪しきにつけ，金融機関でありながら世界銀行によって開発途上国に一定の政治的な変革をもたらすことを可能にしているのである。

3　日本のNGOと世界銀行

日本から世界銀行への資金

　第2章と第3章では，世界銀行とNGOの関係を歴史的に振り返りながら，その時々の開発課題や，国際組織における非国家アクターの影響力について考えてきた。最後に，日本のNGOと世界銀行の関係について触れておく。

　日本政府の中で世界銀行を担当しているのは財務省国際局，その中でも特に開発機関課が中心となっている。開発協力なので外務省が担当していると考えている日本人は少なくないが，開発金融なので財務省が所管しているのであろう。世界銀行の最高意思決定機関は加盟国の大臣による総務会だが，日本政府の総務は財務大臣である。また，世界銀行本部があるワシントンD.C.に常駐して，日常的な意思決定を行う日本政府の理事には財務省の幹部職員が就いている。

　日本から世界銀行に出している資金は大きく3種類ある。

　1つ目は，金利付きで中所得国に融資する国際復興開発銀行（IBRD）への出資である。第1章で述べたように，IBRDへの出資には「請求払い」と「払込済み」という2つのタイプがあり，これまで「請求払い」の出資金の支払を求められたことはない。したがって，新たに払い込みが必要になるのは，加盟国

第3章　世界銀行とNGO(2)

に出資の増額（増資）が求められた場合である。最近では2011年に第4次増資が実施され，日本政府は約248億円を払い込むことを決めた。

　2つ目は無利子で低所得国に融資する国際開発協会（IDA）である。こちらは3年に1度，出資を増やさなければならず，同じ2011年の第16次増資で約3,346億円の追加の拠出を決めた。IBRDもIDAも，アメリカに次いで第2位の出資国である。いずれの増資においても，国会で法案を通過させる必要があるが，この点については次項で触れる。

　3つ目は，任意拠出金と呼ばれるものである。財務省の一般会計経済協力費から出されている世界銀行向けの無償資金は2010年度予算で4つのプログラムのおよそ100億円にのぼる（表3-2）。そのうち規模が大きいのは日本開発政策・人材育成基金（PHRD）と日本社会開発基金（JSDF）である。

　PHRDはプロジェクトの案件形成に対する技術支援，奨学金，世界銀行に採用された日本人スタッフの経費の一部支援等に様々な目的に使われている。本書の中では，「ⓡ森林炭素パートナーシップ基金」（FCPF）について第9章で批判的に分析している。なお，90年代後半，この基金の一部が財務省（当時の大蔵省）職員の留学費用に充てられていたことが国会で大きな問題となり，99年度以降はそのような使途に使われなくなった。

　JSDFは2000年6月に日本政府が拠出した100億円により創設された基金である。開発途上国の貧困層や，社会的に最も弱い立場におかれている人びとのニーズに直接対応し，持続可能な活動へと発展する可能性の高い社会プログラムを支援している。特に，社会開発活動を効果的に実施できる現地NGOや国際NGO等との協力を優先している。

　日本のNGOがこれらの無償資金にどの程度関心を持っているか，あるいは活用しているかについて現状を把握しきれているわけではないが，国際協力NGOセンター（JANIC）のデータベースに掲載されているNGOの年次報告等を確認した限りは，世界銀行東京事務所が主催または共催するセミナー等に関わっている団体は少なくない。また，日本社会開発基金（JSDF）とクリティカルエコシステム・パートナーシップ基金（CEPF）は本書の中でそれぞれ第4章と第5章で日本のNGOの視点から詳しく述べているのでそちらを参照して

第Ⅰ部 世界銀行とは

表3-2 日本から世界銀行への任意拠出金（2010年度予算）

名　　称	予算額	概　　要
① PHRD 基金		
ⓐ 農業分野技術支援	18.8億円	アフリカの途上国において米の生産能力を向上させるため、組織・人材の能力開発や、生産技術の普及活動を支援。
ⓑ 日本／世界銀行共同大学院奨学金	14.67億円	途上国の経済・社会開発に貢献できる専門家を育成することを目的とした奨学金。①世界銀行借入国で専門職についている中堅の人材が開発に関連する大学院教育を受ける、②国際開発金融機関等、将来開発分野で働くことを目指す日本人が世界の主要大学院に留学する。
ⓒ 国際租税奨学金	1.5億円	前掲奨学金の特別コース。世銀加盟国の税務職員のための実践的かつ専門的プログラムを提供。
ⓓ インドネシア大統領奨学金	1.75億円	インドネシアの大学職員を海外大学院博士課程に派遣するインドネシアの奨学金制度を支援。帰国後インドネシア本国に戻ることが義務。
ⓔ 日本人派遣	3.62億円	世銀における日本人採用促進のため、職員かコンサルタントとして世銀に採用された日本国籍所有者の経費を最長2年間支援。
ⓕ 貧困層支援協議グループ（CGAP）	0.28億円	貧困層向けのマイクロファイナンスに関する政策策定支援、制度設計や情報分析等について直面する課題に特化した活動を実施。
ⓖ 国際農業研究協議グループ（CGIAR）	4.7億円	食料生産性向上、天然資源保全、農業政策向上を目的とする CGIAR に対して研究活動資金を支援。
ⓗ 栄養不良対策基金	4.7億円	重度の栄養不良国を対象に、栄養不良対策の戦略・行動計画の作成、栄養不良対策の実施能力の開発・向上等を実施。
ⓘ 国際エイズワクチン構想（IAVI）	1.88億円	MDGs の1つである「HIV/AIDS の蔓延を2015年までに食い止め、その後減少させる」を目指す国際的支援枠組みで、エイズワクチンの研究開発・臨床試験等の能力強化を支援
ⓙ ジュニアプロフェッショナルオフィサー（JPO）研修	2.35億円	世銀における日本人採用促進のため、幹部候補であるヤングプロフェッショナル（YP）への採用を目指し、32歳以下の日本人4名程度に世銀で働く機会を提供。
ⓚ JPO 広報・募集・選考支援	0.07億円	前掲研修プログラムに係る募集・選考・広報活動を実施。
ⓛ 世銀主催セミナー開催協力	0.22億円	世銀が日本で開催する開発途上国の政府関係者等を対象としたセミナーやワークショップ。
ⓜ 日本と世銀の連携強化活動	0.09億円	世銀が日本で開催する一般市民社会向けセミナーやワークショップ。
ⓝ 民間セクター支援アウトリーチ	0.08億円	日本企業の世銀プロジェクト参加機会へのアクセスを向上させるための活動支援。
ⓞ 政策対話強化支援	0.28億円	世銀への理解を深めるため世銀東京事務所の広報活動を支援。
ⓟ 国際開発ネットワーク（GDN）国際開発賞	0.07億円	途上国の研究者による開発分野における研究や革新的な開発プログラムに対して日本国際開発賞を授与。

⑨ 東京開発ラーニングセンター（TDLC）	2.82億円	遠隔学習コースやセミナーを開発・実施。途上国の政策決定者・実務家に開発の知識や現場の情報を共有・配信。日本の開発の知見発信。
⑩ 森林炭素パートナーシップ基金（FCPF）	3.76億円	途上国の森林減少・劣化の抑制のための能力構築を支援し、そうした能力を備えた国を対象に擬似的な炭素クレジット購入を試行的に実施。
② ファストトラックイニシアティブ－教育計画策定基金	0.68億円	ミレニアム開発目標（MDGs）の1つである「2015年までの初等教育の完全普及」を目指すための国際的な支援枠組み。開発途上国における教育計画の策定及び実行にかかる能力強化を支援。
③ クリティカルエコシステム・パートーナーシップ基金（CEPF）	4.7億円	生物多様性が最も豊かで、かつ最も危機に瀕している地域の保護活動を実施。
④ 日本社会開発基金（JSDF）	32.24億円	開発途上国の貧困層・社会的弱者への直接支援、その担い手のNGO等への能力強化支援。
合　計	99.26億円	

欲しい。

　日本からの拠出の拡大や維持を求める働きかけもNGOから行われている。「ファストトラックイニシアティブ――教育計画策定基金」をめぐっては、2009年の内閣府行政刷新会議事業仕分けにおいて予算を縮減すべきとの判定が評価者から下された。これに対して、日本の教育協力NGOネットワーク（JNNE）が再検討を求める要望書を財務大臣に提出した。JNNEは、「万人のための教育（EFA）」の目標達成に貢献することために2001年に設立された教育分野の国際協力活動を実施している28のNGOの連合体である。世界銀行はNGO等からの働きかけもあって、こうした無償資金プログラムを増やしてきた。世界銀行の融資をめぐってはNGOから批判を受けることが多いが、社会セクターの無償プログラムについては、むしろNGOが後押ししていく流れが日本の中にも生まれている。

財務省－NGO定期協議

　日本のNGOが世界銀行のプロジェクトや政策に関して本格的に働きかけを行うようになったのは80年代終わりのナルマダダム問題の頃からである。環境NGO等がこうした問題に関心のある議員に情報を提供して国会質問に結び付けたり、現地から活動家を招聘してのシンポジウムや関係省庁との話し合いを

開いたり，精力的な活動が展開された。ナルマダダムに関しては，世界銀行との協調融資という形で日本の2国間援助も検討されていたため，むしろ働きかけの相手は2国間援助を担当する外務省であった。

ナルマダダム以降，世界銀行が融資した他のプロジェクトや政策についても，国会やアドホックな形での大蔵省（現在の財務省）との議論が行なわれるようになった。こうした状況の中，1997年3月の衆議院財務委員会で，連立政権の与党だった社民党議員の質問に対して，当時の大蔵省国際金融局長が，今後は開発問題に関してNGOと定期的に意見交換する場を設けると答弁した。これがきっかけとなって誕生したのが「大蔵省（現財務省）－NGO定期協議」である。

定期協議では，世界銀行だけでなく財務省国際局が所掌する事項（他の多国間開発銀行，国際通貨基金，輸出信用，円借款ODA等）を扱うことができる。設立から15年が経過し，2012年6月末の時点で定期協議は51回を重ねた。筆者は設立当初から定期協議に関わり，これまでに半数以上は参加してきた。

基本的な運営の方法は当初から大きく変わっていない。議題を出すのはNGO側で，時々国際会議報告という形で財務省からの議題が出される。事前にNGOから議題と質問事項を財務省に提出し，それに沿って協議が行われる。進行は，世界銀行等の多国間開発銀行（MDBs）を担当する財務省国際局開発機関課長とNGO側（「環境・持続社会」研究センター）が共同で担当する。

NGOからの質問に対して，財務省は世界銀行等関係する国際機関の日本理事室や担当職員に直接コンタクトして事実関係を確認する。その上で，財務省としての見解を述べることが多い。議題によっては杓子定規な回答で終わることもあるが，通常は質疑応答や意見交換は数往復なされる。定期協議へは事前に届け出さえすればNGOのスタッフでなくとも参加できる。時には，世界銀行等の東京事務所のスタッフが出席することもある。

年に3～4回開催され，1回の協議は3時間程度である。逐語の議事録が作成され，双方の発言者が内容をチェックした上でNGO側のホームページに公開される。例外的に，オフレコの議論がなされることはあるが，きわめて稀であり，関係する国の政府との関係に配慮した特別な措置であることがほとんど

表3-3 財務省−NGO定期協議の成果と変化（2001年5月外部評価）

	財務省の見方	NGOの見方
成　果	・信頼関係構築 ・政策と現場の差の認識 ・透明性の確保	・信頼関係構築 ・定期的に問題提起可能な場の確保 ・情報入手 ・他省庁への波及効果 ・透明性の確保
変　化	・職員が問題の存在を意識 ・世界銀行等の日本理事に伝達 ・コストに見合った成果を求める姿勢 ・個別事業について態度や政策を修正したケースが存在	・定期協議を対立や異議申立の場と捉える見方は減少

出所：大芝（2001）をもとに筆者作成。

である。

　では，51回を重ねた「財務省−NGO定期協議」の成果とは何か。それを考える糸口として，設立から4年後の2001年5月に実施された外部評価を参考にする。評価を実施したのは，本書の編著者の1人である一橋大学法学部の大芝亮教授で，財務省国際局，定期協議参加経験のあるNGO，外務省−NGO定期協議参加者，国連機関職員，国際関係研究者にヒアリングするとともに定期協議を参与観察した。

　4年間の定期協議の成果や財務省・NGOの双方に生じた変化については表3-3に示したような結果であった。財務省もNGOも互いの信頼関係が高まり，忌憚のない議論ができるようになったことを評価している。また，定期協議を通じて様々な情報が提供され，それが議事録の形で公開されるため，それまで闇に包まれていた世界銀行のプロジェクト形成や政策策定に対する日本政府の見解が明らかにされた。透明性の向上については双方が成果として捉えている。

　また，定期協議によって生じた変化としては，定期協議を「ガス抜き」的な場にするのではなく，プロジェクトの問題や政策について実のある議論を双方が求めるようになったことが窺える。

　今後の課題についてこの外部評価では2つの点が指摘されている。1つ目は，実際の世界銀行の組織改革にどこまで影響を与えられるようになるかという点，もう1つは，欧米的なアプローチではなく日本のNGOとしての特色を出せる

かどうかという点である。

　世界銀行の組織改革につなげるという意味では，個々のプロジェクトや政策だけでなく，世界銀行そのものの改革案について，財務省とNGOの双方が議題を提示して議論することを提案している。また，日本のNGOの特色については，ナショナリスト的な視点ではなく，開発戦略や人権・環境等に関して，欧米以外のアプローチを模索して提示していくことができないのかと投げかけている。

　2001年の外部評価から既に10年以上が経過しており，開発や援助をめぐる今日的な状況を踏まえた上で，改めて定期協議の成果と課題をレビューする時期に差し掛かっていると言える。

IDA増資の日本的な意味

　第2章で，ナルマダダム問題の際，アメリカのNGOがIDA増資の機会に議会に働きかけを強めたケースを取り上げた。こうしたアプローチは日本では可能だろうか。

　日本の政府開発援助（ODA）に関わる問題は，国会でしばしば取り上げられ議論の的となってきた。それが行政に対する圧力となって，NGOの働きかけが効果的に進むことは十分にありえることである。しかし，予算案が一括承認であるため，援助だけを取り出して否決したり修正したりすることはほぼ不可能である。

　その中にあって，世界銀行への出資は，個別の法律によって決められており，例えば3年に1度国際開発協会（IDA）に増資をする際には，「国際開発協会への加盟に伴う措置に関する法律」を改正しなければならない。国民生活に重大な影響を及ぼす予算案には手をつけず，この法律だけを否決すれば済むことは可能である。その意味では，アメリカ同様，IDA増資を盾に政策や問題プロジェクトの改善を迫れるのではないかと考えられる。

　2003年，東南アジアのメコン河流域国の開発をモニタリングしている日本のNGOであるメコン・ウォッチは，IDA第13次増資，すなわち「国際開発協会への加盟に伴う措置に関する法律」の改正と結びつけたアドボカシー活動を展

開した。問題として挙げていたのは世界銀行が融資を検討していたラオスのナムトゥン2ダムである（詳しくは，第8章を参照）。このダムによって，熱帯の高原地帯で半自給的な生活を営んでいた人びとや川沿いで漁業や畑作をしていた人たち数万人が，悪影響を被ることは明らかだった。メコン・ウォッチはIDA増資を盾にナムトゥン2ダムへの融資に日本政府が賛成しないよう，与野党の国会議員に説明に回った。しかし，ナムトゥン2ダムの問題に共感した国会議員ですらIDA増資を盾にすることには難色を示した。理由は，貧困国向けのIDA資金を出さないわけにはいかないということだった。第2章で議論したように，予算を棚上げにしてまで改革を迫るのか，それとも資金を出しながら改善していくのかという違いで考えれば，日本政府も国会も後者を選択しがちである。

　このことをもって直ちに日本ではアメリカのようなIDA増資を盾にした戦略が有効ではないと結論づけることはできない。一方で，法律を盾に世界銀行の改革や融資の再考を迫るという戦略をこれまで日本のNGOがあまり取ってこなかったことも確かである。2001年の外部評価では，財務省-NGO定期協議を通じてプロジェクトや政策に一定の影響力と改善をもたらしていると肯定的な成果も示されている。アメリカに次ぐ世界銀行への第2の出資国として，日本のNGOが自国の政府や世界銀行に対してアメリカのNGOと同様のアプローチで働きかけを継続していくのかどうかは引き続き課題であると言える。

4　「協議」の時代の世界銀行とNGO

　本節は，第2章と第3章の分析を受けて，世界銀行とNGOの関係の今日的な課題についてまとめの分析を行い，次章からの事例研究にバトンを渡すことにする。

　80年代に渉外部局でこぢんまりとスタートした世界銀行のNGO関連業務は，今ではカバーエリアに基づいて3つに区分され，「市民社会スペシャリスト」と呼ばれる専門家120人で対応している。

　グローバルなレベルでは，市民社会チーム（CST）が組織の戦略作り，世界

銀行の幹部への助言，調査研究と結果の発信，グローバルなレベルでのNGO等との連絡を担っている。ワシントンD.C.の本部にある市民社会グループ（CSG）は40名ほどの規模で，広域なレベルで活動，世界の諸地域や開発テーマごとのネットワーク，資金供与において役割を果たしている。各国レベルでは，市民社会カントリースタッフ（CSC）が70カ国の事務所に配置されている。CSCは比較的シニアな専門職で，市民社会セクターでの長い経験を持っている人が任命されることが多い。社会分析や地元の市民社会との連携，アウトリーチ活動の実施，世界銀行が融資したプロジェクトへのNGO等の参加を働きかけている。こうした組織的な拡大は，過去30年間で，世界銀行のNGO対応が大きく変化してきたを表している。

対立と協力を繰り返してきた世界銀行とNGOの関係は，ある意味で飽和状態に達しているように見える。世界銀行の融資に伴う被害をなくすための努力は，インスペクションパネルと広範な協議に付される政策改定プロセスによって，フィードバックのメカニズムが確立された。今もなお，少なからぬ世界銀行のプロジェクトに対して現場から異議が唱えられ，政策改定プロセスに対しても批判の声はなくなっていない。しかし，そうした声すら世界銀行のシステムの中で所与のものとして公開され，形式上は丁重に扱われるようになっているのだ。

それに加えて，開発途上国に流れる資金源は近年大きく変化している。民間投資や，中国等の新興ドナーの資金が世界銀行をはるかに上回る勢いで途上国に流れている。こうした資金源は，世界銀行と比較すれば，環境社会面での配慮，情報公開，住民やNGO等の参加という点では確かに劣っている，したがって，世界銀行に批判的なNGOですら，中国の金融機関や，民間投資を後押しする公的輸出信用機関に対して，世界銀行並みの政策の導入を求めているのである。今も問題を抱えつつ，世界銀行が国際開発全体のスタンダードを上げる存在であることを暗に認めている。

世界銀行が単なる融資機関ではなく，多額の無償資金を抱えたことで，実施型のNGOとの関係も変化してきた。世界銀行のプロジェクトに参加するNGOは増加し，その割合は特に開発途上国のNGOで顕著である。しかし，

ウガンダの構造調整融資に部分的に参加した国際NGOが指摘しているように，一緒に活動することによってNGOが持っているミッションや目標とのずれを認識するケースも出ている。世界銀行のように圧倒的な資金と専門性を抱えた開発機関との協働は，NGOが本来果たすべき役割を改めて浮き彫りにする可能性を秘めている。

　これはアドボカシーNGOについても言えることだろう。2001年に世界銀行が「市民社会との協議」という「種本」（sourcebook）を発行し，その後改定を重ねている（World Bank 2007）。その中で，「地球規模協議」「地域／複数国協議」「国別協議」「プロジェクト協議」の4つのレベルで，個別事業，国別支援戦略，開発テーマ，政策と，広範な協議の必要性と指針が示されている。NGOの側からすれば，頻繁に開催される協議に参加し，そこでの発言がどれだけ実務や政策に反映されているかをチェックするだけでかなりの労力となっている。だからこそ，世界銀行がお膳立てする協議の枠に振り回されず，そもそもNGOとして何のために，どのようなやり方で世界銀行の活動をモニタリングしたり，抗議したりするのか，その原点を見失わないようにする時期でもあるといえよう。

参考文献

大芝亮（2001）「財務省NGO定期協議に関する外部評価」2001年5月30日。

Ashman, Darcy, 2003, InterAction Member Agencies and World Bank Staff Assess their Operational Collaboration and Policy Engagement for Poverty Reduction and Sustainable Development.

Brautigam, D. A. and Segarra, M., 2007, Difficult Partnerships: The World Bank, States, and NGOs, Latin American Politics and Society 49, 4: 149-181.

Covey, Jane G., 2000, Critical Cooperation? Influencing the World Bank through Operational Collaboration and Policy Dialogue, Fox, Jonathan A. and Brown, L. David eds., The Straggle for Accountability: The World Bank, NGOs, and Grassroots Movements, The MIT Press.

Salmen, Lawrence F. and Eaves, A. Paige, 1989, World Bank Work with Non-governmental Organizations, World Bank.

Shihata, Ibrahim F. I., 1992, The World Bank and Non-Governmental Organizations, Cornell International Law Journal 25: 623-641

World Bank, 1995, Cooperation between the World Bank and NGOs: FY1994 Progress Report.

World Bank, 2007, Consultations with Civil Society A Sourcebook, Working Document, February 2007.

World Bank, 2009, World Bank-Civil Society Engagement Review of Fiscal Years 2007 to 2009.

World Bank, 2012, Global Partnership for Social Accountability and Establishment of a Multidonor Trust Fund, June 13, 2012.

第Ⅱ部

ともに活動する

第4章

世界銀行と協働した教育支援
—— 事業のスケールアップの効果と問題点 ——

新井綾香

1 世界銀行における日本社会開発基金(JSDF)の位置づけ

セーブ・ザ・チルドレン・ジャパン(Save the Children Japan: SCJ)は1986年に大阪青年会議所と国際福祉婦人協会有志によって設立された公益社団法人である。現在では,ネパール,ベトナム,ミャンマー,モンゴル,イラク,スリランカ,アフガニスタン等で事業を展開している。SCJが加盟するセーブ・ザ・チルドレン(Save the Children: SC)は,同じビジョン・ミッション・バリュー・ゴール等を共有する1つのSCであり,そこへの加盟国は2011年11月現在で29カ国となる。SCJは,他のメンバー組織とともに,国連「子どもの権利条約」に規定された子どもの基本的な権利(生存,発達,保護,参加)を実現するため,主に子どもを対象とした教育,栄養改善,母子保健,生計向上,人材育成等の事業を実施している。

SCJでは2005年よりこれまでベトナム,モンゴルの2カ国において世界銀行(以下,世銀)との協働によりプロジェクトを実施してきた。この2カ国で実施したプロジェクトは共に世界銀行の日本社会開発基金(Japan Social Development Fund: JSDF)に支援されており,日本政府は例えば2009年にはこの基金に対して年間約980万ドルの資金を拠出している。世界銀行の中で唯一NGOが独自でプロジェクトを立案し,申請することが許されているのはこの基金のみであり,全てのNGOや地方行政がプロジェクトの実施団体となることが可能となっている。

同じように日本政府が資金を拠出している基金としてアジア開発銀行(以下

ADB）の貧困削減基金（Japan Fund for Poverty Reduction: JFPR）があるが，これはJSDFと異なりNGOが独自のプロジェクトを申請することは許されていない。NGOがJFPRを利用する場合，ADBが実施する事業のあくまでもコンポーネントの1つをNGOがADBから請負い実施するという形を取っている。つまり，NGO自身がプロジェクトの実施団体となることは許されておらず，プロジェクトの実施の主体はあくまでもADBとなる。ADBのJFPRと比較すると世銀のJSDFはNGOに大幅に権限委譲されており，NGOの独自性が保たれているスキームであると言うことができる。

JSDFは2000年に設立されたアジアを中心に世界各国の低中所得国を対象とした基金であり，以下の4つをその使用目的としている。

① 途上国の貧困に苦しむ人びと，社会的に最も弱い立場におかれている人びとのニーズに直接対応する。
② 社会開発という課題にこれまでない革新的なアプローチを採用したもの。
③ 持続可能な活動へと展開する可能性の高い社会プログラムを通して，これらの人びとの能力を強化し，開発プロセスへの参加を促進する。
④ 準備計画，実施段階での市民社会の参加。

また，JSDFの選定条件としては以下のものがあげられる。

① 貧困層や社会的弱者を明白なターゲットとしていること。
② 中央政府ではなく，NGOや地方政府党が受益者との接点になっていること。
③ 受益者がプロジェクト選定から実施まで全てのフェーズで参画していること。
④ 地方政府やNGOに大幅に権限が委譲されていること。
⑤ 受益者がプロジェクトのモニタリングと評価に参画すること。
⑥ プロジェクト完了後，他機関や政府自身のサポートでプロジェクトアプローチがスケールアップされること。

上記の目的や選定条件から見たJSDFの最も大きな特徴は，JSDFとは世銀の中に設置された基金であるにもかかわらず，草の根の現場にいる最も貧しい人を支援し，なおかつ支援される側にいる人びとの参加を強くうたっている点

だ。中央ではなく草の根，中間層ではなく最貧困層，さらに人びとの「参加」とは正にどれも NGO の得意分野であり，このスキームの実施団体として NGO が認められていることが納得できる。ではなぜ世銀の中にこのような草の根の地域密着型のスキームが生まれたのだろうか。その背景を少し見てみたい。

大型インフラ事業から漏れる人びとの救済

　JSDF は1997年のアジアを中心とした財政危機を機に設立され，もともとは弱者や貧困層を財政危機のしわ寄せから守ることが主目的であった。しかしながら，2000年に基金が設立された後は，世銀の融資プロジェクトと並行して貧困，弱者層に特別配慮した地域密着型の小規模プロジェクトを支援する基金としてその対象を全世界の低中所得国に広げるに至った。この背景には世銀が90年代に入り，これまでの経済開発を主軸にした大型インフラプロジェクトだけでなく，地域，村落を中心とした社会，環境を配慮した小規模社会開発プロジェクト（Community Driven Project）の重要性を認識し，さらに中央政府を通じた融資，プロジェクト実施でだけでなく，NGO や地方政府の参画が必要だと結論づけたことがある。JSDF が設立された当初は，既存の世銀のプロジェクトに付随し，あくまでも中央政府のもとで NGO や地方政府が JSDF でサポートされた活動を実施するのが普通であったが，2000年代半ばから中央政府を通さず，直接 NGO や地方政府が世銀と同意書を結び単独プロジェクトを実施する例が増えてきた。さらに通常プログラムの他に，自然災害や紛争後の社会経済開発を支援する特別プログラムや JSDF プロジェクトを準備するための5万ドルを上限とするシードファンドの設立等，JSDF のサポートも必要性に合わせて多様化している。現在対象は69カ国，2010年度には通常プログラム，47プロジェクト，合計1億700万ドルが承認されている。3分の1がアフリカで東南アジアは1件のみとなっている。

　このように，JSDF のプロジェクト自体は NGO や地方政府という，通常の ODA が普通関わらないチャンネルを通して実施されることが可能であるため，貧困層，少数民族，青少年，一般弱者層等，これまで世銀が実施してきた経済開発を主軸にしてきた事業や，ODA 事業では支援の及ばない人びとに対し，

細やかな配慮をすることが可能となっている。

以上がJSDFの特徴およびその位置づけになるが，次節ではモンゴル，ベトナム2つの国におけるJSDFプロジェクトの実例を通じ，JSDFの申請プロセスや，実施しているプロジェクトの特徴についてみていきたい。モンゴルの事例に関しては，現SCJモンゴル代表の豊田光明駐在員からの報告とする。

2　JSDF事業の実例

モンゴルのJSDF事業——豊田光明駐在員の報告

JSDF事業のインセプションから採択までの流れ　世銀に対して，JSDF事業の打診を行う場合まず最初に要求されるのがコンセプト・ペーパーの提出である。コンセプト・ペーパーには，事業に関する基本情報，事業目的と概要，期待される成果，維持・発展の可能性といったお決まりの内容を記述する他に，対象住民の事業構想段階における関わり方や，事業の革新性といった内容についても，全てを簡潔明瞭に2頁以内にまとめ上げる必要がある。

コンセプト・ペーパーの内容次第で，次の選考プロセスに進めるかどうかが決定される。したがって，事業概要を文書化する際，慎重に行う必要がある。提出された書類は約4カ月かけて審査される。最終的には，当初提出したコンセプト・ペーパーに少し手を加え修正し，その他に事業活動等をさらに具体的に記載した書類の提出を世銀から求められた。

以上のプロセスを踏んではじめて，こちらが提案したプロジェクト案が世銀の対モンゴル戦略に沿うものであり，またJSDFの目的にも沿う事業であると認められ，次の選考過程に進める機会を得ることができた。

申請書と予算書について　コンセプト・ペーパーが承認されると，次は正規事業申請書とコスト・テーブルと呼ばれる予算書の提出を求められる。申請書に関しては，最大A4サイズ用紙12～15ページに簡潔にまとめるようにとの指示だった。他の欧米系ドナー機関の申請書と比べると，記載量が少なくてすむことは非常に有難い。

JSDF申請書および予算書は原則，世銀モンゴル事務所の担当職員が作成することとなっている。その職員が後にタスクチーム・リーダー（以下 TTL）となり，実施団体を務めるNGO等のパフォーマンスを，事業実施全期間を通じて監督していく仕組みになっている。しかし実際は，各国々の事情により状況は異なるようで，モンゴルの場合は，世銀モンゴル事務所に所属する人間開発担当官の監督の下，SCJモンゴル事務所が申請書作成を行った。

申請書提出の締切日は毎年変わるらしい。基本的に世銀内部でのJSDF申請書受付の締め切りは，年2回に設定されている。そして，世銀ではその各回のことを"ラウンド"と表現している。

SCJが当初目指していたのは，第31ラウンドの締切日（2010年5月）までに申請書を提出することであった。しかし，コンセプト・ペーパーが承認された日から第31ラウンドの締切日までは，およそ2カ月弱ほどの期間しか残っておらず，締切日までに申請書を提出することはできず，結局SCJが世銀モンゴル事務所を介して最終的に申請書を提出できたのは，第32ラウンドでもなく，第33ラウンド（2011年5月）になってからであった。コンセプト・ペーパーが承認された時点から数えると，およそ14カ月かけてはじめてJSDFの申請書を世銀に提出することができたことになる。

申請書作成作業とその一連の流れについて　1つのJSDF事業申請書を作成するのに，様々な場面で実に多くの世銀職員や諸関係者が事業申請案のレビューを行う。申請書の作成自体はSCJモンゴル事務所が担当したが，一旦ドラフト案が固まると，現地の国内事情に詳しいTTL（世銀モンゴル事務所所属の人間開発担当官）のレビューと調整が入る。そして，JSDFの場合，次に複数の世銀職員からなるレビュー・チームなるものがTTLによって形成された。レビュー・チームによって，ドラフト申請案が吟味されるのである。

チームは7人構成で，当該分野のセクター・マネージャーと呼ばれる世銀職員を筆頭に，社会開発，教育開発，法律，ファイナンス・マネジメント，調達業務，支出金管理といった分野から，世銀職員が1人ずつ選ばれる仕組みになっていた。各レビュー・メンバーの役割は，それぞれの専門的立場から持ち回りでドラフト案を吟味し，申請案の適合性・妥当性等を審査することにあった。

第Ⅱ部　ともに活動する

申請書の最後尾には、実際に審査を担当したレビュー・メンバーそれぞれの名前と役割・肩書きが記載される構成になっている。各レビュー・メンバーから寄せられたコメントに申請書が対応していることを示す"チェックマーク"が、各メンバー名の横に挿入されていなければ、申請書は最終化されたとは認められない仕組みになっている。

世銀内部のレビューと同時進行で、他の関係機関との事業調整も行われた。まずは、モンゴル語に訳されたコンセプト・ペーパーを、TTL がモンゴル教育・文化・科学省や他の教育行政機関、また ADB, UNICEF, UNESCO といった主要援助機関にメールを介して配布し、それぞれの組織に所属する教育専門家から事業案に対する意見を募った。そして意見収集は、メールを介してではなく、モンゴルの首都であるウランバートル市で世銀と SCJ が共同主催した諮問会議の場で、各主要組織から招待した教育専門担当者を一同に会して行われた。

諮問会議とは別に、モンゴルの教育省とは個別に最終協議が行われた。世銀 TTL と共に、モンゴル教育省において初等中等教育局長を訪問し、詳しい事業説明を行い、事業に対しての最終意見を募り、賛同を得ることが目的だ。後に、申請書を世銀本部に提出する際、モンゴル教育大臣名で正式な事業承認書を沿えて提出する必要があったため、教育省内の事務方責任者の賛同を自前に得ておくことはとても重要な作業の1つであった。

上記の他に JSDF が特に重要視していることに、受益国の日本大使館と日本国際協力機構（以下 JICA）現地事務所との連携がある。今回は、申請書締切り日約1カ月前に、TTL と共に日本大使館と JICA モンゴル事務所を訪問し、教育支援分野を担当する幹部職員の方々に対して、事前に配布してあった申請書ドラフト案の詳細な説明を行い、助言を得た。もしこの時点で日本大使館と JICA モンゴル事務所から事業に対する明確な賛同が得られなければ、たとえ申請案の内容自体が素晴らしいものであっても、申請案はきっと承認されていなかったであろう。

申請案承認の朗報　　JSDF 申請書を提出する際の正式なルートは、世銀モンゴル事務所の TTL から世銀本部の CTPFO（The Global

第4章　世界銀行と協働した教育支援

Partnership & Trust Fund Operations department の略）という局内に設けられているJSDFユニットに提出するという手順になる。

　JSDFユニットは，そこで世界各国の世銀事務所から送られてくる申請書を1つ1つ詳細にチェックする。チェックされる内容とは，例えば，記載内容に誤りや矛盾はないか，といったことから，事業活動内容と予算経費項目が一致しているか，またJSDFでは認められない経費等が積算されていないか，そして万全なリスク管理体制がとられているか，といったところに焦点が当てられる。そして，あくまでも必要最小限の範囲内であると認められれば，それぞれの指摘に対して，その時点で申請書と予算書を微修正することが許される。申請書の公式選考は，世銀内に設けられる「JSDF運営委員会」といわれる場で行われる。その委員会は，各ラウンド締切り後，早くて2カ月，遅くても3カ月以内には招集がかけられるようだ。そして，その委員会でプログラム基準を満たすと判断された申請書だけが，日本政府に推薦される仕組みだ。

　ちなみに，世銀が発行した「2010年度年次報告書」によると，第29〜31ラウンドでは，世界各国から計44件の事業申請案がJSDFユニットに提出された。その内の43％に当たる19件の事業案件が運営委員会によって承認され，その後，日本政府に承認申請として提出されたようだ。JSDFに関しては，申請案の最終決定権は日本政府にあるらしい。

　そして，2012年1月半ば，SCJの事業申請案がやっと日本政府から承認されたという朗報を，世銀TTLから受け取った。コンセプト・ペーパーが提出されてから，既に2年と2カ月ほどが経過していた時点での朗報だった。

グラント契約締結　　しかし，世銀とグラント契約を締結し，事業が実施できるまでまだ先があった。事業申請書が承認された後，今度は世銀モンゴル事務所からの要請で，SCJモンゴル事務所の財務管理調査が入った。その際，世銀モンゴル事務所に雇われた財務コンサルタントが，SCJモンゴル事務所を訪問し，財務運営管理体制のチェックが行われ，JSDF事業を実施するために必要な財務上の改善点があれば，指導を受けることになっている。SCJモンゴル事務所では2つの指摘を受けた。

　世銀とは2012年6月中旬に契約を締結することができた（図4-1）。結果的

第Ⅱ部　ともに活動する

図4−1　世銀モンゴル事務所で行われた
JSDF契約書署名式の様子

にコンセプト・ペーパーを提出してから事業が実施できるまで，およそ2年半もの期間が過ぎることになった。

JSDFのスキーム上の利点と欠点　JSDFの申請から採択までのプロセスを経験した上で，JSDFスキームの利点と欠点が見えてきた。JSDFの利点は何といっても，革新的で新しい事業モデルを積極的に支援していることだ。革新的な事業モデルの有効性を，世銀の専門的リソースを活用しながら評価・検証し，社会的に弱い立場にある人びとの利益に直ちに繋げていけるのがJSDFの1つの大きな魅力なのではと感じる。これに関しては，後に述べるJSDFモンゴルプロジェクトを例に挙げながら具体的に述べてみたい。

一方，申請のプロセスを通じて感じたJSDFスキームの欠点としては2つ挙げられる。

1つは，上述してきた通り，事業コンセプトの提出時から事業実施にこぎつけるまで，場合によっては2年以上の年月がかかってしまうことだ。

2つ目は予算編成の難しさだ。JSDFの予算書の様式自体はとてもシンプルで使いやすい。また，対象となる経費も，事業に直接関与する経費であれば，ほとんど全て計上できるようになっている。しかし問題は，必要経費を世銀側が用意した予算支出項目に振り分けて積算する必要があり，いくつかの項目に関しては，表4−1で示すように，定められた支出上限率を超えない範囲で予算計上する必要があることである。これは一見，易しい作業に見えるが，実際は大変困難な作業となる。

例えば，Operating Cost（業務費用）という予算支出項目があるが，JSDFのルールでは，実施団体のスタッフ人件費と運営管理費は全てOperating Cost

として積算しなければならない決まりになっている。そして、その Operating Cost の小計は、事業総予算額の10%以内に抑える必要があるのである。JSDFのような億単位の事業を運営するには、スタッフ人件費や運営管理費が全体予算の10%に収まるはずはなく、つまり、事業を運営するにはNGO側の資金の持ち出しが必要になる。そのような持ち出しができるのは、よほど財政的に余力のあ

表4-1 JSDF事業総予算額に対する各予算項目支出率の上限（%）
（2011年度-ラウンド33）

Consultant Services（コンサルタント・サービス）	20%
Works（建設・修復・設備関連）	30%
Operating Cost（人件費や一般事業管理費）	10%
Monitoring & Evaluation（モニタリング評価）	10%
Bank Supervision Cost（世銀事業指導監督費）	9%

るNGO以外にはないのではないだろうか。実際に、モンゴルのような人口密度の低い、広大な国土を有する国の遠隔地で、建物建設等の事業ではなく、行政やコミュニティ裨益者を対象とした研修や貧困削減活動といった建設以外の事業を実施しようとすると、複数の現場事業所を設置し、多数のフィールド・スタッフを抱えて事業を運営管理していく必要が生じる。そのため、管理費がどうしても嵩んでしまう。他のNGOと比べて、比較的規模の大きい事業を展開しているSCJでも、JSDFの規程通りに予算を組んで事業を運営することは困難だ。

　ではこの難題をどう乗り越えることができたか。スタッフ人件費に関しては、スタッフとして雇用せずコンサルタントとして雇用する配慮をしたり、可能な限り活動費として予算書に積算したりしながら調整した。また、現地移動費や通信費等といった本来ならば運営管理費として振り分けられる費用も、適切と認められる範囲内で管理費ではなく活動費として計上し予算書を最終化することができた。世銀には、このようなNGOが直面する現実的な問題にもう少し配慮して頂き、今後のラウンドで、JSDFの予算経費積算基準を改正してもらえればと強く願う。

JSDFモンゴルプロジェクト　　モンゴルの学校は、小学校から高校までの一貫校制であり、元々は学校教育が10年に設定されていたのが、2008年の新学年を節目に義務教育が12年に改革された。これ

により制度改革以前は8歳になると小学校へ入学していたモンゴルの子どもたちが，改革後は2年早く6歳から入学することになったのである。この改革は，都市に住む家庭とその子どもたちにとっては大きな影響を与えなかった。というのも，都市部では家から学校までの通学距離が比較的短く，8歳の子どもでも6歳の子どもでも，子どもたちは毎日学校に通学可能だからだ。しかしながら，遠隔地に住む20万以上の遊牧民世帯にとっては事情が大きく変わってくる。なにしろ，多くの場合遊牧民族が暮らす場所は広大な草原の中にあり，家から学校まで片道数十キロから時には百数十キロ離れている距離を，毎日6歳の子どもが通うということは不可能に近いからである。

モンゴルでは，このような遠隔地の子ども達に基礎教育を与えるため，社会主義時代から寮施設を兼ね備えた学校を400校以上も全国に設立してきた。そして，子どもが8歳になると，みな親元を離れて寮施設を兼ね備えた故郷の学校に入学している。それが，新制度のために，毎年4万人近くの6歳児の子どもたちが小学校に入学し，その内のおよそ4,000人近くの6歳児の子どもたちが，親元を離れて幼いうちから寮生活を強いられるようになった。これは，親だけでなく，子どもにとっても大問題である。

問題はそれだけでない。モンゴルでは，3人に1人の子どもは幼稚園に通えない。このような子どもたちは学校生活というものに慣れておらず，小学校に入学すると，学校生活になじめなく，早い時期から子どもたちの間で学力格差が生まれてしまう原因となる。事実，12年制度が導入され始めた2006年からの統計によると，学校を中途退学していく子どもたちの約8割が小学校を卒業する前に中途退学しており，その内の約半数近くは，小学校低学年生（1〜3年生）に集中しているというデータをモンゴル教育省は発表している。モンゴル教育相の統計によると，2011年度は，2,749人の生徒が未就学であると言われている。その内，1,179人が中途退学児童。モンゴルでは，子どもたちが生まれ育つ環境の違いにより，相当早い時期から子どもたちの人生が左右されてしまう傾向にあるのである。

具体的な活動　SCJのモンゴルにおけるJSDF事業では，学校を中途退学していく子どもが特に多いモンゴルの遠隔地4県において，正

規の標準的な幼児教育を受けられないで小学校へ入学していく子どもたちと，未就学の子どもたち計7,500人の基礎学力維持と，さらなる向上を図れるような体制作りの支援を目指している。

　主な活動内容は，①遠隔地に暮す遊牧民家庭の5〜6歳児を対象とした，コミュニティ参加型「遠隔就学前教育」の実践，②学校での学習に遅れが出ている小学校低学年（6〜10歳児）の子どもたちと，学校寮で暮す同年代の子どもたちを対象とした，学校教育現場におけるコミュニティ参加型「放課後子ども教室」の実施と推進，③学校に様々な理由で就学できない，もしくは中途退学してしまった6〜8歳児を対象とした，遠隔補習教育プログラム（教育行政の指導管理のもと，子どもたちが学校へ通わず，家庭で学習する教育スタイルのことで，ホームスクーリングと呼ばれる）の試行と構築である。

　JSDF事業では，モンゴルの実情に適した革新的アプローチを採っている。どの活動も，教育の面で不利な立場にある子どもたちの，基礎学力維持・向上を目的とする試みである。その1つにおもちゃライブラリーがある。これは，5〜6歳の未就園児を対象とした，コミュニティ参加型「遠隔就学前教育」プログラムの中で実践される予定である。安全で温もりがあり長持ちし，なおかつ低コストで製造・修繕・買い替えができる「木のおもちゃ」等を中心に，幼児知育教材提供の一環として活用する計画だ。また，幼児を抱え広大な集落内に点在して暮らす数十世帯の遊牧民家庭が，同時におもちゃを貸し出せるように，耐久性があり，男の子用と女の子用に色で区別されてある携帯用の「おもちゃ貸し出し専用バッグ」なるものも開発する予定である。その中に，おもちゃを常時セットとして揃えておき，保護者が買出しの際に町に寄った際，地元の幼稚園から貸し出せるシステムの導入を図っている。こういった試みを，他の遠隔就学前教育支援の取り組みと並立させながら，遠隔地に暮らす未就園の子どもたちが，円滑に小学校教育へと移行できる体制の導入を図っていく予定である。

JSDFの魅力　　おもちゃライブラリー等の活動は，就学前教育プログラムのベスト・プラクティスの1つとして，今後モンゴルで全国展開できる可能性を秘めている。その一方で，このようなこれまでにない新しい

活動は事業終了後、維持継続できなくなる等、様々な理由で導入が失敗に陥るリスクも抱えている。それにもかかわらず、リスクのある新しい試みにあえて支援の手を差し伸べてくれるのが、JSDFの優れている点ではないかと感じている。また、リスクのある新しい試みを1つではなく、複数同じ事業の枠の中で試行できるのも、JSDFの魅力ではないかと思う。

ベトナムのJSDF事業

ベトナムにおけるJSDF事業の概要と背景　ベトナムでは2005～2007年の3年間にわたりJSDFを使用し幼児教育プロジェクトを実施してきた。事業は現在、第2フェーズに入っているが、ここでは第1フェーズについて話をしたい。

プロジェクトはベトナム北部に位置するイェンバイ省、ディエンビエン省、そしてベトナム中部に位置するクワンチ省の合計3省3郡15村を対象に実施され、イェンバイ省の事業実施をSCJが、ディエンビエン省をSCUKが、クワンチ省をSCUSが担当した。近年、ベトナムでは年間6～8％の経済成長を遂げてきたが、その一方で北部や中部の山岳地帯に住む少数民族の村では依然、食料不足による栄養不良や、未就学率が高く、都市部との格差が問題となっている。ベトナムでは国民の約86％をキン族が占めており、学校等で使用する公用語はベトナム語である。しかしながら、少数民族の多くは家庭内で少数民族語を用いており、少数民族の子どもは小学校入学前にベトナム語を学ぶ機会がない。学校に派遣される先生は多くの場合キン族で少数民族語ができないことが多く、少数民族の子どもたちは小学校に入学してもベトナム語で行われる授業についていくことができないケースが多く報告されている。この言葉の壁は多くの少数民族の子どもたちの小学校退学の原因となっており、問題視されていた。

このような現状を鑑み、プロジェクトでは最も貧しい少数民族の村において、「0歳～6歳の乳幼児に、潜在的に持つ可能性を最大限活かした発達ができる機会をもたらすことができる環境作りを行い、またそれを広められる状態を整えること」を目的に実施された。プロジェクトの直接受益者は0歳～6歳まで

の乳幼児約6,000人と保護者12,000人，間接受益者は幼稚園教員約300人，保健医療従事者，行政官等であった。

　プロジェクトは小学校入学前の子どもや幼稚園教諭等にベトナム語等を学ぶ機会を与える等の教育の活動を柱にしているがそれのみに特化したものではない。プロジェクトで実施してきた幼児教育とは子どもの健全な発達を促進するための総合的なものであり，Development（教育と子どもの栄養改善），Survival（保健活動の強化），Protection（衛生知識の強化），Participation（コミュニティの参加強化）という４つの要素を含んでいる。これらの活動内容に対応すべく，①３省15村150集落の子ども，保護者，村民が幼児教育について理解し，０歳〜６歳の乳幼児によりよいケアをもたらす，②150集落において幼児教育サービスを強化し，よりよいサービスに村人がアクセスしやすいようにする，③事業対象の子どもの95％が小学校教育を受けるために十分な発達を遂げてから就学する，④子どもの栄養不良状態を６％〜８％低下させる，⑤事業地の主要な行政官や地元メンバーの90％が柔軟かつ適切な事業モデルを通して人びとをサポートすることに対する意識向上を示し行動するという５つの成果目標を設定し，プロジェクトを実施した。

具体的な活動　プロジェクトは上記に記したように５つの分野と多岐にわたっているが，その具体的な活動は①家庭およびコミュニティへの支援，②地元幼児教育関連機関の強化，③行政の能力向上（評価，モニタリング技術，情報共有，財務管理）の主に３つに分けることができる。

　最も中心的なコンポーネントである①家庭およびコミュニティへの支援では，主に集落，村レベルにおいて行われ，妊産婦や子どもの定期検診の実施，保護者研修（子どものために栄養価の高い食事作りの研修や幼児教育の必要性を学ぶ研修等）やコミュニティ・イニシアティブと呼ばれる子どもが利用する村の遊び場や安全な通学路の整備等のインフラ整備等も行われた。中でも啓発キャンペーンと呼ばれる活動では，保護者に対する幼稚園入園，小学校入学の呼びかけや，保護者や幼稚園教諭の意識向上を目指した栄養食やおもちゃ作りのコンテスト等のユニークな活動が行われた。

　一方，②地元幼児教育関連機関の強化，また③行政の能力向上では主に各事

業運営委員会が主体となり，幼稚園施設の改善や保健施設の利用の促進や，またプロジェクト運営に必要な活動計画作りや予算運営の仕組み等，行政官がプロジェクト運営の主体者となっていくために必要な技術の習得が中心に行われた。

プロジェクト運営の主体者は行政官　ベトナムの行政は集落レベル，村レベル，郡レベル，省レベル，中央レベルに分かれており，それぞれのレベルに各行政官が配置され，縦の連携が取られている。プロジェクトではこの元々存在している各レベルの行政との「縦の連携」を最大限に活用し，実施された。プロジェクトの運営において大きな役割を担うのは集落レベルに設置されたボランティアと，村・郡・省・中央レベルに設置された事業運営委員会である。プロジェクトでは，集落レベルに「幼児教育プロモーター」と呼ばれるボランティアを配置し，集落において幼児教育を実施する中心的な役割を担った。このプロモーターは単なる村人ではなく，政府から定額の手当を受け取っているヘルスワーカーや女性同盟のスタッフが兼任しており，その意味において彼らは集落レベルに配置されている実質上の行政官に近い。このボランティアは各集落での活動の普及を担当しており，適宜，郡の事業運営委員会に情報を共有し，活動に困難な点や問題があった場合には事業運営委員会と連携して解決を図っていく仕組みとなっている。

村・郡・省・中央レベルに設置された事業運営委員会は人民委員会，教育局，保健局，人口家族子ども委員（2008年に政府の編成で委員会はなくなり，その機能は保健局と労働戦傷者社会事業局に移行された），女性同盟という5つの行政のスタッフが集まって構成されている。それぞれの行政官はプロジェクトを通じ，子どもの栄養や保健，幼児教育の専門的な技術研修を受け，プロモーターへの技術指導を行うだけでなく，集落レベルで行われる活動の計画作りやその実施，モニタリングを行い，互いに連携し情報共有を行った。

上記のように大枠から見ると，プロジェクトの大きな特徴は"地方行政がプロジェクトの運営の主体者"である点にある。この理由としては，ベトナムが社会主義の国であるため，国の規約によりNGOが村で活動する際には必ず行政官を伴う必要があることがまずあげられる。これはベトナムだけでなくラオ

第4章　世界銀行と協働した教育支援

ス等他の社会主義国でも共通することである。行政官がNGOの活動に関わることにより、多くの行政官が日当や交通費等の金銭的なベネフィットを得られるという行政側にとっての現実的な利点もあるが、NGOが村でどのような活動を行っているか（反政府的な活動や啓蒙を行っていないか）監視するという意味合いもある。しかしながら、この理由だけであれば行政官がプロジェクトに関わってさえいればよく、必ずしも行政がプロジェクト運営の"主体者"である必要はない。筆者もこれまで2つの日本のNGOで活動してきたが、実際、行政と連携してプロジェクト運営を行うことは多々あったが、プロジェクトの運営の主体となっているのは多くの場合NGOスタッフであることが多かった。

では、なぜこのプロジェクトでは行政が主体者となっているのだろうか、その理由をセーブ・ザ・チルドレン（以下、SC）が取っているアプローチを通じて考えてみたい。

行政が主体者となることのメリット　SCでは、子どもを「権利保有者」と捉え、子どもに関する問題が発生している場合、その原因を子どもの権利が保障されていないことにあると捉え、子どもが置かれている現状の分析を行っている。JSDFプロジェクトで言えば、「少数民族の子どもが言葉の壁により小学校を退学してしまう」という問題が村や集落レベルで発生している場合、「子どもが学ぶ権利が保障されていない状態にある」ためにこのような問題が発生していると考える。したがって、この問題の解決策としては、子どもの権利を保障する義務を負っている「義務履行者」に対し責任を果たすように求めていく。JSDFのプロジェクトでは、「少数民族の子どもが小学校を退学してしまう」という問題に対し、その子どもの学ぶ権利を保障する義務を負っている両親・祖父母・養育者、幼稚園小学校教諭・医療施設、村、郡、省、中央の全てのレベルにおける教育・保健行政に対し、少数民族の子どもが安心して小学校教育を受けられるようにするために負っているそれぞれの責任を果たすように求めてきた。このように、開発に関わるステークホルダーを権利保有者と義務履行者に分けて分析し、前者による権利の主張と後者による義務の履行によって開発に関わる諸問題を解決していこうとする手法が「ライツ・ベース・アプローチ（権利に基づくアプローチ）」と呼ばれるものであり、SCで

はこのアプローチを用いてプロジェクト形成を行うよう努めている。

　他の多くの国でもそうであるように，ベトナムでは教育や保健医療等は行政が主体で行っているサービスである。したがって，教育や保健医療等の問題が村や集落レベルで起きている場合，問題がこれ以上起こらないために，国が現在行っているサービスや行政の制度の在り方そのものを村や集落の実情に合わせて変えていく必要がある。国のサービスや制度を変えていくためには，サービスや制度そのものの実施者であり，かつ子どもの学ぶ権利を保障する義務履行者である行政側による強いイニシアティブが必要になる。もちろん，NGO側の主導で政策提言を行い，国の制度を変えていくことも可能ではあるが，制度そのものの実施者である行政官自身が現場で起きている問題を目にし，問題意識を持つことがよりスピーディーな制度改革の鍵になる。以上のような理由から，SCではベトナムにおいてプロジェクトを通じて問題解決を行う場合，問題を解決し，変えていく側である行政官をプロジェクト運営の主体者に据え，プロジェクトを実施している。

3　JSDFプロジェクト実施の経験から見えてきた成果

　モンゴルにおけるJSDFプロジェクトはまだ開始初年度であり，プロジェクトの成果を確認するに至っていない。したがって，ここからはベトナムプロジェクトに絞り，その実施経験から得た成果や学びを考えていきたい。

主な活動における成果　3年間のプロジェクト実施の結果，保護者向け研修においては，3省の対象全村において計5,160回の研修が開催され，8万人以上の保護者が研修に参加することができた。これは3省全てにおいて0歳～6歳未満の子どもを持つ保護者のうち，75％～80％の保護者が参加した計算になる。また，様々な保護者研修や啓発キャンペーン等実施の結果，3歳～4歳の子どもの幼稚園への入園率は事業開始前に45％であったものの，事業開始後には75％に，5歳児の子どもの入園率は95％まで上げることができた。保健・栄養の活動においては，事業実施前にはディエンビエン省では51％，イェンバイ省では25％，クワンチ省では50％であった子どもの

栄養不良率がそれぞれディエンビエン省で43％，イェンバイ省で21％，クワンチ省で全ての省において43％と4％〜8％の削減を見せるに至った。

足し算ではなく掛け算のプロジェクト展開　上記のように当初立てた目標に対応する成果は具体的な数字として多々確認されている。これら当初立てた目標に準じた成果とは別に，JSDFプロジェクトにおける最も大きな成果を挙げるとすれば，「プロジェクトの成果が点に留まらず，面的大きな広がりを見せた点である」と言えるだろう。

前述の通り，本プロジェクトでは幼稚園教諭への少数民族語学習等の教育分野だけでなく，保健や栄養，衛生等の多岐にわたる活動を実施してきた。これらの活動は幼稚園教育のカリキュラムとして，プロジェクト対象地である3省15村150集落全てで実践されてきたが，プロジェクト実施期間中にプロジェクト実施の主体者であるベトナム行政，特にベトナムの中央政府の強い協力により，JSDFプロジェクトの対象郡にある全ての村において，このプロジェクトで実施したカリキュラムを採用することが決定されたのである。またプロジェクトの実施後には，この幼稚園教育カリキュラムのガイドラインがベトナム中央政府により公式認定され，ベトナム全土における少数民族地域において実際に導入されることになった。しかもその実施は予算も含めてNGOや国際機関に頼るものではなく，ベトナム行政のイニシアティブにより実践されることになったということは特質すべき点であろう。

他の多くの日本のNGOがそうであるように，JSDFプロジェクトを実施する前のSCJのプロジェクトは主に2年〜3年間で1省，3村，30集落程度の規模で実施していた。これまで実施してきた栄養改善や生計支援の活動の成果は，例えば3年間の事業実施により平均5％以上の子どもの栄養不良を削減する等JSDFプロジェクトで得た定量的な成果と比較しても決して引けを取らない。

しかしながら，どんなに良い成果を上げたとしても，多くの場合その成果が事業対象地のみにとどまり，他の地域に波及していかないというのは多くのNGOが抱える悩みである。事実，SCJが1995年以来実施している子どもの栄養改善の活動も，省の保健局に一部の活動が取り入れられる等の細かな波及効

果は確認できているものの，他の省や郡への大規模な波及効果を確認することは難しい。

　通常，NGOが取り組む開発課題では，多くの場合，教育や保健，農業いずれにしてもその地域に存在する最も貧しい人びとが直面している"急を要する問題"を扱っているが，3年間でわずか3村のスピードでは，どんなに質の高い活動を行ったとしても助けられる人数は限られてしまう。NGOがじっくり時間をかけ，悠長に活動している間にも，村人もその村人を取り巻く解決すべき問題も決して待ってはくれない。プロジェクト対象地から外れた村に住む多くの人たちは，直面している問題を自力で解決することを余儀なくされており，多くの場合は解決できず諦め，自らがその問題に対する代償を払うことを余儀なくされている。

　村人が直面している急を要する問題を扱っているNGOの活動では，ある程度の"スピード"を意識して活動することが重要であり，そのスピード感を出すには計画通りの活動を積み上げた結果，予定されていた通りの成果を出すといういわば「足し算」の事業展開ではなく，今回のJSDFプロジェクトで体験したような「掛け算」の事業展開を行うことが重要になってくる。

　では，どのようにしたら足し算ではなく，掛け算の事業展開ができるのだろうか。その鍵は，その国の行政を巻き込み，どれだけ国の政策そのものに訴えかけることができるかどうかにある。先に記述したように，SCではベトナムにおいてベトナム行政が主体になり，プロジェクト運営を実施してきた。JSDF事業でもベトナム行政そのものがプロジェクト運営の主体者であったため，プロジェクトにおける成果や，また行政の制度や政策が不完全であるために村レベルで引き起こされている問題を行政官自身が目にする機会があり，行政官自身が政策そのものの改善を提案しやすい環境にあったと言える。さらに，JSDFプロジェクトでは，NGOと行政のみが行うプロジェクトではなく，そこに政府の政策や開発援助計画全般に対する大きな影響力と資金力の双方を兼ね備えた世界銀行という別のアクターが存在しており，その存在がプロジェクトが生み出した成果をベトナム行政が自ら国の政策の中に反映させることを後押しする一因となったのではないかと考えられる。

4　NGO側から見た世銀との連携の課題

「足し算ではなく掛け算の事業展開を感じることができる」、それがベトナムで実施したJSDFプロジェクトのように大規模に事業展開することの醍醐味である。政府の政策を変えることにより、これまで3年間3村程度のペースで実施していた活動が、よりスピーディーに、より短期間により多くの村で実施されることで、より多くの支援を必要としている人たちを救うことができたことは確かに意義があることだろう。事実、セーブ・ザ・チルドレンのベトナムでは貧困層の20％の子どもにリーチすることを目標として掲げており、いかに多くの子どもたちにアクセスすることができたかが、団体の活動評価の1つの指標にもなっている。

では、「大規模に事業展開すること」はNGOの活動にとって最も価値のあることなのだろうか。上述した通り、JSDFプロジェクトは国内外からも評価され、SCJ自身にとってもこれまでにはない規模で大きな成果を確認することができたプロジェクトであった。だからこそ、敢えてそこを一度振り返りたい。

スピードから漏れるもの　私はこれまでベトナム北部イェンバイ省における少数民族の栄養改善に関わり、2年間に渡り、ベトナムの農村に入ってきた。フィールド視察でザオ族（タイ・ラオスではヤオ族）と呼ばれるベトナムで最も貧しいと言われる少数民族の1つであるある集落を訪れる機会があった。訪れた村はベトナム政府により「貧困村」と規定された村であったが、訪問した貧困世帯の家が木材と竹を使用した立派な家屋であることを不思議に思い、村人に尋ねたと頃、「築材になるような木材や竹はザオ族の居住区には既になく、同じ集落内に住むモン族から購入している」という返答が返ってきた。SCのベトナム人スタッフから上がってきた調査データにも、行政から取り寄せた資料にも、この村にモン族が居住しているという事実は掲載されていない。またこれまで村内で実施していた村人向けの栄養研修にもモン族の世帯が参加しているのを目にしたことはなかった。ベトナムではそれぞれの少数民族ごとで集落が分かれているのではなく、多くの場合いく

つかの少数民族が1つの集落に混在している。これは例えば私が以前活動していた同じ社会主義である隣国ラオスではあまり見られないケースであり，それぞれの少数民族によりその貧困度合も，また村内における力関係も異なるため，ベトナムでは集落内の問題がより複雑になっているという印象を受ける。

　同じ少数民族とは言っても，その言葉，また生活スタイルや風習は全く異なっており，お互いのコミュニケーションは容易ではない。そのために同じ村の中に住んでいながらも，土地や築材等の自然資源を巡って諍いが起きることもしばしば発生する。政府が認定しているヘルスボランティア等，村のボランティアとして活躍する人材はどの村も多くの場合が多数派である少数民族の中から選出されることが多い。これらの理由から多数派から選出されるボランティアが実施する活動は別の少数派の少数民族に理解されるのにはどうしても時間がかかってしまう。JSDFプロジェクトの幼児教育プロモーターもヘルスボランティアが兼任していることが多く，つまり彼らは各少数民族集落の中でも"多数派である少数民族"の中から通常選出されている。したがって，村の中に存在する"少数派の少数民族"の人たちはたとえプロジェクトが介入してきたとしても，その恩恵をすぐに受けることは難しい。特に，JSDFのような大規模に事業展開するプロジェクトの場合，限られた時間の中でより多くの村で一定のレベル以上の成果を出すためには効率的に事業を展開していく必要がある。そのため，活動は画一的にならざるを得なくなり，またある意味救うことがより容易な多数派の少数民族をまず救済することに焦点を絞りがちになる。つまり，少数派の少数民族は結果的に切り捨てざるを得ない状況になる。JSDFプロジェクトのように，プロジェクト内で生み出された幼児教育カリキュラムを全国規模で実施することにより，より多くの少数民族の子どもたちにより良い発達や教育の機会を迅速に与えることができたことは事実であるが，画一的な活動を全国規模で行うことにより，同じ地域に住む少数派の少数民族が抱える問題には逆に光が当たりにくくなるという結果を生むリスクがあることは心に留めておくべきだろう。

援助の持つスピード　　上述した通り，JSDFのような規模の大きな事業では，ある一定以上のレベルにある成果をより多くの村で限

られた時間の中出さなければならないため，実施する活動はどうしても画一的にならざるを得ない。逆に言うと，より多くの人を救済するスピード感のある援助を行うためには活動はある程度画一的である必要がある。しかしながら実際には，それぞれの少数民族には独自の言葉や生活習慣があり，当然問題に対する考え方やその解決方法，そしてそれを解決していくスピードも異なっている。少なくとも言葉や風習の異なるモン族がザオ族のヘルスボランティアや幼児教育プロモーターを理解し，受け入れ，彼らの勧める活動を実践するには相当の時間がかかる。この部分を無視して事業を実施していくと，援助が"困っている人の救済"ではなく単に"助けやすい人の救済"という域を出ず，本当に支援を必要としている人たちを置き去りにし，同じ地域にいる人たちの格差を逆に援助により広げてしまうという結果を生む可能性がある。

緊張感のある連携　国の政策を変えていくことがより大きな規模で多くの人を救うことができる有効な手段であることは事実である。より大きな力を持っている組織であればあるほど，その国の政策へ影響力は大きい。力とは政治に介入する力と資金力である。JSDF 事業では世銀と連携することにより，セーブ・ザ・チルドレン（SC）という NGO が自分では持っている以上の政治力と資金力をバックに付け，その活動は短期間で全国規模の展開にまで発展した。世銀と連携することにより，たとえ小さな NGO であっても自身が持っている以上の力を発揮し，より大きなインパクトを出すことが可能になるという点は，今後も NGO が世銀と連携していく大きなメリットであり，ポテンシャルだろう。

　しかしながら，大きな力をバックに付け，掛け算の事業展開が持つダイナミズムを感じる中でも，やはりその掛け算のスピードから漏れていくものや，そのスピードでは救えない人が必ず存在する。

　そしてその漏れていくものに光を当て，国際社会にその存在を訴えていくことこそが，私は本来 NGO が持つ最も大切な使命の 1 つなのではないかと感じている。私たちは国の政策が変われば，現場も変わると信じがちであるが，先のザオ族集落に住むモン族のように，制度が変わったとしても，その制度の恩恵を受けられない者や，状況を改善するために作られた新しい制度が逆に新た

な問題を生んでしまう場合もある。

　"掛け算の開発"による余波や漏れていくものの存在を知るためには「現場に入る」ことが不可欠である。政策に働きかけ，大規模に多くの人を救うその一方で，その政策の変化が真に現場の問題を解決しているのか，新たな問題は起きていないか，また問題はさらに複雑化していないか，政策に働きかけたNGOは現場に入り，それらをモニタリングしていく責務がある。またそれと同時に，援助が単に"助けやすい人の救済"ではなく真に必要とされている人に届いているか，またその人たちが活動を理解し受け入れたり，そして時には彼ら自らが問題の解決策を発見し，実践していくそのスピードに援助のスピードそのものを合わせていくことを私たちは提言していくべきではないだろうか。

　そして，それらを国の援助政策を作る行政や世銀に示し続けることで援助政策そのものを現場にあったより適切なものにしていくことが初めて可能になり，そうして初めて政策が本当の意味で現場を変えることになるのではないかと私は思う。そして，それこそが世銀や行政の側がNGOと連携し事業を行う本来の意味であり，国の開発を正しい方向に導いていく上で最も重要な援助する側にいる者同士の"緊張感のある連携"の仕方なのではないだろうか。

世銀への要望　本章の第1節に記述した通り，もともと，JSDFではパイロットレベルで画期的なことを行い，その結果をセクターの政策や，関連ある世銀プロジェクトでスケールアップするという展開が想定されている。しかしながら実際には，現在のJSDFプロジェクトはどちらからというと単発的であり，プロジェクトの実施過程やその成果が世銀本体のプロジェクトにフィードバックされたり，政府の当該セクターの政策に反映されることは少ないのが実情だ。またNGOが実施する際，世銀職員のJSDFプロジェクトへの関与は主に財務，環境社会面の監督が中心であり，世銀職員がプロジェクトサイトを訪問したり，NGOと意見を交換することはあまり行われていない。2009年にJSDFに関しての会議が東京で開かれ，幾つかの成功例がプレゼンテーションされる機会があった。しかしながら，JSDFが元々，経済開発を主軸とした大型インフラ開発事業を実施する中で，世銀自体が地域密着型の事業の必要性を認識して設立されるに至ったことを考えると，国レベルで，もう

少し日常的に草の根の現場で活動するNGOと世銀職員が意見交換する場を設けることが，国全体の援助政策を考える上では重要ではないかと感じる。

また，SCJモンゴル現地代表の豊田駐在員の報告にある通り，JSDFプロジェクトを遂行するに当たって，NGOや地方政府は世銀の調達，会計管理，環境社会規則を遵守することとされている。元々，世銀の規則は政府遂行の大型プロジェクトのために作られたもので，小さな地域密着型のJSDFでこれらを厳格に遵守することは必ずしも現実的でない。柔軟性をもたせ，できれば簡素化し，NGOがプロジェクト自体により専念できる体制を作っていくことが必要だろう。

最後に，"スピード感のある大規模な援助が持つリスク"を世銀だけでなく私たちも，もう一度振り返る必要があるのではないかと私は思う。援助が単に"助けやすい人の救済"ではなく，本当に必要としている人のところに届くためには，時にコミュニティが持つスピードに援助する側にいる人間も合わせていくことがきわめて重要なのは上述してきた通りである。画一的な援助は短期間に多くの人を救うことはできるが，その一方で本当に必要とされているところには届かない可能性がある。世銀の援助は通常，経済開発を主軸とした大型インフラ事業であり，地域密着型のJSDFは世銀の中ではきわめて稀なスキームである。コミュニティが活動を理解し，受け入れ，時に自らの問題を彼ら自身で問題解決していく過程を，大型インフラ事業で求められているものと同じ手法やスピードで実施するのにはいささか無理がある。真に支援を必要としている人のところに必要な援助を届けるためにも，世銀やNGOは掛け算の援助が持つリスクを理解し，時にコミュニティのスピードで地域の人と対話していく重要性を理解することを強く願う。

参考文献

日本社会開発基金年次報告書。
http://www.adb.org/site/funds/funds/japan-fund-for-poverty-reduction
JSDF Vietnam project evaluation report.

第5章

共同基金による自然環境保全
——市民社会のエンパワーメント——

日比保史

　ここでは，世界銀行との現場での実践における協働に取り組んできた国際NGOとしての立場から，世界銀行との連携を通じて生物多様性保全の分野で目覚しい成果をあげてきた「クリティカル・エコシステム・パートナーシップ基金」(Critical Ecosystem Partnership Fund: 以下，CEPF) の革新的な戦略や実践的な運営を通して，世界銀行が生物多様性分野やNGOとの連携における課題にどのように取り組んできたかを紹介したい。

1　CEPF設立前後の時期の世界銀行を取り巻く状況

　CEPFの設立が議論され，実際設立された90年代後半～2000年頃にかけては，世界銀行が市民社会から社会・環境面における対応や取り組み，市民社会との対話自体の不足あるいは欠如等について糾弾されていた時期である。被援助国の開発・成長戦略に則り，いかに経済開発・成長を誘発し促進するかのみが，世界銀行の使命であるとまだ考えられていた時期であり，一方で市民社会からは設立50年を経た世界銀行不要論が盛んに唱えられていた時期でもあった。

　またこの頃は，2000年の国連ミレニアム総会で，ミレニアム宣言が出され，2015年までに絶対的貧困を半減させるというミレニアム開発目標が国際社会において合意された時期であり，また，1997年の京都議定書合意によって地球規模での気候変動対策への取り組みの必要性が国際社会において具体的に認識され始めた時期でもあった。また，国際開発の分野において，生物多様性の貧困削減や持続的開発における重要性が認識され始めた時期とも重なる。

　このように，世界銀行を取り巻く状況が大きく変わり始め，また厳しい批判

にもさらされていた時期に世界銀行総裁に就任したのが、J. D. ウォルフェンソン氏である。ウォルフェンソン総裁は、「世界銀行は今日の世界において、市民社会との適切な連携なくして効果的な機能を果たせない」（Critical Ecosystem Partnership Fund 2010）と考え、就任直後から市民社会との信頼関係や相互活動を模索し始めたのである。

また、それまで世界銀行では地球環境ファシリティ（GEF）を中心に援助が行われてきた地球環境分野において、国際的なカーボン市場の創設を目指したプロトタイプ・カーボン基金（PCF）、そして森林分野でのカーボン・プロジェクトの可能性を探るバイオ・カーボン基金（BioCF）やコミュニティ開発に重点を置いたコミュニティ開発カーボン基金（CDCF）を創設する等、環境分野や市民社会分野への革新的かつ実質的な取り組みを強化し始めた時期でもあった。（The World Bank ホームページより）

そのような中で、特に市民社会において「世銀不要論」が公然と唱えられるような中で、国際NGOであるコンサベーション・インターナショナル（Conservation International）は、世界銀行との対話を働きかけ、世界銀行があらゆるレベルにおいて市民社会と連携することの必要性を説き、世界銀行が現場で活動する非政府組織（NGO）をはじめとする市民社会組織（CSO）を資金的、技術的に援助する基金の立ち上げを提案したのである。前述のとおり、市民社会との連携の必要性を認識し、その具体的方策を求めていたウォルフェンソン総裁は、コンサベーション・インターナショナルに、世界銀行単体で資金を出し、運営するのではなく、多様なセクターや機関が参加する基金の創設を逆に提案し、それが2000年に、民間非営利組織であるコンサベーション・インターナショナルも資金拠出する、多様なセクター間のパートナーシップを醸成する基金としてのCEPFの設立につながっていったのである。

2　CEPFへの世界銀行参画の経緯

先にも述べたとおり、CEPFは、世界銀行が市民社会との関係の再構築、連携の方策を探っている時期に、世界銀行とコンサベーション・インターナショ

ナルとの対話の中から生まれたものである。

　コンサベーション・インターナショナルは，米国バージニア州に本部を置き，「科学，パートナーシップ，そして世界各地におけるフィールド実践に基づき，持続可能な社会を実現し，人間の幸福（Human Well-being）に貢献することを目指」し，世界50カ国以上で，生態系や生物多様性の保全を通じて貧困削減や人類の福利向上に取り組む非営利の非政府組織（NGO）である。コンサベーション・インターナショナルは，地球規模での豊かな生物多様性を有するにもかかわらず破壊の危機に瀕している地域であり，優先的，戦略的に保全への投資をすべき地域である「生物多様性ホットスポット」コンセプトを主導していることで知られる。CEPFの創設を世界銀行に提案した当時，世界の生物多様性ホットスポットを持続的かつ自立的に管理・保全していくための能力開発には少なくとも年間1億ドルの資金が必要との研究結果を得たところであったこともあり，コンサベーション・インターナショナルでは，既存の政府開発援助（ODA）や人びとの善意の寄付だけでは，生物多様性の問題解決には不十分であると考えていた。そのような折に，世界銀行との政策対話の機会に，生物多様性が貧困削減にとって重要な役割を果たすこと，世界銀行による生物多様性保全への取り組みはまだまだ不足していること，世界銀行が生物多様性保全の達成に向けて中核的役割を果たしうること等を訴え，生物多様性分野への新たな援助資金として1億ドル規模の拠出を働きかけたのである。

　生物多様性は，地球規模の問題であり，グローバルなレベルでの政策の推進や資金の動員が不可欠ながら，問題の現場は非常にローカルであり，生物多様性を支える生態系の破壊が起こっている地域の多くは，途上国かつ都市部から離れた農山漁村地域にあり，草の根レベルでのきめ細かい対応が必要な問題である。生物多様性の保全と持続的な管理の実現には，この分野への従来型の資金援助だけではなく，自然資源に日常的に接し，利用し，管理する人びとやコミュニティ，彼らをサポートするNGO等の市民社会への資金的・技術的援助なくしてはあり得ないのは，このためである。コンサベーション・インターナショナルは，世界銀行に対して，実質的な変化，解決策をもたらすことが出来る規模での生物多様性分野への資金拠出と合わせ，市民社会・CSOを資金拠

出の対象とすることも強く提案したのである。

コンサベーション・インターナショナルからの提案，すなわち生物多様性分野への1億ドル規模の拠出と，CSOを援助対象とすることに対し，ウォルフェンソン総裁からの提案は，世界銀行だけで基金を作るのではなく「多くの組織とパートナーシップを結ぼう」というものであった。そこで，世界銀行とコンサベーション・インターナショナルが，2,500万ドルずつ拠出することで合意し，さらに地球環境ファシリティ（GEF），そして米国の民間の財団法人であるマッカーサー財団（John D. and Catherine T. MacAuthur Foundation）からも同額の拠出を得る約束を取りつけ，CEPFは発足した。その後，2002年のWSSD（世界持続可能な開発会議）では，日本政府の参加を，2007年にはフランス政府開発庁（AFD）の参加を得，現在に至っている。このように，国際機関，政府，民間財団，NGOの多様なパートナーシップによる，過去に類を見ない革新的な国際基金が誕生したのである（CEPF 2010）。（2012年10月にインド・ハイデラバードで開かれた生物多様性条約第11回締約国会議〔COP11〕開催中に，欧州委員会〔European Commission〕のCEPFへの参加が発表された。2012年11月時点でのCEPFドナーパートナーは，7カ国・機関となっている。）

3 CEPFの革新的なスキーム

CEPFが，革新的な資金メカニズムである大きな理由としては，多様なドナーによるパートナーシップであること以外にも，実質的な生物多様性保全効果を生み出せるだけの規模の資金メカニズムであること，市民社会セクターを直接援助する資金メカニズムであることに加えて，生物多様性ホットスポットのコンセプトを採用し地理的に戦略的に生物多様性保全を促進していること，対象地域においてマルチ・ステークホルダーの参画による保全戦略である「エコシステム・プロファイル」を策定していること，効果の持続性の担保のために資金援助後のフォローアップ支援である「コンソリデーション・プログラム」があること，一定の規模を持ちつつも助成金拠出の決定や手続きが比較的迅速であること等が挙げられる。

これらの革新性は，逆にいえば，市民社会セクターへの直接的支援が無い，援助計画への市民社会セクターの参画が制限されている，開発援助効果（特に環境分野における）の持続性が十分担保されていない，意思決定や手続きに時間がかかり過ぎる等，「世銀不要論」が出てくる中で世界銀行の改善すべき点として指摘されていたものも多く，CEPF への参画はこれら世界銀行の弱点や課題の克服に貢献しているといえる。

ここでは，CEPF の革新性について，それぞれ見ていきたい。

実質的な生物多様性保全効果を生み出せる資金規模

CEPF が2010年までの10年間に拠出した保全投資（CEPF では，資金援助の結果，将来世代への生態系サービスが維持されるという意味から，助成金ではなく「投資」あるいは「保全投資」との用語を使っている）は，総計1億2,400万ドルである。

CEPF が設立される以前に，生物多様性をテーマとした基金や助成金が存在しなかったわけではもちろんない。生物多様性条約の資金メカニズムとしての役割がある地球環境ファシリティ（GEF：1991年にパイロットフェーズが始まり，2009年までに総額89億ドル，うち生物多様性分野に約3分の1の29億ドルが拠出されている）の果たしてきた役割は大きい。しかしながら，GEF に次ぐ規模での生物多様性分野でのまとまった資金メカニズムとしては，ドイツ政府が主導する Life Web Initiative（総額1億ユーロ）と並ぶ CEPF の役割は大きいといえるのではないだろうか。（2010年の生物多様性条約第10回締約国会議（COP10）において，日本政府からは総額20億ドルにのぼる生物多様性分野への国際協力である「いのちの共生イニシアティブ」が発表されたが，具体的な内容については，まだ明らかにされていないようである。）

生物多様性が抱える問題の解決には，先に述べたように最低年間1億ドルに加えて，既存の自然保護区の妥当な管理に必要な額として2003年の世界公園会議で示された年間25億ドル，そして COP10 においてブラジル代表団が触れたように総額100億ドルまで，必要とする資金の額は定まっていない。しかしながら，GEF の生物多様性資金だけでは，必要な資金量にまだまだ足りないことは明らかであり，資金ショートの問題を即座に解決できる規模ではないもの

の，CEPF の果たす役割は小さくないといえる。

市民社会セクターを直接援助する資金メカニズム

　GEF にせよ，従来の ODA にせよ，そのほとんどは被援助国政府に対して資金・援助が提供されるスキームであり，特に生物多様性に関わるローカルなレベルで活動する NGO 等の市民社会セクター・CSO には，資金・援助が届きにくいという側面がある。だからこそ，一番支援・援助を必要とする市民社会セクターに資金が届かない世界銀行の「不要論」が議論された一面もあるといえる。援助国の中には，米国のように ODA の4割近くが NGO 等通じて実施されるケースもあるが（日本の場合，NGO を通じて実施される ODA は，総額の1％に満たないといわれている），特に草の根的な活動が重要性を持つ生物多様性分野においては，明らかに見落とされてきたセクターだといえる。

　もちろん，マッカーサー財団のような民間財団による取り組みや GEF の小規模無償資金援助プログラム（Small Grants Programme: SGP）等もあったが，GEF-SGP でさえ，20年間で総額4億ドル（生物多様性だけでなく，GEF が対象とする全ての環境分野を含む）の資金規模であり，一事業当たりの助成額は，平均2万ドル，最大5万ドルとなっており，草の根 NGO の組織強化にはある程度効果を発揮するものの，ランドスケープ規模での生物多様性保全効果を上げるには，限界がある規模といえる。

　その意味では，市民社会セクターを対象に，一事業平均12万ドルの投資規模で，100万ドル以上の投資も可能な CEPF は，効果的な保全インパクトを生み出す上で，他に類をみない資金メカニズムであるといえる。

生物多様性ホットスポットの採用

　CEPF が生物多様性保全の戦略の中核として採用している生物多様性ホットスポットとは，「地球規模での生物多様性の価値が高いにもかかわらず，破壊の危機に瀕している地域」のことであり，1988年にイギリスの生物学者ノーマン・マイヤーズ（Norman Myers）博士が，優先的に保護・保全すべき地域を特定するためのコンセプトとして提案したものである。その後，コンサベーショ

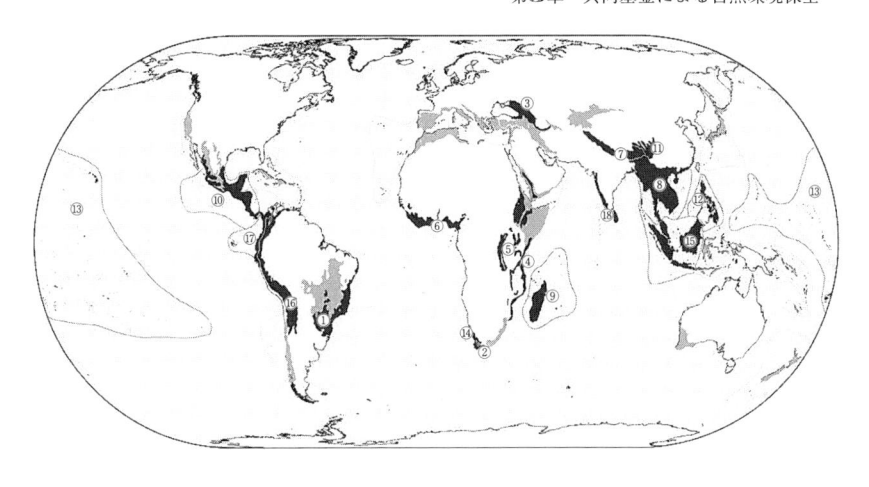

第5章　共同基金による自然環境保全

| 生物多様性ホットスポット | ■ CEPFの対象　　□ その他 |

① アトランティック・フォレスト
② ケープ植物相地域
③ コーカサス
④ 東アフリカ沿岸林
⑤ 東アフリカ山岳地帯
⑥ 西アフリカ・ギニア森林
⑦ ヒマラヤ
⑧ インドビルマ
⑨ マダガスカルおよびインド洋諸島
⑩ 中央アメリカ
⑪ 中国南西山岳地帯
⑫ フィリピン
⑬ ポリネシア・ミクロネシア
⑭ カルー多肉植物地域
⑮ スンダランド
⑯ 熱帯アンデス
⑰ トゥンベス・チョコ・マグダレナ
⑱ インド西ガーツおよびスリランカ

図5-1　生物多様性ホットスポットとCEPFの投資対象地域
出所：CEPF公式ウェブサイト（www.cepf.net）より筆者加筆。

ン・インターナショナルとマイヤーズ博士が中心となり，多数の専門家の参加を得ながら世界各地の生物多様性の調査・分析を進め，1999年に世界25カ所の生物多様性ホットスポットを発表した。その後も継続的な調査と分析により，現在では世界に35カ所の生物多様性ホットスポットが特定されるに至っている。

　生物多様性ホットスポットは，全体でも全地表面積のわずか2.3％（インド亜大陸とほぼ同等の面積）を占めるに過ぎないが，全植物種の約50％，全脊椎動物種の約42％，絶滅危惧にある哺乳類，鳥類，両生類各種の75％が生息しており，その保全が緊急を要することから，「生物多様性の救命治療室」とも言われている地域である（R. A. Mittermeier et al. 2004）。

　すなわち，地球規模で便益を供与するという特徴とは逆に，地球上には均等に分布していないという生物多様性の特徴から考えた場合に，生物多様性ホッ

125

トスポットは、限りある保全のために投入できる資源（資金，人的資源，時間，土地）をより効率的・効果的に利用し，実質的な生物多様性保全を実践するための「戦略」として位置づけられているのである。限られた資源を効率的，効果的に「投資」し，最大限のリターンを得るための戦略として，CEPFでは生物多様性ホットスポットを採用しているわけだが，これは生物多様性保全上の意義とともに，生物多様性ホットスポットの多くが開発途上国に分布することから，開発援助・貧困削減上の意義も大きいのである。

CEPFの設立に際しては，この生物多様性ホットスポットを投資戦略の中核に据えることをコンサベーション・インターナショナルは科学的根拠とともに提唱したわけだが，この提案を受け入れた上でCEPFへの参加を決めた世界銀行の生物多様性保全に対する理解と決断力は，高く評価されるべきであろう。

保全投資戦略の策定

CEPFでは，開発途上国の生物多様性ホットスポットを投資（助成）の対象地域としているが，投資を開始するに当たっては，まず，最初に対象地域での投資戦略である「エコシステム・プロファイル」を策定する。この策定プロセスをCEPFではプロファイリングと呼んでいる。プロファイリングにおいては，生物多様性および生態系から成る自然資本に生活や生計を依存する地元のコミュニティや人びと，事業者，そして国および地方自治体，研究者，さらには他のドナーやNGO等の間で，対象地域における保全戦略の理解とビジョンを共有するために，これらマルチ・ステークホルダーの参画によるコンサルテーションおよびワークショップを重ね，エコシステム・プロファイルを作り上げる。

プロファイリングにおいては，対象地域における生物多様性の現況や損失原因・圧力の把握，さらには相乗効果を生み出すために対象地域における進行中，計画中および先行する保全の取り組みの把握や連携方法等も検討される。プロファイリングによって，CEPFの投資効果を最大限にするために対象地域で必要とする（ギャップ）保全分野や地理が明らかになるとともに，生物多様性分野でのドナー間の援助調整も行えることから，より効率的で効果的，そして妥

当な投資戦略を作り上げることができるのである。

　CEPFが対象とする国においては，エコシステム・プロファイルが，当該国の保全戦略となる場合も少なくないほか，その地域においてそのようなマルチ・ステークホルダー参加によるコンサルテーションが初めて行われるケースも多いことから，政策立案過程への市民社会参加の促進にもつながる。また，複数国にまたがる生物多様性ホットスポットにおいては，政治的・歴史的に関係者が一同に会することが過去になかったようなケースもあり，プロファイリングが単に生物多様性保全戦略の策定だけでなく，地域内での相互理解と信頼醸成，そして地域安定化に寄与することもある。(その最も顕著な例が，バルカン半島にまたがるコーカサス地方ホットスポットでのプロファイリングである。コーカサス地方は，長い地域紛争の歴史から，保全関係者といえども一同に会して地域の生物多様性保全について議論する場は，CEPFによるプロファイリングまでは無かったという。CEPFによる投資は，生物多様性保全への貢献だけでなく，歴史的に紛争が絶えない地域での異なる国々やコミュニティグループ間の相互理解と信頼醸成にも寄与しているのである。)

効果の持続性担保のためのメカニズム

　開発援助において，援助プロジェクトやプログラムの効果を，そのプロジェクト／プログラムの終了後も地域において持続させることは，大きな課題となっている。世界銀行を含めた既存の開発援助機関への特に市民社会からの批判の1つにも数えられる課題である。

　CEPFでは，対象として選定された生物多様性ホットスポットには，5年間の投資プログラムが策定・実施されるが，5年間の投資プログラム終了後に，フォローアップのための「コンソリデーション・プログラム」を3年間実施することによって，5年間の投資効果をより長期的に持続させることに取り組んでいる（同プログラムを実施するかどうかは，CEPF理事会の決定に拠る）。投資効果の持続に目的を特化した資金提供スキームの存在は，CEPFを特異なものとしている。

　具体的には，地域において保全の取り組みを長期的に持続させるための内在

的な資金メカニズムを構築すること，ステークホルダー間のネットワークの構築・強化により周辺地域等にCEPFプロジェクトでの優良事例が拡大されることを目指して，効果の持続を目指している。

迅速な意思決定と手続き

世界銀行やGEFは，特にクライアントである途上国政府や関係者からは，手続きの煩雑さや時間がかかることを指摘されてきた。生物多様性問題においては，手続きに時間をかけている間にも，生態系が失われていく状況であることから，迅速に投資プロジェクトを決定し，資金を拠出することは，非常に重要な意味を持つ。また，現場の特に小規模のCSO等は，貧弱な財政基盤で運営しているケースも多く，資金が拠出されるまでに時間がかかりすぎると，スタッフや組織，実施能力の維持に支障を来たす場合もありうる。

CEPFは，現状では運営パートナーは6機関だけであり（例えば，GEFは加盟国176，評議会議席数は32である），また基金のガバナンス・運営組織も，最高意思決定機関である理事会（Donor Council），理事会の下で実務的な検討を行う作業部会（Working Group），事務局，地域運営チーム（Regional Implementation Team）というシンプルな組織となっている。特に理事会および作業部会は，6ドナー機関から構成されることから，CEPFの方針の決定，採択プロジェクトの承認，モニタリング結果の検証等，運営上の意思決定を迅速に行える体制となっている。

また，実際の助成金支給の実務を担う地域運営チームは，対象地域内のNGO等のCSOが請負っており，投資の対象となる地域の市民社会の現況や能力レベル，文化等に精通していることも，きめ細かい対応を迅速に行える体制にしているといえる。

また，つけ加えるならば，国際機関，政府，民間財団，NGOという多様なドナーからなる運営パートナーシップは，それぞれのドナー機関の強み（コンサベーション・インターナショナルの科学的知見・技術・地元コミュニティとのコネクション，フランス開発庁のODAにおける社会・環境配慮のノウハウやフランス語圏の国々でのコネクション，GEFの生物多様性分野での援助経験，日本政府の環境分野での

第5章 共同基金による自然環境保全

```
┌─────────────────────────────────────────────────────────┐
│ 運営パートナー：地球環境ファシリティー(GEF)，日本政府，ジョン，D.アンド キャサ │
│ リン，T.マッカーサー財団，フランス開発庁，コンサベーション・インターナショナル │
├─────────────────────────────────────────────────────────┤
│ 理事会（最高意志決定機関）                                      │
│   議長：ジェームズ，D.ウォルフェンソン                             │
│   モニーク・バルブー　GEF理事長兼CEO                            │
│   岡村健司　日本国財務省国際局開発政策課長                          │
│   ロバート，L.ガルッチ　ジョン，D.アンド キャサリン，T.マッカーサー財団会長   │
│   ピエール・ジャケ　フランス開発庁総裁                             │
│   ピーター，A.セリグマン　コンサベーション・インターナショナル理事長兼CEO  │
│   レイチェル・カイト　世界銀行副総裁                               │
│   （2012年5月現在）                                         │
├─────────────────────────────────────────────────────────┤
│ 作業部会                                                   │
│ 各運営パートナーの事務レベル代表が，理事会で決定する事項について，助成団体・事 │
│ 業の選定の承認を含む実務的作業を行う                              │
├─────────────────────────────────────────────────────────┤
│ 事務局                                                    │
│ 理事会および作業部会での協議文書の作成，エコシステム・プロファイルの作成，助成 │
│ 団体・事業の選定，各事業の個別モニタリング，ドナー間調整等を行う          │
├─────────────────────────────────────────────────────────┤
│ 地域運営チーム（Regional Implementation Team）                 │
│ 投資の決まった地域において，エコシステム・プロファイルの実際の策定作業，助成団 │
│ 体・事業の募集，応募団体・事業の評価，採択事業のモニタリング，必要に応じた地域 │
│ の市民団体の能力開発等を担当し，事務局機能の一部を地域において担う。RITは， │
│ 地域の市民団体等より公募により選定・委託される。                      │
├─────────────────────────────────────────────────────────┤
│ 助成団体：地元コミュニティ，ローカル／国際NGO，研究機関，民間事業者       │
└─────────────────────────────────────────────────────────┘
```

図5-2　CEPFのガバナンス組織図
出所：CEPF公式ウェブサイト（www.cepf.net）より筆者作成。

豊富なODA経験，マッカーサー財団の助成金提供ノウハウ，世界銀行のグローバルなネットワークとクライアント国政府とのコネクション）が合わさり，より効果的な運営を可能としている。

4 生物多様性と貧困削減の関係

　世界銀行と NGO であるコンサベーション・インターナショナルの対話から生まれた CEPF の具体的な成果について紹介する前に，そもそもなぜ生物多様性なのか，生物多様性への取り組みがどのように世界銀行，特に国際開発協会（IDA）のミッション達成に貢献するかについて，触れておきたい。

　生物多様性とは，「すべての生物（陸上生態系，海洋その他の水界生態系，これらが複合した生態系その他生息又は生育の場のいかんを問わない）の間の変異性をいうものとし，種内の多様性，種間の多様性および生態系の多様性を含む（生物の多様性に関する条約第2条）」のことであるが，別の言い方をすれば「地球上のあらゆる生命の総体であり，私たちの住んでいる地球を現在の形にしている生物種，生態系，そして生態的プロセスの一切を意味する」ものである（R. A. Mittermeier. 1997）。つまり，地球全体の健康度を生物的観点から測るための最も基本的な指標といえる。その地球の vital sign（生命兆候）が，危機的状況にあるというのが，生物多様性問題である。生物多様性を支える地球上の生物種数は，現在約140万種（確認済み）～3,000万種以上（未確認，未発見のものを含む）といわれる一方で，生物種の絶滅率は，年間1万～2万5,000種という生命史上類を見ないスピードで進行している（R. A. Mittermeier. 2004）。

　このような生物多様性の劣化は，健康な生態系が生み出す様々な恵み（＝生態系サービス）の持続的な供給にも大きな影響を及ぼす。生態系サービスには，人間が生物として生存するのに必要とする栄養塩の循環や水資源の涵養，酸素の供給，気候の調整，食糧の供給，経済活動を支える木材，繊維，エネルギー源（薪），エコツーリズム対象等，人間の安全保障を提供する医薬品の原料，水資源の浄化，自然災害に対する防災機能等，そして人間の精神性や価値観，宗教・倫理，色彩等の美意識，自然による癒し効果等の文化サービスがある（Millennium Ecosytem Assessment 2007）。

　先進国の人びと以上に生態系サービスに直接的に依存しているのが，多くの場合途上国の人びとであり，中でも農山漁村の貧困コミュニティは，その生計，

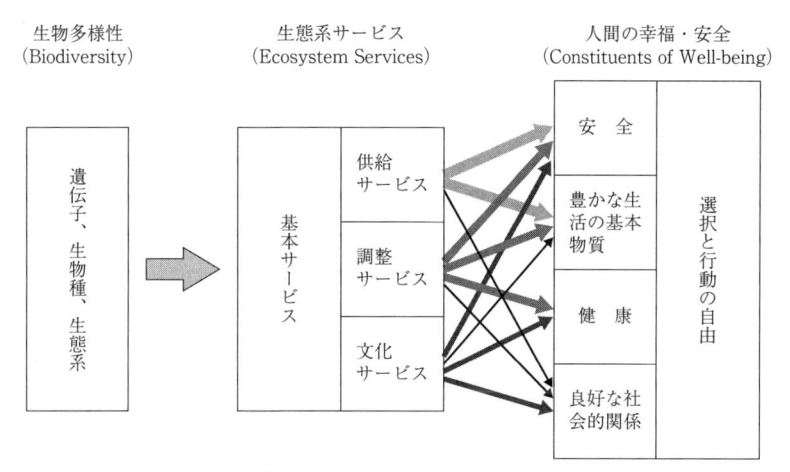

図5-3 生物多様性と生態系サービスが人間にもたらす恩恵
出所：ミレニアム生態系アセスメントより筆者作成。

生存，健康，生活を生態系サービスに直接的に依存しているケースが多い。

　世界の生物多様性ホットスポットには，約20億人が暮らすと言われているが，その少なくとも4分の1は，収入が1日1ドルに満たない絶対的貧困にある人たちである。また，別の研究では，森林生態系に直接的に依存する人びとは，世界に約20億人いるともいわれている。途上国地域の生物多様性ホットスポットの破壊が進めば，このような人びとの生活・生存は，今以上に脅かされることとなり，貧困は削減されるどころか，より進行してしまう可能性が高い。また，生態系サービスの重要性を考慮に入れない開発援助は，効率的・効果的でないばかりか，場合によっては生態系サービスの源泉である生物多様性を破壊し，持続可能な開発をかえって阻害することにもなりかねない。

　途上国の持続的な開発，そして貧困削減をマンデートとする世界銀行にとって，生物多様性の保全が重要なのは，上記の理由からなるのである。そして，生物多様性の保全に効率的，効果的に取り組むための戦略として，生物多様性ホットスポットを採用している CEPF への参加は，世界銀行のミッション達成に貢献するものなのである。

5　生物多様性保全を通じた貧困削減

　生物多様性喪失の最大の要因は，実は途上国における森林生態系等の農地への土地利用転換と生物資源（主に木材と漁業資源）の非持続的な利用であるといわれている。そのほとんどの場合は，貧困層が自らの食糧や生計を得るために行っている第一次産業が，長期的には自らを苦しめる構図になってしまっている。筆者は，これまでにも東南アジア，西アフリカ，マダガスカル，アンデス等において，食糧や薪を得ることを目的に森林伐採を進めた結果，地下水や河川流量の低下・枯渇，気候の不安定化（雨季，乾季の時期が不安定になる等），砂漠化，旱魃や洪水の頻発，土壌劣化・流出，漁業資源の枯渇，農産物収量の不安定化等の影響に見舞われたケースを多く見てきた。短期的な利益追求が，長期的な生活の安定を脅かすことになってしまっているのである。さらには，貧困コミュニティの経済的状況を逆手に取った，自然資源から短期的な利益獲得を目指す都市部や外国からの資本により，自然資源の搾取や地元コミュニティの自然資源へアクセスする権利を買い上げるような行為も多く見られる。このように，貧困コミュニティの多くにおいては，生態系サービスに直接的に依存しながらも，その非持続的な利用の結果，生物多様性の破壊を招き，さらに貧困に拍車をかける負の連鎖が起こってしまっているのである。

　一方で，逆に生物多様性の保全と持続的な利用を実現していくことが出来れば，長期的な人間の安全保障，生存，生活等の基盤を維持・改善することにつながり，ひいては貧困削減，ミレニアム開発目標（MDGs）の達成に貢献することになる。

　生物多様性の保全は，大きくは，以下の3つの側面から貧困削減，MDGsの達成に貢献する。

生計手段・収入機会の増加・多様化

　自然資源を含めた生態系サービスの持続的な管理には，地元コミュニティの参画が不可欠であるが，住民参加型の生態系サービスの持続的管理が達成され

れば，自然資源や自然資本への住民のアクセス向上，生態系サービスの保全による社会（コミュニティ）資本の向上，地元コミュニティのガバナンス能力の向上，そして人的資本の向上に寄与する。生態系サービスが持続的に維持されれば，生計や収入の機会や手段がそれだけ維持され多様化されることになる。また，バランスある自然資源へのアクセスを支援することにより，ジェンダー・エンパワーメントにも貢献できる。そのためには，地元コミュニティおよびその構成員，地方行政等による生物多様性および生態系サービスの保全の意義と価値を理解することが，自らの長期的な発展に不可欠である。

保健・衛生環境の改善

貧困コミュニティは，自らの健康・衛生環境を生態系サービスに直接的に依存しているケースが多い（きれいな水，食糧および栄養源，薬草等へのアクセス等）。このような地域においては，開発圧力から生態系を保全し，持続的に生態系サービスを享受できるような生態系保全・管理を行うことが，地域コミュニティの保健・衛生環境の向上に直結する。

脆弱性の緩和

貧困コミュニティほど，インフラや制度の整備の不足から，洪水，森林火災，台風，地滑り，津波，気候変動等の自然災害による甚大な影響を受ける可能性が高い。また，国際市況の乱高下や経済の不安定化，政治・社会不安等の社会的な不安定化に対しても，大きな影響を受ける危険性が高い。既に，森林伐採等が深刻な地域において地滑りや洪水，津波等による被害が甚大化する例は数多く報告されている。気候変動への適応を含めて，生態系の持続的な保全は，これらのコミュニティが生存し，生活していく力を高める。(CEPFが投資を行ったマダガスカルでは，CEPF投資地域・コミュニティにおいては2009年に発生した政変においても，食糧や水へのアクセス等地域の安定性は維持され，社会不安に乗じた自然資源の搾取等も最小限であったとの報告がある。)

第Ⅱ部　ともに活動する

6　CEPF ── 10年間の成果

　2000年の設立から10年を経過した2010年には，CEPF の活動について，第三者による評価も含めた振り返りが行われると同時に，10月に名古屋で開かれた生物多様性条約第10回締約国会議（COP10）に合わせて各パートナー機関や被助成団体の代表者が集い10周年を祝福するレセプションが名古屋市内で開催された。この場では，日本政府による CEPF 第2期への拠出決定も報告され，10年間の成果とともに今後への展望についても，各パートナーから期待が寄せられた。

　CEPF 公式ウェブサイト（www.cepf.net）によれば，CEPF 第1期10年の成果としては，以下のものがあげられている。
　数字からみた直接的成果
　・18の戦略的投資（エコシステム・プロファイル）が実施された。
　・51カ国で投資（資金援助）を実施。
　・1億2,400万ドル分の投資（支援）を実施。
　・1,592の CSO をサポート。
　・支援を受けた CSO による活動が2億6,100万ドルの資金を追加的に動員。
　地球の生物多様性保全のためには，年間100億ドルが必要とも言われる中で，10年間で1億2,400万ドルは，決して多いとはいえないかもしれないが，32カ国（GEF-3）が拠出する地球環境ファシリティ（GEF）をもってして生物多様性分野への拠出が18年間で総額約29億ドルであることを考えれば，CEPF がこの地球規模問題解決に果たした役割は小さくないといえる。

　また，特筆すべきは，約1,600もの CSO の活動をサポートしてきたことであり，またそれら CSO が CEPF からの助成金を基に倍近い額である2億6,100万ドルの保全資金を追加的に動員できたことは，CEPF が果たしてきた生物多様性分野への資金レバレッジ効果を表しているとともに，CSO の能力開発に寄与してきたことをうかがわせる成果といえるのではないだろうか。

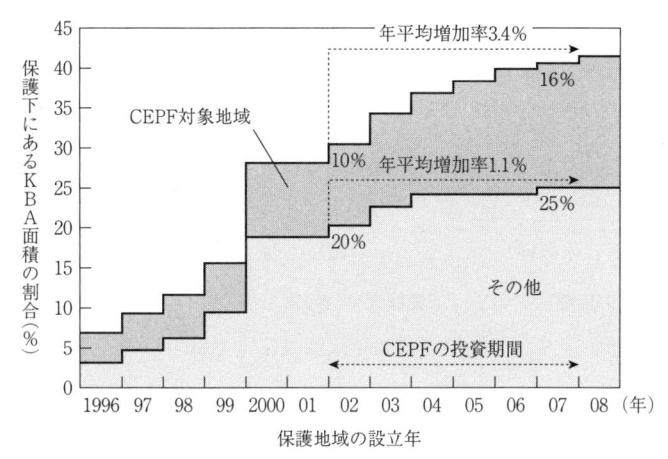

第5章　共同基金による自然環境保全

図5-4　CEPF投資による保護地域面積の拡大効果
出所：CEPF公式ウェブサイト（www.cepf.net）。

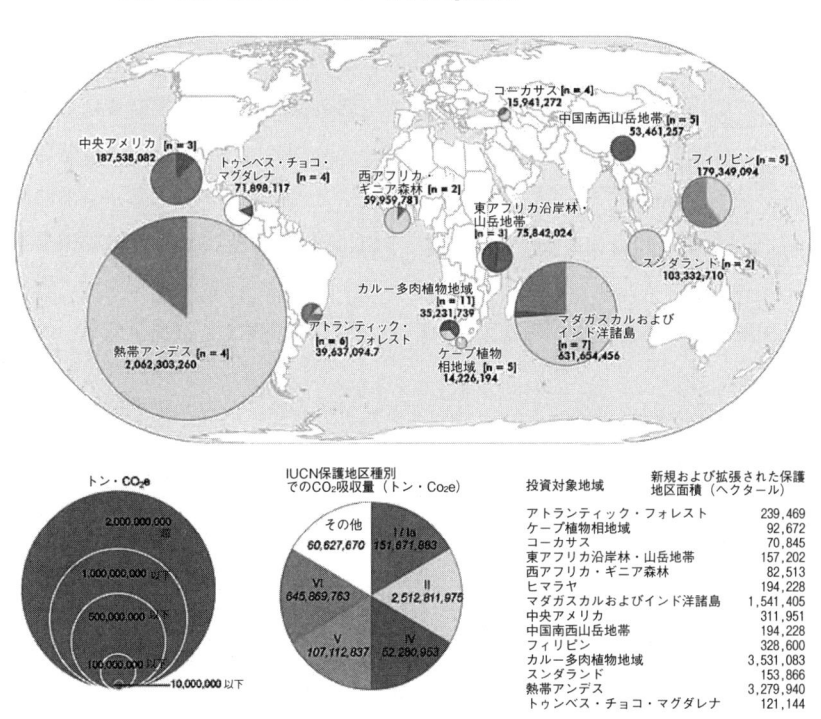

図5-5　CEPF投資の結果，吸収固定されたCO_2量および地域分布
出所：CEPF, 2010, 10 Years of CEPF Investment to Support the Convention on Biological Diversity 2010 Targets.

第Ⅱ部　ともに活動する

　また，CEPF公式ウェブサイト（www.cepf.net）によれば，CEPFの投資・支援を通じては，以下のようなインパクトをもたらしたとしている：

CEPFがもたらしたインパクト

- **生物多様性と人びとのための土地活用の改善**　新たに61カ所（うち11カ所は既存保護地域の拡大），1,000万ヘクタールの保護地域が設立され，2,100万ヘクタールにおいてその管理手法が大幅に改善された
- **開発決定の段階において，環境保全を主流化**　少なくとも25部門の政策において，生物多様性保全の観点で開発政策が策定された
- **市民社会のインパクトを集積**　支援された80以上のCSOのネットワークと，18の地域のうち13の地域では，保全コミュニティに大きな改善点がみられる

　CEPFがもたらしたインパクトとして，特に注目すべきは，草の根レベルでのCSOへの支援のみに留まらず，支援国における国や地方の政策策定プロセスにおいて，環境保全，特に生物多様性や生態系保全がその開発政策に取り込まれていったことであろう。環境問題（特に生物多様性保全を含む）は，個別に保全対策を採るだけでなく，社会や産業の中に主流化していくことが，最終的な解決への道であることから，このようにCEPFが開発政策への環境保全を主流化していくことにも貢献していることは，特筆すべき成果であり，これは途上国開発政策のみならず先進国においても学ぶべきモデルを提示しているといえよう。

　また，生物多様性保全においては，その最も直接的かつ効果的な手法のひとつが保護地域（Protected Area）の設立・運営といわれている（保護地域の設定や運営については，地元コミュニティの権利や参画確保等，過去に課題が指摘されなかったわけではなく，効果的な手法とするには注意すべき点や諸条件があるとされるが，それについてここでは割愛する）が，これまでは科学的に妥当なロケーションに保護地域が設立されてきた（すなわち，生物多様性保全に効果を発揮する場所での保護地域の設定）とは必ずしもいえない。しかしCEPFの投資が行われた地域では，CEPFの投資前と比べて，科学的妥当性のある地域（地球規模の生物多様性保全にとって重要な生態系である重要生態系地域（KBA: Key Biodiversity Area）への保

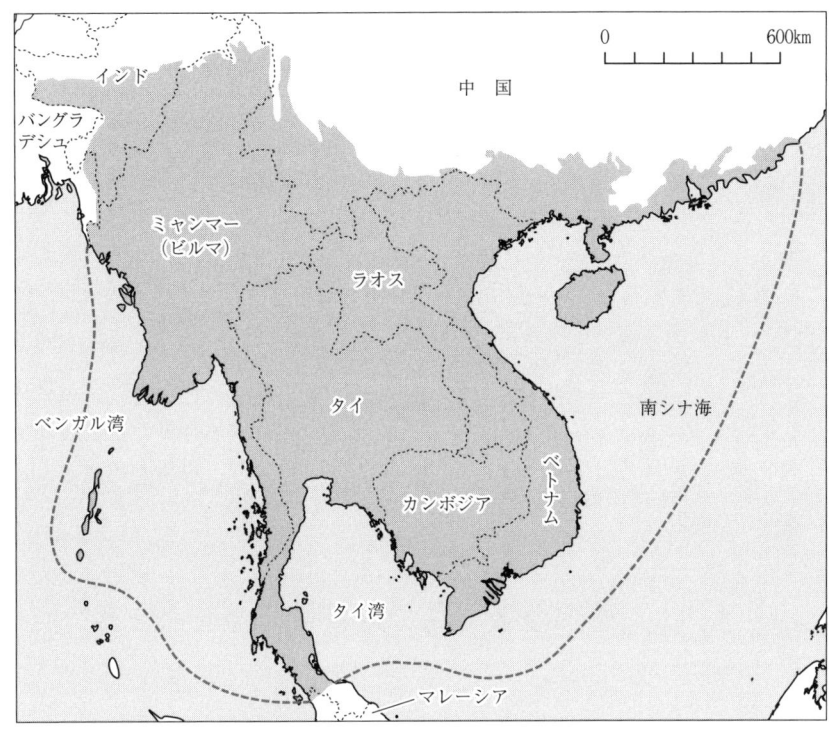

図 5-6 インドビルマ・ホットスポット
出所：コンサベーション・インターナショナル。

護地域の設定・拡大の傾向が強いことが明らかになっており，生物多様性保全にも，効果的なインパクトをもたらしているといえる（図5-4）。例えば，フィリピンでは，2002年から2007年の間，CEPFの投資が行われた地域でのKBAを含む保護地域の拡大は，CEPFの投資が行われなかった地域と比較して，3倍の大きさに広がった。

CEPFは，生物多様性の保全を第一義としつつ，地元コミュニティやCSOに投資することを目的としているが，CEPF10年間の成果として，気候変動の緩和（温室効果ガスの排出削減・吸収）にも貢献していることを最後に示しておきたい。

言うまでもなく，陸域生態系（特に森林）は，主な温室効果ガスのひとつで

ある二酸化炭素を吸収し，炭素として固定する機能を持つ。よって，森林を中心に陸域生態系を他の土地利用への転換（すなわち生態系の破壊）から保全することは，生態系の中に吸収固定された炭素が大気中に排出されることを防ぐこと，すなわち温室効果ガスの排出削減につながる。もちろん，CEPFによる生態系保全は，第一義的には地球の生物多様性の保全を目的としているものだが，先述のとおりCEPFは3,000万ha以上の新たな保護地域または既存保護地域の管理改善をもたらしている。これらの保護地域設立あるいは管理強化がなければ，これらの地域の生態系が失われる可能性が高いことを考えれば，CEPFの投資により，35億t-CO_2超の二酸化炭素の排出が削減（炭素放出の防止）されたともいえる（図5-5）。これは，人為的な活動に起因する世界の温室効果ガスの年間総排出量の約13％に相当する量であり，CEPFの気候変動の緩和への貢献は，大きい。

7　CEPFの保全投資の事例──インドビルマ・ホットスポット

ここで，CEPFの取り組みや成果をより具体的に見ていきたい。ここでは，ヴィエトナム，カンボジア，タイ，ミャンマー，ラオスのほぼ全域と，インド東部，中国南西部，マレーシア半島部の北端部の一部からなるインドビルマ・ホットスポットでの取り組みを紹介する。

インドビルマ・ホットスポットは，熱帯アジアの200万km^2超の面積を占め，世界的に注目される生物の宝庫である。過去わずか十数年の間に発見された大型哺乳類は6種（3種のホエジカ，ドゥクモンキーの一種，ウサギの一種，レイヨウの一種であるサオラ）にのぼり，固有種の淡水カメ類も数多く生息する。これらのほとんどが乱獲と生息域破壊により絶滅の危機に瀕している。また，鳥類相もきわめて多彩で，ハイナンミゾゴイ，ワキフチメドリ，サイゴンミヤマテッケイ等1,300種を数える。

この地域は，ミャンマー，ラオス，カンボジア等最貧国もあり，生物資源・生態系サービスに直接的に依存する貧困コミュニティが多い一方で，国によってCSOや海外NGOの活動の充実や自由度に大きな差がある等，社会的に多

様な地域でもある。

　CEPFは，2008年から2013年までの5年間で，総額950万ドルの保全投資（支援）を実施しており，投資（助成）採択件数は，1件当たり2万ドル以上の大規模事業が25件，同2万ドル以下の小規模事業が36件となっている。地域運営チームは，国際NGOバードライフの地域事務所が担っている。

　プロファイリング作業を経て策定されたエコシステム・プロファイルでは，特に①世界的に絶滅の危機に瀕している生物種の保全，②革新的で地元主導のサイトベースの保全プロジェクトの開発・実施，③生物多様性保全と経済開発の調和に賛同する現地パートナーの発掘・育成を戦略に掲げている。プロファイリングの結果，主にカンボジアを投資対象地域とすることが合意された。なお，ミャンマーは，世界銀行として当時拠出対象地域となっていなかったため，投資対象とはならなかったものの，国別プロファイルが，その後同国の生物多様性保全政策策定の骨格となった。

　現在，投資開始後4年目であり，まだ事業が実施されている段階ではあるが，既に以下に示すようなインパクトが，中間評価等から確認されている：
・草の根から国際レベルまで，CSOのネットワークの構築に大きな変化
・開発計画決定の策定において，生物多様性と地域コミュニティの声に大きな関心が注がれている
・現地の人びとが生物多様性保全プログラムに参加しやすくなるための，経済的インセンティブの計画が開発され，テストされた
・生物多様性保全活動に関わる地元CSOのキャパシティが大きく向上

　カンボジアで投資（助成）している事業の例としては，現地NGOの実施による絶滅が危惧される鳥類の保全事業があげられる。

　当該プロジェクトは，絶滅危惧種の最低個体数の確保，鳥の巣の保護を実施する地元コミュニティに対する直接的な資金援助（生態系への直接的支払いのパイロットケース），自然環境に配慮した米作支援（技術支援，財政支援およびマーケティング支援），エコツーリズムの開発，現地NGOやコミュニティの組織運営

能力・技術能力の支援を行っている。(CEPF (2011) グローバルフェスタジャパン2011での発表資料より引用)

8　CEPFに対する第三者評価結果

　CEPFでは，設立10周年を機に，10年間の成果や課題を振り返るべく，第三者評価を行っている。ここでは，第三者からみたCEPFの評価，その成果や課題についてみてみたい。なお，CEPFでは，この10周年評価以外にも，世界銀行やGEFの規定に則った第三者期中評価，事務局による内部プログラム評価，個別プロジェクト評価等，随時評価を実施しており，その結果は公式ウェブサイト上に公開されている。

　10周年第三者評価報告書では，主に以下の点について，CEPFの成果としている：

重要地域での活動

　CEPFが果たしてきた最も重要な貢献は，これまで政府や国際機関等から十分な手当てを受けてこなかった生物多様性上の重要な地域に投資をしてきたことである。これは，CEPFによる直接的な投資・保全成果のみならず，これらの地域がCEPFの投資無くしては，その後十分な援助を呼べなかったであろうことを考えると，その貢献は特筆すべきである。また，地球の8つの生物地理区のうちの5地区において投資していることは，CEPFのグローバルな指向を示している。

生物種保全および保護地域へのフォーカス

　CEPFが生物種の保全および保護地域にフォーカスしてきたことは，CEPFを過去10年間における世界の生物種保全のリーダーたらしめた。急速に変化する世界にあって，10年の間には，個体群や生息地の喪失，種の絶滅，生態系プロセスの破壊等が起こりうるが，CEPFの10年間にわたる種の保全と保護地域への取り組みは，「2010年までに生物多様性の損失速度を顕著に減少させる」

第5章　共同基金による自然環境保全

という生物多様性条約（CBD）の2010年目標に向けても，大きく貢献したといえる。

生態系サービスとそれを享受する地元の人びとへの便益

　CEPF単体で，地球規模での生物多様性保全に大きく貢献することは難しいといえるが，地球の生物多様性を支える1つ1つの生物種や生態系，そしてそれらと生活するローカルなコミュニティへの貢献は，評価されるべきである。

　特に，エコシステム・プロファイリングのプロセスと通じた地元コミュニティやステークホルダーとの建設的対話や関係構築の促進，そしてそれらの保全計画・活動への参画促進は，CEPFが現場から最も評価されている点である。

　CEPFが投資（助成）するプロジェクトの多くは，伝統的な資源管理手法も含め，地元コミュニティによる自然資本の管理能力を高めることによって，自然の回復能力の改善を促進する。このことにより，生態系サービスに直接的に依存する割合の高い地元コミュニティにおいては，水資源やその他の自然資源の持続的管理，破壊的な資源利用の回避，科学的調査，有効な土地利用計画，代替生計手段の創出や雇用の創出が促進され，人びとに直接的な便益をもたらしている。

生物多様性の保全・管理の強化

　CEPFが投資した18のホットスポットのうち，13ホットスポットにおいては，保全コミュニティ（NGOを含めたその地域の生物多様性保全に取り組む組織，人びと，業界からなるコミュニティ）の有効性が改善したと評価できる。一方で，この10年間にCEPFが投資を行わなかった16のホットスポットでは，2カ所を除き，保全コミュニティの有効性は，改善していない。もちろん，これがCEPFのみによる効果とはいえないが，一定の傾向を示しているといえるのではないか（図5-7）。

　このような成果は，繰り返しになるが，CEPFが採用する，エコシステム・プロファイリングの手法に拠るところが大きいのではないか。プロファイリングのプロセスを通して，政府，研究者，NGO，地元コミュニティを含む地域

第Ⅱ部　ともに活動する

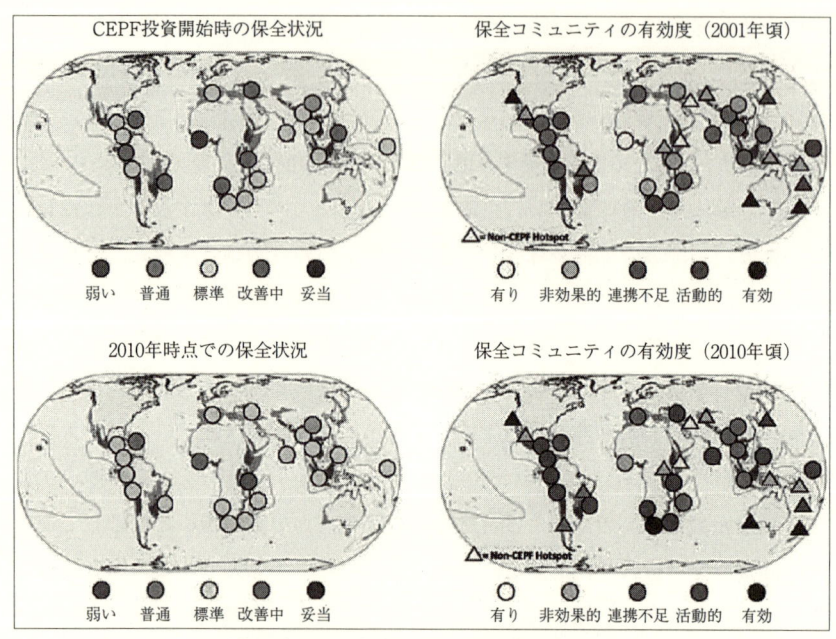

図 5-7　CEPF 投資による生物多様性保全効果
出所：Olson, David, 2010, A decade of conservation by the Critical Ecosystem Partnership Fund 2001-2010: An independent evaluation of CEPF's global impact.

の保全コミュニティが，保全投資活動に主体的に参画するこの手法が，地域の保全コミュニティの能力強化に大きく貢献しているといえる。

　また，CEPF の特徴として，環境保全の分野でリーダー的役割を示している 6 つの国や機関が，その運営に当たっていることもあげられよう。国際機関，政府，2 国間援助機関，民間財団，NGO からなる運営パートナーが，理事会および作業部会という簡素な運営機関を通して積極的に CEPF の運営に関与しており，これらが CEPF 内での各運営パートナー間の協調を維持しているのみならず，例えばコーカサス地方のエコシステム・プロファイルが，GTZ（ドイツ旧技術援助庁）や EU により活用される等，CEPF の外においても，ドナー間の援助協調の相乗効果を生み出している。

　10 周年第 3 者評価では，このように CEPF の成果を評価する一方で，より効果的な基金とすべく，以下の提言をしている。

- 保全効果をより確実にするため，各ホットスポットへの投資期間を 8 ～ 10 年間に延ばし，投資額を1,000～2,000万ドルに増額する
- エコシステム・プロファイルで明確化された保全ニーズの全て（特によりハイレベルな多目的な政策分野）への投資は，CEPF の投資期間（現状 5 年プラス 3 年）の間に成果を出すのは難しいことから，「現場」の CSO による活動の支援を継続すべき
- 現場レベルでのステークホルダー間の共通理解や相互信頼のより一層の促進
- KBA（重要生態系地域）とインフラや居住地区との関連性等，詳細な科学的データに基づく，対象地域の更なる優先度づけ
- エコシステム・プロファイリングにおける，より詳細な生態系の分析
- 他の地球規模課題に対象を広げることなく，生物多様性保全に特化する
- CEPF モデルを他のホットスポットにも広げることが，地球規模での生物多様性保全のために必要
- 熱帯乾燥林，サハラ砂漠地域，淡水生態系等，他の生態系タイプに対象を拡大

9　CEPF の今後の展開

　CEPF では，先述の10周年第 3 者評価の結果，そして理事会および作業部会を通した運営パートナーの意見を受け，2015年を目標とする 5 カ年計画の中で，今後展開していく上で，特に以下の点をキーポイントとしてあげている。
- 地球規模での生物多様性保全へのフォーカスの堅持
- 地元自治体および対象国政府の能力開発を通じた生物多様性保全の開発・土地利用政策・計画への主流化
- 効果的なモニタリングおよびナレッジ共有の推進
- エコシステム・プロファイリング・プロセスの堅持と強化
- 沿岸生態系を投資（支援）対象として検討する

また，これらをキーポイントとして実行していく結果，第 2 期（2008年以降）

第Ⅱ部　ともに活動する

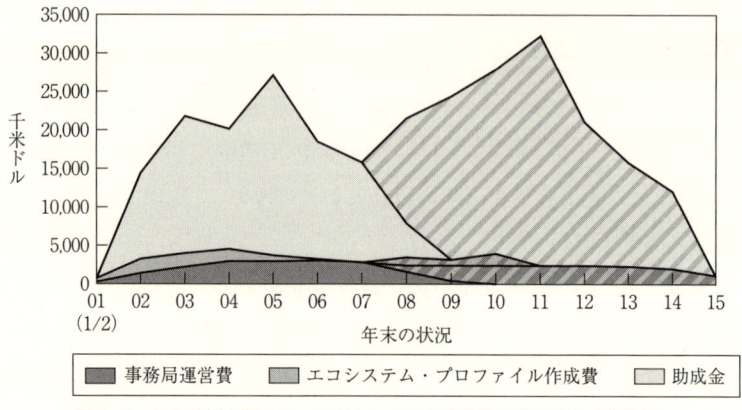

図5-8 CEPF第1期のファンディングおよび今後の増資計画（斜線部）
出所：CEPF公式ウェブサイト（www.cepf.net）より。

は，以下のような目標を設定している：

・新たに12のホットスポットでのCSOへの支援を通じた投資の実施
・CEPFの投資とエコシステム・プロファイリングによる戦略により，少なくとも600のCSO（NGOおよび民間企業を含む）が，新たに生物多様性保全活動に従事
・計2,000万haにのぼるKBA（重要生態系地域）での保全（800万haの新規保護地域の設立を含む）と管理強化
・計100万haにのぼる生産的な土地景観における生物多様性の保全と持続的な管理の促進

なお，これらの新たな戦略と目標を達成するため，第2期として総額1億5,000万ドルの供出をドナーから得るものとしており，既に世界銀行，コンサベーション・インターナショナル，日本政府からそれぞれ5年間で2,500万ドルの供出の表明を得ており，他の運営パートナーとも増資交渉中である。

CEPFが，真にグローバルに効果的な生物多様性保全基金として国際的に機能するためには，現状の運営パートナーだけにとらわれずに新たな運営パートナー（ドナー）の獲得も必要となる。

10　世界銀行の生物多様性分野への支援およびNGOとの連携の課題

　これまで，世界銀行が設立に深く関わり，運営にも直接関与するCEPFについて見てきた。先述のとおり，CEPFは地球の生物多様性保全とそれに伴う貧困削減や持続可能な開発，地元コミュニティの能力開発，さらには気候変動緩和等に，従来にない革新的なアプローチで貢献する基金であり，その設立と運営に深く関与してきた世界銀行にとってCEPFは，世界銀行が抱える課題への解決策のひとつを提示してきたと言っても過言ではない。特に，グローバル課題でありながらローカルできめの細かい対応が求められる生物多様性問題への対応，ローカルで組織力の弱いNGOを含むCSOへの直接的な財政支援（投資）の実施，運用プロセス上の素早い意思決定，支援（投資）戦略への市民セクターを含むステークホルダーのより一層の実質的な参画等，従来の世界銀行の組織やしくみ，取り組みでは難しかった分野について，第3者からも高い評価を得られる結果を提供してきた。このような基金に，立ち上げ段階から関わってきた世界銀行の見識は，評価に値するといえよう。

　今後の課題としては，CEPF設立が10年を超えてきたこともあり，運営の硬直化（特に世界銀行を含む運営パートナー内でのCEPFに関する意思決定の慣例化や事務手続き化）をいかに回避し，かつ変化しつづける地球の生物多様性の状況に対して順応的に対応できるかがあげられる。また，地球規模での効果を発揮し，そしてその効果を持続させていたくためにも，より多くのドナーが参画する形での運営パートナーの多様化と財政基盤の強化が必要である。このようなCEPFの長期的な課題について，国際開発上のオピニオンリーダー的ポジションにある世界銀行が果たしうるべき役割は小さくない。

　さらに，CEPFを離れたところで，地球規模の環境問題と貧困削減に取り組む国際NGOとしての観点から世界銀行に期待したい点としては，以下が挙げられる：

・世界銀行は，これまでに気候変動（カーボン市場の創造やグリーン気候ファンド，GEFを通じて）や生物多様性（GEFやCEPFを通じて）等の地球環境問

題において，先導的役割を果たしてきた。また，生態系サービスの価値化および会計 (WAVES: Wealth Accounting and Valuation of Ecosystem Services) や，Oceans Initiative および Global Partnership for Oceans を通じた海洋環境保全における先導的役割も果たしつつある。今後は，これらの課題における「旗振り役」だけに留まらず，自ら先導する課題解決へのパイロット的取り組みを，世界銀行のオペレーション全般に主流化していくことが期待される。(2011年には，従来の環境社会配慮セーフガードに加えて，"World Bank Group Palm Oil Engagement Strategy" を策定する等，地球環境分野の主流化を進めつつあるが，まだ環境負荷の大きい事業も少なくない)

・特に，自然資本の持続的管理等，事業の環境負荷回避・削減だけでなく，積極的に環境価値を生み出す事業ポートフォリオの確立が期待される。
・メンバー国とともに，WAVES での知見を基に，自然生態系およびそれらが生み出す生態系サービスをグローバルに，あるいは国家勘定において，経済価値化し組み込むことの積極的な推進
・世界銀行の政策立案や事業計画・実施におけるより一層の NGO セクターの参画

参考文献

外務省 (www.mofa.go.jp) (2012年4月)。

クリティカル・エコシステム・パートナーシップ・ファンド, 2010, クリティカル・エコシステム・パートナーシップ基金の10年。

クリティカル・エコシステム・パートナーシップ・ファンド, 2011, クリティカル・エコシステム・パートナーシップ基金：生物多様性地域における，市民社会保全活動支援10周年 (グローバルフェスタジャパン2011発表資料)。

クリティカル・エコシステム・パートナーシップ・ファンド (www.cepf.net) (2012年4月)。

㈶日本自然保護協会, 2008, 『生態学からみた自然保護地域とその多様性保全』講談社。

ミレニアム・エコシステム・アセスメント, 2007, 『生態系サービスと人類の将来』オーム社。

Conservation International (www.conservation.org)（2012年5月）.

Conservation International, 2010, 10 years of CEPF investment to support the Convention on Biological Diversity 2010 targets: A Special Report prepared for the Critical Ecosystem Partnership Fund.

Critical Ecosystem Partnership Fund, 2008, CEPF and Poverty Reduction: An Overview with Summary Statistics from 13 Regions.

Critical Ecosystem Partnership Fund, 2007, The 5-year vision, targets and strategy for our global program.

Olson, D., 2010, A decade of conservation by the Critical Ecosystem Partnership Fund 2001–2010: An independent evaluation of CEPF's global impact. Conservation Earth for the Critical Ecosystem.

Partnership Fund, Arlington, Virginia. 100 pages.

Secretariat of the Convention on Biological Diversity, The (www.cbd.int)（2012年4月）。

World Bank, The. (www.carbonfinance.org/)（2012年4月）。

Russell A. Mittermeier (1997) 旭硝子財団ブループラネット賞受賞記念講演。

Russell A. Mittermeier, et al. (2004) Hotspots Revisited.

第6章

思春期保健プロジェクト
──世界銀行の無償資金とビデオ制作──

吉留 桂・松本 悟

1 ジョイセフの活動と世界銀行資金の接点

NGOが応募できる世界銀行の無償資金

　世界銀行というと巨大な開発金融機関のイメージが強いため，NGOが実施する比較的小規模で現地のニーズに合わせて小回りが利く活動とは無縁という印象を持つかもしれない。また，「銀行」の業務は融資をして返済を求めることなので，そもそもNGOの活動資金源としてはリスクが高いように感じている人も少なくないだろう。

　しかし，実際にはNGOが応募可能で返済不要の無償資金プログラムを世界銀行は数多く持っている（表6-1）。教育から環境，社会開発まで分野は多岐に渡り，中には汚職をモニタリングする活動への資金助成もある（表6-1のNo.25）。また，助成規模も数十万円から数千万円まで様々である。

　国際協力NGOのジョイセフは，2007年に表6-1の「11. 人口とリプロダクティブ・ヘルス能力向上プログラム」(Population and Reproductive Health Capacity Building Program) の助成を受けて，スリランカとネパールでビデオ作品の制作を通した若者の政策提言能力強化の技術移転活動を実施した。もちろん，1年間の経験のみで，世界銀行のNGOへの助成制度全体を論じることはできない。しかし，巨大な開発金融機関というイメージが先行し，日本の開発協力NGOにとっては縁遠い存在である世界銀行の資金を使ってこんな活動をすることができたという一例を紹介することには意義があるだろう。本章の大部分は，ジョイセフが世界銀行の資金で行った活動の紹介ではあるが，それを

第Ⅱ部　ともに活動する

表6-1　市民社会組織も供与対象となっている世界銀行の無償資金

能力向上	
1．アフリカにおける能力向上プログラムのためのパートナーシップ（Partnership for Capacity Building Program in Africa）	サブサハラアフリカにおける土着の人的資本や組織の強化等

教　育	
2．少女の教育のためにプレストン基金（Preston Fund for Girls' Education）	小学校建設等による女子児童の教育向上

環　境	
3．ブラジルのパイロットプログラム──デモンストレーションプロジェクト（Brazilian Pilot Program — Demonstration Projects）	コミュニティの活動を通してブラジル・アマゾンやアトランティックフォレストにおける自然資源の持続可能な利用を進める中規模の森林事業
4．カスピ海地方適合小規模無償プログラム（Caspian Matched Small Grants Program）	カスピ海地方の緊急な環境問題を解決するための小規模な事業や試験的なプロジェクト
5．クリティカル・エコシステム・パートナーシップ基金（Critical Ecosystems Partnership Fund）	自然保護に対する包括的なアプローチをする戦略的な連携の形成、保護区の管理や生物多様性回廊の管理等。ただし、開発途上国の生物多様性ホットスポット内に限る
6．地球環境ファシリティ中規模プロジェクト（Global Environment Facility Medium-Sized Projects）	生物多様性、気候変動、国際水域、オゾン層破壊等に関する問題への取り組み
7．地球環境ファシリティ小規模プロジェクト（Global Environment Facility Small Grants Programme）	生物多様性の減少、気候変動、土地の劣化、国際水域の保全に関わる地域の問題への取り組み等
8．ナイル越境マイクロ無償プログラム（Nile Transboundary Microgrant Program）	越境環境問題への取り組み等
9．世界銀行／世界自然保護基金森林保全と持続的利用のための連携（World Bank/ World Wildlife Fund Alliance for Forest Conservation and Sustainable Use）	保護地域への資金投入機会を増やし森林管理を改善する小規模な活動

保健・栄養・人口	
10．糸状虫症制御のためのアフリカプログラム（African Program for Onchocerciasis Control）	サブサハラアフリカの19カ国で糸状虫症の制御
11．人口とリプロダクティブ・ヘルス能力向上プログラム（Population and Reproductive Health Capacity Building Program）	人口問題、リプロダクティブ・ヘルス等の分野で活動する草の根NGOの能力向上

情報技術（IT）	
12．インフォ・デヴ（infoDev）	情報・コミュニケーション技術の経済社会発展のための活用

小規模融資、収入向上	
13．最貧困層支援のための諮問委員会（Consultative Group to Assist the Poorest: CGAP）	貧困層への小規模融資の提供と能力向上
14．草の根ビジネスイニシアティブ強化（Strengthening Grassroots Business Initiative）	貧困層や周縁化された人々の持続可能な収入機会につながるビジネスの支援

マルチセクター	
15. 開発無償ファシリティ (Development Grant Facility)	通常の国別業務では適切に支援できない地球規模のプログラムやパートナーシップ
16. 開発マーケットプレイス (Development Marketplace)	貧困削減や開発に対する創造的な解決策の支援（地球規模，国・地域レベル）
17. 日本社会開発基金 (Japan Social Development Fund: JSDF)	貧困層対象のサービス改善を直接支援，社会的なセーフティーネットの活性化等
18. パレスチナNGOプロジェクトⅡ (Palestinian NGO Project II)	ヨルダン川西岸とガザ地区の貧困や周縁化による問題の解決
社会開発	
19. ポスト紛争基金（Post-Conflict Fund）	紛争に対して脆弱な国における，復興や紛争予防活動の計画や分析
20. 市民社会基金（Civil Society Fund），旧小規模無償プログラム（Small Grants Program）	市民の関与を高めること主たる目的としている市民社会組織の活動支援
21. 先住民族のための無償ファシリティ (Grants Facility for Indigenous Peoples)	先住民族自身によって計画・実施される持続可能で文化的に適正な開発の支援
その他	
22. 都市連携（Cities Alliance）	貧困層と地方行政が共同で活動している都市におけるスラムの改善等都市貧困問題対策
23. ガバナンス知識共有プログラム (Governance Knowledge Sharing Program)	海外からの技術援助をより効果的なガバナンス改革につなげられるような能力向上事業
24. 貧困削減戦略信託基金 (Poverty Reduction Strategy Trust Fund)	貧困削減戦略の策定や実施を強化する活動の支援
25. 透明性のためのパートナーシップ基金 (The Partnership for Transparency Fund)	国レベルで反汚職・グッドガバナンスプロジェクトに関わる市民社会の関与を支援

出所：世界銀行のホームページをもとに筆者作成。

通してNGO活動へのドナーとしての世界銀行について考えてみたい。

リプロダクティブ・ヘルスのためのジョイセフの活動

　ジョイセフは，戦後の日本が実践してきた家族計画・母子保健の分野での経験やノウハウを開発途上国に移転して欲しいという国際的な要望を受け，1968年日本で生まれた国際協力NGOである。2011年9月にそれまでの「財団法人家族計画国際協力財団」から「公益財団法人ジョイセフ」に名称を変更した（ジョイセフ 2011）。

　開発途上国では，妊娠や出産が原因で多くの女性が命を落としている。また，女性は妊娠や出産について自分で決められないことが多く，望まない妊娠や立

て続けの出産は，女性の身体に大きな負担となっている。このことは女性の命や健康に関わる問題というだけでなく貧困から抜け出せない一因と考えることもできる。こうした状況を改善し，途上国の妊産婦と女性の命と健康を守ろうと，約45年前にジョイセフは設立されたのである。具体的な活動としては，国連，国際機関，現地 NGO や地域住民と連携して，保健分野の人材養成，プロジェクトを通じた生活向上等の支援，アドボカシー（政策提言）を行っている。また，2011年3月11日の東日本大震災以降は，被災地の妊産婦や女性の支援活動も実施している。

　ところで，こうしたジョイセフの活動を紹介する際に，しばしば使うことばが「リプロダクティブ・ヘルス」である。リプロダクティブ・ヘルスとは，人間の生殖システム，およびその機能と活動過程のすべての側面において，単に疾病や障害がないというばかりでなく，身体的，精神的，社会的に完全に良好な状態にあることを指している。したがって，リプロダクティブ・ヘルスは，人々が安全で満ち足りた性生活を営むことができ，生殖能力をもち，子どもを産むか産まないか，いつ産むか，何人産むかを決める自由をもつことを意味している。そこでは当然「権利」が重要視されるので，「リプロダクティブ・ヘルス／ライツ」と呼ばれる。

　世界中の女性たちが安全に産み，育てられる環境を実現すること，そしてどこの国でも，女性が望まない妊娠を防ぎ，いつ，何人産むか，産まないかを選択できるようにすること＝リプロダクティブ・ヘルス／ライツは，国際的な重要課題の1つである。開発分野における国際社会共通の目標として，2000年9月にニューヨークで開催された国連ミレニアム・サミットで合意された「ミレニアム開発目標」でも，2015年までに妊産婦の死亡率を1990年の水準の4分の1に削減すること，また世界中の人びとが広くリプロダクティブ・ヘルスのサービスを享受できる社会を実現することが目標になっている。

ジョイセフの活動の3つの柱

　リプロダクティブ・ヘルス／ライツの理念に基づいて，どこに住んでいる人も安心して安全な妊娠，出産ができるように，すべての妊娠が望まれた妊娠で

あるように，そして妊娠や出産で命を落とす女性たちが1人でも減るように，ジョイセフは，「人を育てる支援」「物の寄贈による支援」「アドボカシー（政策提言）」を3つの柱に支援活動を実施してきている。

「人を育てる支援」とは，途上国の女性のサポートを強化するために，政府やNGOの保健医療従事者や，村のコミュニティで保健活動を行うボランティア等に対して研修や技術支援を行う活動である。本章で紹介する世界銀行の資金を活用したネパールとスリランカでのプロジェクトはその一例である。2つ目の「物の寄贈による支援」は，政府や村のコミュニティと協同でクリニック等の施設改善，清潔な分娩台や分娩の際に必要な消毒液やゴム手袋等の基礎的な医療機器を提供する活動である。3つ目の「アドボカシー（政策提言）」は，日本を含む世界の保健分野の国際協力政策においてリプロダクティブ・ヘルス向上のための取り組みが強化されるように，日本の国会議員，省庁，マスメディアに対して途上国の女性が置かれた現状を伝え，保健政策に関する提言をするという活動である。これら3つを柱に，30人あまりのスタッフが，ガーナ，ザンビア，ミャンマー，東ティモール，アフガニスタン等の国々で年間約5億円規模の活動を行っている（ジョイセフ 2011）。

開発のためのコミュニケーション

「人を育てる支援」の1つとしてジョイセフが力を入れ，世界銀行の小規模な無償資金を活用しているのが開発コミュニケーション（Communication for Development: C4D）の分野である。2008年に，開発コミュニケーションの専門家グループとして，J_CEU（コミュニケーション・エキスパート・ユニット）を立ち上げ，世界各国でBCC（Behavior Change Communication; 行動変容のためのコミュニケーション）に関する技術移転を行っている。具体的には，開発コミュニケーション技術を研究開発し，その技術を国レベルにおける開発プログラムに適用させ，その中で生み出された教材やツールを配給するというものである。

ジョイセフが世界銀行の「人口とリプロダクティブ・ヘルス能力向上プログラム」の助成を最初に受けた時点では，J_CEUはまだ設置されていなかった。しかし，開発途上国の開発事業を支援する海外プロジェクトグループと，情報

コミュニケーション技術（ICT）や技術移転によって国際協力プロジェクトを支援するメディア・コミュニケーションズが同様の目的で開発コミュニケーションの活動を実施していた（ジョイセフ 2007）。一例を挙げると，思春期の年代の若者の性に関する課題について，若者のニーズを伝え，問題解決に向けて大人に働きかけるための政策提言活動をサポートするプロジェクトをアジア地域で実施した。その中で，静止画のデジタルカメラとボイスレコーダーを使って若者自身が地元の若者の声を集め，発信するという活動があった。アジアの4つの国で，ジョイセフがユース組織の代表にデジタルカメラを使った映像による表現方法やインタビューの方法を研修し，参加した若者たちが自分たちの地域や村で若者の性に関する問題について声を集めてくるというものである。全部で120人分の声が集まり，それを政策決定者に渡す卓上カードセット，ポスター，ビデオクリップというツールに落とし込み，若者の声として紹介したことがある。

　世界銀行の資金を得ようとしたのは，開発コミュニケーション技術を応用して現場の活動を強化していくための国内外のドナーを開拓している中で，世界銀行に勤めている知人からNGOに出しやすい資金源があるという情報を聞いたのが応募のきっかけである。NGOが獲得できる世界銀行の無償資金の全体像はあまりよく知られていない。日本政府が直接世界銀行の資金を提供した日本社会開発基金（JSDF，表6-1のNo.17）に比べれば情報が圧倒的に少ないのが現状である。コミュニケーションが人間開発にとって重要であり，そのプロセスは人々のエンパワーメントの実践に欠かせないという考え方は世界銀行を初めとする国際機関には広く認知されており，Communication for Development（C4D; 開発のためのコミュニケーション）と呼ばれている。その意味でも，ジョイセフの開発コミュニケーション活動のドナーとして世界銀行は自然に受け入れられるものだった。

2 人口とリプロダクティブ・ヘルス能力向上プログラム

ジョイセフの狙い

　世界銀行の「人口とリプロダクティブ・ヘルス能力向上プログラム」に応募するにあたって，技術開発のポイントを若者の政策提言能力の向上に置いた。10歳から19歳の思春期の若者の3分の2が開発途上国に暮らしており，次世代の若者の支援は将来の貧困削減に大きく貢献するという考え方は世界銀行の『世界開発報告2007』にも明確に現れていた。

　ジョイセフでは，若者を「情報の受け手」としてだけでなく「情報の送り手」として捉え，そのために必要な技術移転をアジア，ラテンアメリカ，アフリカ地域で実践してきた。具体的には，デジタルカメラやボイスレコーダー等のデジタル機器を活用した技術の習得を通して，若者自身が開発課題に直面する当事者としての声を政策やプログラムに反映できるよう政策提言能力を高めるというものである。

　活動地の選択では世界銀行の重点地域が考慮された。南アジアは世界銀行にとって優先度の高い地域だったことから，この活動地としては南アジアから選ぶこととした。その中で，ジョイセフがこれまでの活動を通して現地のカウンターパートである家族計画協会との関係ができていること，開発コミュニケーションという点で先進的な国とあまり盛んでない国ということから，スリランカとネパールを事業対象国にした。2007年，世界銀行のこのプログラムに初めて申請した年に，10万ドルの助成を受けることができたのである。

世界銀行の無償資金プログラム

　ジョイセフが活用した世界銀行の「人口・リプロダクティブ・ヘルス能力向上プログラム」は，この分野での地域レベルの革新的な活動を支援するという無償資金である。具体的には，リプロダクティブ・ヘルスのニーズに応えようとする地域のコミュニティやグループの支援，試行的な新たなアプローチの実践，効率的な計画のための小規模なオペレーションズ・リサーチ，関連する資

料の現地言語での発信，地域レベルでの組織的能力やネットワークの形成，主要な国際会議や事業にコミュニティに根付いた組織が参加できるような活動等が挙げられている。助成額は年間5万ドルから10万ドルで，助成期間は1年間である。

募集要項によれば，申請できるのは次のような活動を行っている組織である。
・妊産婦の死亡率や罹病率の減少
・家族計画へのアクセスと選択の増加
・リプロダクティブ・ヘルスの配慮や青少年向けサービスの推進
・人口およびリプロダクティブ・ヘルスに関連したジェンダーに帰する暴力への関心
・ジェンダーの公正，参加，包摂の推進

選考は2段階に分かれ，まずは3ページ程度の団体・事業概要書（コンセプト・ノート）を提出し，それに対する審査を通過した団体が正式に申請することができるという仕組みになっている。コンセプト・ノートの段階で確認される審査基準は次の点である。
・少なくともこのプログラムや世界銀行のリプロダクティブ・ヘルス行動計画の目的の1つに貢献すること
・ローカル，国，国際レベルでの能力向上に貢献する一方で，開発分野でカギとなる主体との協力関係の推進と強化につながること
・革新的で，しっかりとした事業設計に基づき，重要な付加的価値があること
・結果の達成に焦点を当てなければならず，その達成目標は簡潔かつ測定可能であり，利用可能なリソースや1年という期間をふまえて現実的なものであること
・事後のモニタリングや評価は応募団体が達成したいと考えている結果とつながっていること
・予算には最低限の運営コストを含められるが，世界銀行への助成要請額の7パーセントを超えないこと
・このプログラムから資金助成を受けたことがある場合は，今後このプログ

ラムに依存しなくなるような明確な戦略を立てること

これらの審査基準をパスした事業は本申請を行い，最終的には審査委員会によって助成対象事業が決定されることになっている。ちなみに，2012年は世界中で11団体が助成を受けた。

申請書は世界銀行が指定したフォーマットを使って作成する。募集案内が出てから2週間でコンセプト・ノートをメールで提出する。コンセプト・ノートは，組織概要・事業概要・予算書からなる。事業内容については，1ページの中に，タイトル・目標/目的・実施場所および対象・期待される成果・付加価値・革新性および協働性・現地の能力強化・持続性について，簡潔にまとめることが求められる。コンセプト・ノートから本申請に進む場合には，審査員からの改善ポイントが示され，そのポイントを反映した上で，やはり世界銀行指定のフォーマットに沿って申請書を作成する。本申請では具体的な活動計画の記載が加わり，実施計画書およびログフレーム（Logical Framework Fork），詳細予算書を合わせて提出する。簡潔でロジカルに内容を構築し英文で表現するスキルが求められる。

3　映像制作を通した若者の政策提言能力の強化

ビデオ作品制作と政策提言

2007年に世界銀行の助成を受けてジョイセフが実施したのは，家庭用ビデオカメラを使ったビデオ作品制作を通じた若者の政策提言能力強化の技術移転である。場所はネパールとスリランカの2カ国。技術移転の対象としたのは，思春期保健ボランティア活動をしている18歳から25歳の若者5名ずつである。

台本作りの技術と撮影技術を学んだあと，それぞれの国の思春期に関する問題を取り上げた短編のビデオ作品を制作した。次節からは，このような活動が若者の政策提言活動能力の向上とどのように関係し，思春期保健の推進という本来の事業の目的につながっていくのかという観点から具体的な活動を紹介する。同時に，世界銀行の助成を使ってこのような活動を行うことが可能であるという一例を示したい。

視点を明確にすることの重要性

「人差し指と親指を組み合わせて四角をまず作ってみよう。これが君たちのカメラだ。さあ，君たちはこの研修室のどこを切り取るかい？」

脚本家で写真家のJ_CEUチーフの吉野が，研修生の若者たちに最初に教えたのがこの「フレーミング技術」である。4本の指で囲われたフレームの中に入れるもの，または入れないものは何なのか。フレーミング技術は，何かを表現するときに「枠組み＝視点」を持つことの重要性を教える。自分が伝えたいものの枠組みを決めるための最も基本的かつ重要な技術である（図6-1）。

フレーミング技術の最初の応用は，政策提言用ビデオ作品の制作概要書作りだった。制作しようと考えたビデオ作品の目的，対象，制作ツールの詳細，メッセージ，活動，制作スケジュールを，研修生の若者たちが実際に行っている活動と結びつけながら作成していった。最初に作られた制作概要書には，複数の目的や対象，メッセージが混ざっていた。

「目的やターゲットが曖昧だと，曖昧な作品ができあがって，結局何が言いたいのかわからない作品になってしまう。フレーミング技術をここで使うんだよ。誰に何を伝えたいのか，フレームを切ってごらん」

吉野の助言を受け，研修生たちは徐々に焦点を絞っていった。

研修に参加した若者たちがそれぞれの国で通常行っている活動は，同年代の若者に対する性についての教育活動である。所属する団体による研修や教材等を通じて得た知識や情報を同年代の若者に伝えるのが主な役割である。

その一方で，こうした「ピア・エデュケーター」（仲間内教育者）である若者たちは，同年代の人たちが直面している問題やニーズをくみ上げ，そのニーズが政策やプログラムに反映されるよう，影響力のある大人に伝えていく役割も果たせる立場にいる。この「もう一つの役割」に気づいたとき，若者の目の色が変わる。これまで自分たちが関わってきている活動の意味や，若者の状況を社会全体の中で客観的に見る視点を得るからである。

しかし，研修に参加したほとんどの若者は，思春期保健に関する法律や条令，プログラム，予算に関して，若者のニーズを提言するという経験がなかった。政策決定者向けのメッセージとして何を伝えるべきかについて考えるのは初め

第❻章　思春期保健プロジェクト

ての経験だった。この経験は，自分たちが取り組む課題や活動の意義，自分たちの果たしている役割を改めて一歩引いて考える機会にもなったようだ。

　国ごとにビデオ制作の目的を議論した。ネパールからの参加者たちは，「あらゆる機会に，若者

図6-1　フレーミング

が思春期保健に関する情報を入手可能になるように政策決定者の認識を上げる」ことを目的に，ドラマ形式のビデオ作品を制作することにした。一方，スリランカの参加者たちは，「すべての思春期の若者がプライバシーを尊重された状況で，リプロダクティブ・ヘルスに関する情報とサービスにアクセスする権利を持つことについて，政策決定者の認識を上げる」ことを目的に掲げ，ドキュメンタリー形式のビデオ作品を作ることにしたのである。

アイディアを作品につなげる

　全体の方向性が固まったところで，台本作りに入る。最初に「素材探し」を行った。各自1ページ分のストーリーを書き，全員で回し読みし，制作概要書の趣旨に最も沿った作品を1つ選ぶ。これが台本の土台となる。次に台本作りに必要な「文法」を学ぶ。「文法」とは，ビデオ作品制作に関わる全ての人が共通理解を持つために必要な構造，記号，標記方法等である。

　研修生の若者たちの台本をもとに，ジョイセフの専門家がそれを撮影台本に発展させた。そこには，登場人物，背景，小道具，空間・時間的情報が盛り込まれる。参加者たちは，プロの手によって作られた撮影台本を検討し，内容的に必要な修正を行い最終原稿に仕上げていった。

　次は文字で表現されているものを映像化するための作業である。まずは絵コ

第Ⅱ部　ともに活動する

図6-2　研修の様子

ンテ作り。絵コンテとは，1つのカットで表現されるものがどのような構図，大きさで，どのような動きをとるのかを説明するイラストである。スリランカのチームは「危険な性行動をとる若者」をどうやって映像として表現するかで頭をひねっていた。1つの映像で端的に伝えるには具体的な場面が必要だ。「スリランカの若者たちは，どんな場所でセックスをすることが多いのか」と問うと，「モーテル」という答えが返ってきた。そこから，「部屋番号にフォーカスしたホテルのドア」「半分開いたドアから見える整えられたベッド」「シーツが乱れたベッド」の3つのカットで表現する案が出てきた。

　このように絵コンテ作りは，イメージやメッセージを端的に伝える技術を若者に与える。自分たちが問題だと考える「思春期問題」が何なのか。その問題が明確になれば，その問題解決策もまた具体的になり，政策決定者に何をして欲しいのか，より具体的な提案をすることができるようになる。

撮影を通じて養う社会技術

　絵コンテができたら，次はビデオカメラでの撮影練習に入る。撮影には，ディレクター，アシスタント・ディレクター，撮影者，撮影者補助，小道具係，音声等様々な役割の人が必要である。

　まずはチームごとに役割分担をした。撮影場所，カメラの位置，役者の立ち位置，役者の動き，必要な小道具等，その場で決めなくてはならないことがたくさんある。台本と絵コンテを見ながら，あれやこれやと次々に指示を出さなければならない。リーダーシップ，判断力，そしてチームワークが養われる作

第6章　思春期保健プロジェクト

業でもある。

　自分たちで考えてもらうため，研修生たちにはまず撮影に必要な動きをしてもらった。問題が生じると，「はい，カット！」とジョイセフの専門家が合図し，その動きを止めて，どこがよくないのか，どうすればよくなるのか，実践的に指導

図6-3　撮影の実習

していった。研修のあとは自分たちだけで撮影するので，できるだけたくさんの技術を吸収しようと参加者も真剣。わずか1シーンを撮るのに，3時間があっという間に過ぎた。

　次に撮影のためのスケジュールを組む。コールシートと呼ばれる用紙に，シーンごとに場所，日時，スタッフ，役者，小道具等必要な情報を記入していく。これを撮影場所ごとに並び替え，日程を組んでいく。撮影場所が多いと時間も資金もふくらむことに気づき，撮影場所を変更する等，活動全体を見すえた管理能力の強化にも役立つ。

研修から実践へ

　2回の研修が終わり，ネパールとスリランカでは各国で撮影チームを組み，本番の撮影が始まった。撮影に必要な調整や交渉は若者自身が担う。ネパールのチームは仲間の中から役者のボランティアを募り，30名くらいの大所帯での撮影となった。スリランカのチームは県知事と高校の校長へのインタビュー撮影に成功した。知事と校長はそれぞれの立場から，若者の性に関する問題や必要な取り組みについて語ってくれた。

　ビデオ作品の制作段階でのこうしたやり取りを通じて，若者たちは影響力のある大人と接点を持ち，若者の性に関するニーズを伝え，大人から協力を引き

第Ⅱ部　ともに活動する

① 『スンタリの声〜首相への手紙』（ネパール、6分12秒）
　16歳の少女スンタリは、両親と2歳年上の姉と農村の小さな家に暮らす。学校は途中でやめてしまったが、責任感の強いしっかりした少女である。ある日、妊娠中の姉が腹部の痛みを訴える。伝統的産婆に来てもらおうとする両親に対し、スンタリは、
「保健センターの人に診てもらわないとだめよ。若者センターでそう習ったわ」
と主張する。親に対して意見するスンタリをしかりつける両親。そこでスンタリは自ら保健センターに走り、専門的な技能を持つ保健センターのスタッフを連れてくる。
　残念ながら、お腹の赤ちゃんの命は救えなかったが、スンタリの姉は寸でのところで命を救われる。
「もしスンタリがあのときに助けを求めなかったら、お姉さんの命も危なかった」
と語る保健センターのスタッフに、両親はスンタリの意見にも耳を傾けるべきだったと後悔する。
　その後スンタリは、近所の若者センターで行われている思春期保健活動にボランティアとして参加することを両親から許可される。そして、ネパールの首相宛に手紙を出す。ネパールの若者のために、あなたの力を貸して欲しい、と。

② 『私たちの声』（スリランカ、7分12秒）

> 1人の少女のモノローグ。
> 「学校へ通う人を見ていると，自分の学校に行っていた頃を思い出す。あの頃は私だってキラキラしていた。でも，今は学校をやめて家事をしている。妊娠してしまったから。望んでいたこととは違う。誰か相談できる人，正しい答えを出してくれる人が欲しい」。
> 　望まない妊娠，性感染症。若者たちのリスクのある行動は，深刻な結果をもたらす。若者の性に関する問題を解決するために，大人は何ができるだろう。インタビューを受けたある県知事や高校の校長は，次のように大人の役割を述べる。
> 　・若者たちが悩みを相談できる拠点を増やす
> 　・若者たちの行動を受け入れ，理解しようとする
> 　・性について正しい情報を得られる機会を増やす
> 　・若者の性に取り組む大人たちの質と数の向上に努める
> 　・若者のニーズを反映した政策を作る
> 　・学校のカリキュラムに性教育を入れる
> 　若者の状況を受け入れ，若者の声に耳を傾けること，そして若者への投資の重要性を作品は訴える。

図6-4　世界銀行の助成を活用して制作したビデオ作品

出すという政策提言のプロセスに既に入り込んでいるのである。現地の業者に編集作業を協力してもらい，最終的な作品が完成した。学生生活のかたわらの作業だったため途中に試験等もあった。そうした中で，チーム内で役割分担をしながら，協力して制作作業を進めた結果である（ネパールとスリランカの若者が制作した作品の概要は図6-4を参照）。

　ビデオ作品の完成後，ネパールとスリランカの若者たちは，作品を活用した政策提言活動に発展させた。ネパールでは首都のカトマンズで政府や国際機関・NGOの代表を招いた会議に加え，村長や学校の先生，親等を対象にした会合が各地で開かれた。若者の手によるビデオ作品の上映および思春期保健の課題に関する討議が行われ，延べで1,200名以上の人たちと話し合う場を持つことができた。

　一方スリランカでは，県レベルの会合等が4カ所で開催され，約230人が参加した。このような活動を通じて，より多くの大人が若者の性に関する問題を認識し，その状況改善のために若者が何を必要としているのかを伝えることができた。

第Ⅱ部　ともに活動する

プロジェクトの広がり

　世界銀行の助成を受けたプロジェクトは1年で終了したが，スリランカではその後も広がりを見せている。ジョイセフの現地パートナー団体の家族計画協会は，若者によるビデオ作品の制作活動の意義を認識し，自ら新たなプロジェクトを立ち上げたのである。

　国際家族計画連盟（IPPF）に提案して資金を獲得し，若者が携帯電話のカメラを使って映画を制作する活動を始めた。制作した映画はコンペにかけられ，審査を通った制作者はプロを講師とした20日間の制作技術研修の機会を与えられるというものである。

　こうした若者たちは，スリランカ各地で映像チームを立ち上げて若者の性をテーマにした短編の動画を制作し，YouTubeを通じて携帯電話から観られるようにする活動を展開している。その一環として，ジョイセフの専門家もフォローアップの講習会の講師として招聘された。講習会の参加者は地域の若者たち25人ほどで，この活動がスリランカのNGOによって広げられていることを実感している。

4　世界銀行の無償資金とNGO活動

　本事業の活動報告については，開始から半年経過時，1年終了時，それに全てが精算された最終段階の3回提出する必要があり，活動報告書および会計報告書を作成し，提出を行った。また，会計監査報告書の提出が求められた。それ以外には助成期間中に世界銀行側からのコンタクトはほとんどなかった。積極的な意味でも消極的な意味でも，世界銀行からのプレッシャーは一切なかった。プロジェクトを一緒に実施するというわけではなく，どちらかというと革新的なアイディアを買ってくれるタイプの助成だという認識である。また，事務作業という点では，計画とのずれも1，2カ月の違いは問題にされない。領収書は必要があれば提出しなければならないので保管が必要だが，提出を求められることは無かった。

　この無償資金の良いところは，とにかく自分たちがこういうことが必要だと

思ったことを提案して，それを評価してもらえれば年間10万ドルの資金を供与してくれるという点である。言い換えれば，現地のニーズに即したもの，新しいことをチャレンジする場合に非常に有効だと考える。1年間の助成プログラムなのでさほど大きなことはできないが，何か新しいことを試すには大いに助けになる

　実際ジョイセフは翌年に同じようなコンセプトで国を拡大して同じ助成プログラムに申請したら落とされた。似たようなプロジェクトを別の国に広げて実施することを念頭に置いた助成プログラムではないということである。尚，このスキームは毎年多少の方針変更がある。現在は海外渡航費は対象とならない方針が打ち出されている。ジョイセフのように日本を拠点にしていて，現地への渡航が必要な団体の場合には，自己負担で実施することが必要になる。

　恐らくNGOが応募できる世界銀行の助成プログラムはそれぞれに狙いや特色があるに違いない。例えば，ジョイセフは日本社会開発基金（JSDF）への申請を試みている。ある国では，ジョイセフが用意したコンセプト・ノートが世界銀行現地事務所により受け入れられ，世界銀行の職員により，プロポーザルとして作成され，執行理事会に提出される段階までいった。しかし，執行理事会から出たコメントを吸収して再提出するプロセスには至らなかった。一因には，世界銀行の担当者が忙しくて進めることができなかったことがある。JSDFの場合は，現地でのビジビリティ（目に付きやすさ）が重要であり，その意味では日本に拠点を置いて活動するNGOよりは現地のローカルNGOまたは現地事務所を持つ国際NGOの方がアクセスしやすいのではないかと考えられる。

　ジョイセフは2012年に再び世界銀行の「人口・リプロダクティブ・ヘルス能力向上プログラム」の助成を受けることに成功した。今回の活動は東ティモールでの「リプロダクティブ・ヘルス改善のために男性参加を促進する開発コミュニケーション強化事業」である。きっかけとなったのは，2009年に国連人口基金（UNFPA）の委託でジョイセフが開催したC4D（開発のためのコミュニケーション）の研修に東ティモールから2名が参加していたことだった。2人の参加者は，研修中に紹介された他国でジョイセフが実施していた男性参加のプロ

ジェクトに関心を持ち，翌年，ジョイセフのスタッフが戦略と活動計画の作成に協力するため東ティモールに招聘された。このことが世界銀行の助成申請につながった。妊産婦の死亡率を防ぐには男性の参加が欠かせないので，その理解を促進するためのコミュニケーション・ツールとして実話に基づく紙芝居を現地で製作し，活用していくというプロジェクトである。

　2007年のビデオ作品の制作を通じた政策提言能力との違いは歴然としている。この助成プログラムは開発途上国の現地組織の能力向上をメインにしているという基本を抑えた上で，革新的な方法の試行に重きが置かれていることはかなり明らかである。当たり前のことではあるが，申請する側がその助成プログラムの狙いやコンセプトをしっかり理解した上で活用すれば，世界銀行の小規模な助成金は（といっても年間10万ドルは相当な金額ではある）日本のNGOにとってかなり有効な資金源となりうると考えられる。

　　＊なお本章は，吉留桂「ジョイセフ・レポート　ビデオ作品作りを通じて，若者の政策提言力を強化」（『季刊SEXUALITY』No.38，2008年10月，エイデル研究所）を大幅に加筆・修正したものである。

参考文献

ジョイセフ（2011）『ジョイセフ年次報告書2010』。
吉留桂（2008）「ジョイセフ・レポート　ビデオ作品作りを通じて，若者の政策提言力を強化」『季刊SEXUALITY』No.38，2008年10月，エイデル研究所。

第Ⅲ部

内から働きかける

第7章

悪影響を回避する政策
── 世界銀行の新しい融資形態と環境社会配慮 ──

田辺有輝

1 世界銀行の融資形態の変容

　これまで，途上国において世界銀行が融資した発電所，道路，ダム，灌漑事業等の開発プロジェクトでは，環境破壊や人権侵害等の問題が度々発生してきた。こうした被害をなくすべく，多くのNGOが世界銀行の融資案件をモニタリングし世界銀行に事業の改善を働きかけるとともに，世界銀行の融資基準として，適切な環境社会配慮基準を採用するよう働きかけてきた。現在では，環境アセスメント，非自発的住民移転，先住民族等，環境社会配慮に関する11の政策が設置されており，一連の政策はセーフガード政策（Safeguard Policies）と呼ばれている。

　現在，個々の開発プロジェクトに対する融資を前提とした既存のセーフガード政策には限界が見えつつある。世界銀行の投融資ポートフォリオのうち，個々の開発プロジェクトに対する融資であるプロジェクト融資（Investment Lending）の占める割合は年々減少しており，現在では6割〜7割となっている。一方で，開発政策融資（Development Policy Lending）と呼ばれる政府の財政を直接支援する融資形態が急増している。加えて，2012年1月には，本章のテーマである成果連動型プログラム融資制度（Program for Results Financing）の導入が決定された。開発政策融資と成果連動型プログラム融資制度は，世界銀行が融資を決定する段階では，プロジェクトの環境社会影響は必ずしも明らかでなく，世界銀行は途上国政府や実施機関の環境社会配慮の制度や実施能力を見て融資の可否を判断することになる。ところが，既存のセーフガード政策

は，必ずしも政府の制度や実施能力を確認するための最適な規定とはなっていない。では，成果連動型プログラム融資では，どのような環境社会配慮基準が採用されたのか。

本章では，世界銀行の成果連動型プログラム融資制度の導入検討過程における，世界銀行と NGO 間の議論を概観し，世界銀行の新たな融資形態である成果連動型プログラム融資制度における環境社会配慮上の課題を明らかにしたい。

2 成果連動型プログラム融資制度の導入背景

これまで，世界銀行にはプロジェクト融資と開発政策融資という2種類の融資形態があった。プロジェクト融資は，途上国政府等が行う個々の開発事業に対し，融資，信用付与，技術協力等を行う形態で，融資実行（貸付金の支払い）はコンサルティングサービス提供，物品購入，工事等，開発事業の進捗に応じて実施されている。世界銀行の投融資ポートフォリオの6割～7割程度がプロジェクト融資となっている。

また，開発政策融資は，開発効果を生み出すための途上国政府への財政支援や開発効果をもたらす中期的な制度改革に対して融資を行う形態である。低所得国への開発政策融資は，3年ごとに見直しを行う Poverty Reduction Support Credits (PRSCs) と呼ばれている。融資実行はトランシュ (Tranche) と呼ばれる融資の各段階で評価が行われ，その成果に応じて行われている。世界銀行の投融資ポートフォリオの3割～4割程度が開発政策融資となっている。

世界銀行は，これまで長年にわたって，既存の融資制度を使って途上国政府が行う開発プログラムを支援しようと試みてきた。しかし，既存の融資制度は，具体的事業の進捗に応じた融資実行を想定した個別のプロジェクトや一般財政支援等のために設計されているため，借入国のどのプログラムを支援対象にするかを特定することが困難であったり，事務手続が煩雑であったりと，様々な問題が生じてきたとのことである。

このような背景から，プロジェクト融資と開発政策融資を補完する制度として第3の融資制度の設置が求められ，2010年から成果連動型プログラム融資制

①　保健セクター MDG 支援業務（エチオピア）
②　公共セクター支出＆成果事業（シエラレオネ）
③　第2次地方政府支援事業（タンザニア）
④　地方インフラ開発支援（ウガンダ）
⑤　地域水供給＆処理業務（ベトナム）
⑥　第2期地方政府分権（インドネシア）
⑦　成果連動型保健セクター改革事業（ルーマニア）
⑧　教育改革事業（モルドバ）
⑨　レシフェ教育・公共管理（ブラジル）
⑩　交通インフラプログラム（ウルグアイ）
⑪　地域生計改革（ブータン）
⑫　成果連動型橋脚改善・補修事業（ネパール）
⑬　第2期人間開発国家イニシアティブ（モロッコ）

図7-1　政策文書で提示された承認後12カ月で実施を予定している13の候補案件

度の策定作業が行われ，2012年1月24日の世界銀行理事会でその導入が決定された。

3　成果連動型プログラム融資制度の概要と策定プロセス

　成果連動型プログラム融資制度は，途上国政府の行う開発プログラムに対して融資を行う制度であり，融資実行が成果の達成に連動して行われる制度である。融資実行の前提として，行政サービスへのアクセス件数，予防接種を受けた子どもの数，就学児童数等，具体的で測定可能な成果指標が設定されるという。世界銀行によれば，成果連動型プログラム融資制度の利点として，成果に連動した融資実行によって，成果に対する重視姿勢が一層強まることを挙げている。
　融資実行は段階的に行われ，成果指標の一部が達成できている場合は，一部の融資支払いが可能となっている。また，借入国がプログラム実施の初期段階で資金が必要な場合は，借入国が一部の資金を前倒しで受け取ることも可能である。ただし，成果指標が全く達成できなかった場合には融資金は支払われず，途上国がプログラム費用を負担することになる。

成果連動型プログラム融資制度が世界銀行の内部で検討され始めたのは，2010年3月とのことである。その後，2011年3月にはコンセプトペーパーが外部に公表され，第1段階のパブリック・コメント期間が設けられた。また，世界各都市でステークホルダー協議も開催された（2011年5月25日には東京で開催）。2011年8月には成果連動型プログラム融資制度の政策文書ドラフトが公開され，第2段階のパブリック・コメント期間が設定された。9月にはワシントンD.C.での世界銀行総会に合わせてステークホルダー協議が開催された。12月には更新版の政策文書ドラフトが世界銀行の理事会に提出され，前述の通り，2012年1月には成果連動型プログラム融資制度の設置が承認された。

4　制度の導入を巡るNGOと世界銀行の攻防

　世界銀行は，開発の過程における人びとや環境への負の影響を回避・最小化することを目的として，セーフガード政策と呼ばれる一連の政策群を整備してきた。現在，セーフガード政策は，以下の11政策から成り立っている。

① **環境アセスメント**：環境アセスメントの実施方法やステークホルダーとの協議，情報公開等を定めた政策。融資に際しては負の影響の大きさに応じてカテゴリ分類が行われ，影響の大きい場合は，借入国は，環境アセスメント実施・ステークホルダー協議実施・情報公開等が求められている。
② **自然生息地**：自然生息地への負の影響を伴うプロジェクトにおいて，適切な回避・緩和・回復策の実施を定めた政策。重要な自然生息地の著しい転換や劣化を伴うプロジェクトには支援しないことを規定している。
③ **森　林**：森林への負の影響を伴うプロジェクトにおいて，適切な回避・緩和・回復策の実施を求める政策。重要な森林の著しい転換や劣化を伴うプロジェクトは支援しないことを規定している。
④ **病害虫管理**：農業や公衆衛生等，病虫害管理を伴うプロジェクトにおいて，病虫害管理や殺虫剤の使用について定めた政策。
⑤ **有形文化資源**：有形文化資源への負の影響を伴うプロジェクトにおいて，適切な回避・緩和策の実施を求める政策。
⑥ **非自発的住民移転**：土地の取得や生計手段の喪失等，非自発的住民移転を伴うプロジェクトにおいて，適切な回避・緩和策の実施を求める政策。被影響住民の生計手段の回復・向上を図るための補償やコミュニティ支援を含む移転計画の作成・ステークホルダー協議の実施・情報

公開等が借入国に求められている。
⑦ **先住民族**：先住民族への負の影響を伴うプロジェクトにおいて，適切な回避・緩和策の実施を求める政策。自由で事前の情報を十分に提供した上での協議が求められ，適切な回避・緩和・支援策等を含む先住民族計画の策定等が借入国に求められている。
⑧ **ダムの安全性**：ダムの安全性に関する要件を定めた政策。大規模ダムの調査・設計・建設・運用開始に際して独立した専門家委員会の設置，詳細な計画の策定等が借入国に求められている。
⑨ **国際水路**：国際河川や海峡等の国際水路でのプロジェクトにおける要件を定めた政策。国際水路におけるプロジェクトの際には，関係国間の合意等が求められている。
⑩ **紛争地域**：紛争地域でのプロジェクトにおける要件を定めた政策。紛争地域でのプロジェクトの際には，関係国が異議を申し立てていないこと等が求められている。
⑪ **借入国システムの試験的活用**：世界銀行のセーフガード政策ではなく，借入国のシステムを活用して融資が行われる制度。融資に際しては，本政策で定められたセーフガード基準と借入国の環境社会システムとの比較が実施され，ギャップが存在する場合は，借入国による改善が求められている。

図7-2 11のセーフガード政策とその概要

各政策においては，原則・指針を示したOperational Policyと，世界銀行の手続きを示したBank Proceduresから構成されている。これらの政策は主にプロジェクト融資のために作られた政策であり，成果連動型プログラム融資制度において，セーフガード政策に含まれている環境社会配慮基準をどのように適用するかが大きな関心を集めていた。

成果連動型プログラム融資制度の政策文書ドラフトに対しては，Bank Information Center, Center for International Environmental Law（CIEL）, Heinrich Boell Foundation, International Rivers, Oxfam International, Transparency International, Ulu Foundation等，これまで世界銀行の環境社会配慮強化・透明性向上等に取り組んできた多くのNGOが批判的なコメントを発表し，世界銀行に送付した。2011年9月の世界銀行総会では，成果連動型プログラム融資制度に関するステークホルダー協議が開催され，50名以上のNGOが参加。政策文書ドラフトに対し，多くの問題が提起された。

2011年10月には，200以上のNGOが世界銀行の各理事宛てに，共同要請書を提出した。要請書では，成果連動型プログラム融資制度において，環境や住

民に対して重大な負の影響が想定される事業に適用される懸念があること，住民移転政策や先住民族政策等の多くの環境社会配慮基準が適用外となっていること，インスペクション・パネルの遵守レビューの基準や手続きが不明確であること等から，理事会は，政策文書ドラフトを承認するべきではないとの要請を行った。

成果連動型プログラム融資の策定を巡っては，日本においてもさかんに議論が行われた。日本政府において世界銀行の政策や融資案件については財務省が管轄しており，世界銀行の日本理事は，財務省の方針に基づいて世界銀行理事会での投票行動や発言を行っている。財務省と日本のNGOとの間の議論は，主に財務省NGO定期協議において行われた（成果連動型プログラム融資に関する議論は，第49回と第50回に行われた）。

以下，国内外のNGOと世界銀行・財務省の間で行われた議論の主な論点を概観する。

成果連動型プログラム融資の対象となる事業活動

世界銀行の融資決定に際して，プロジェクトの環境社会影響が十分に明らかになっていないことは，世界銀行にとって環境社会配慮上の大きなリスクとなり得る。そのため，世界銀行は，成果連動型プログラム融資制度の策定作業当初から，「環境や住民に対して重大で不可逆的な負の影響を伴う可能性のある事業活動」には成果連動型プログラムを適用しないとの方針を示していた。世界銀行は，環境アセスメント政策（Operational Policy 4.01）において，事業の環境社会影響の大きさと融資の形態に応じてカテゴリA，カテゴリB，カテゴリC，カテゴリFIの4つのカテゴリを設定しており，「環境や住民に対して重大で不可逆的な負の影響を伴う可能性のある事業活動」とは，最も影響の大きいカテゴリAに相当すると説明してきた。

しかし，世界銀行の既存の環境政策（Operational Policy 4.01）では，カテゴリAは，「環境に対して，重大，複雑，又は前例のない負の影響が想定されるプロジェクト」と定義されており，「不可逆的な」という表現は含まれていない。「不可逆的な」影響とは，一旦影響が生じた場合に元に回復させることができ

- **カテゴリA**：環境に対して，重大，複雑，又は前例のない負の影響が想定されるプロジェクトは，カテゴリAに分類される。このような影響は，物理的に作業が行われるサイトや施設よりも広範囲に及ぶ可能性がある。〈中略〉
- **カテゴリB**：人間，あるいは環境の観点から重要な区域（湿地，森林，草地，その他の自然生息地等）に対する負の環境影響がカテゴリAより小さいプロジェクトは，カテゴリBと分類される。これらの影響は，そのサイトのみに特定され，不可逆的なものがあるとしてもごくわずかであり，ほとんどの場合，緩和策はカテゴリAプロジェクトよりも容易に立案可能である。〈中略〉
- **カテゴリC**：環境に与える負の影響が最小限であるか，存在しないと考えられるプロジェクトは，カテゴリCに分類される。〈中略〉
- **カテゴリFI**：環境に対して負の影響を及ぼす可能性のあるサブプロジェクトが含まれ，金融仲介者を通じて世界銀行の融資が行われるプロジェクトは，カテゴリFIに分類される。

図7-3 環境アセスメント政策（Operational Policy 4.01）におけるカテゴリ分類

ない影響のことである。いくつかのNGOは，成果連動型プログラム融資制度で適用対象外となっている「環境や住民に対して重大で不可逆的な負の影響を伴う可能性のある事業活動」が，カテゴリAのスコープよりも狭く，成果連動型プログラム融資の対象に環境・社会リスクの高い案件が含まれてしまう可能性があると指摘した。こうした批判に対し，世界銀行は繰り返し，カテゴリAが除外されることを説明し，2011年12月に公開した更新版の政策文書ドラフトにおいても，カテゴリAが除外されることを明記した。しかし，「環境や住民に対して重大で不可逆的な負の影響を伴う可能性のある事業活動」との表現は変更されず，政策文書上は「不可逆的な」という文言が残ったままである。

　成果連動型プログラム融資制度の政策文書内の細かい規定を見ていくと，カテゴリAの案件を想定した規定になっている箇所もある。Bank Procedures 9.00のパラグラフ29では，「自然生息地の著しい転換（significant conversion of natural habitats）の回避が技術的に不可能な場合は，緩和またはオフセットを含んだ措置を取る」と規定している。しかし，世界銀行の自然生息地に関する政策では「自然生息地の著しい転換」を伴う事業はカテゴリAに該当することになっており，カテゴリAを適用対象外にするとの指針と矛盾している。この矛盾点について筆者が財務省に質問したところ，世界銀行からは「通常，自然

生息地の著しい転換を伴う事業はカテゴリAになっており，これはプログラム適用対象外である」との返答が返ってきたが，矛盾に対する説明は得られなかった。

また，いくつかのNGOは，カテゴリBに相当する事業活動についても成果連動型プログラム融資の対象から除外するべきである，との主張を行っていた。大きな理由として，世界銀行の独立評価グループ（IEG）が，2010年に行った調査「Safeguards and Sustainability Policies in a Changing World —— An Independent Evaluation of World Bank Group Experience」で，カテゴリBの環境社会配慮が十分ではないことが露呈していたからである。独立評価グループの調査によると，カテゴリBは世界銀行のポートフォリオの半分を占めるほど大きなポーションを持ち，環境・社会的にリスクの高いレベルのカテゴリBのうち，3分の1の案件が本来カテゴリAに該当するべき案件であったとのことである。また，カテゴリBの中で作成された環境アセスメント報告書のうち，4分の1において環境アセスメント報告書の中身が十分でなかったと指摘されている。

これに対し，世界銀行はワシントンでのステークホルダー協議において，「カテゴリBは対象外とはなっていないが，カテゴリBの案件が全て成果連動型プログラム融資になるわけではない。プログラムの特性に応じて，どの融資形態を取るかはケースバイケースである」と返答している。

このように，成果連動型プログラム融資制度の政策文書における適用対象に関する文言は，大きな矛盾をきたしており，度重なるステークホルダーからの指摘に対しても適切に改善することなく現在に至っている。加えて，世界銀行によるこれまでのカテゴリ分類も不適切であることも明らかである。このような状況では，今後の成果連動型プログラム融資制度の実施においても，大きな懸念を感じる。

成果連動型プログラム融資において適用される環境社会配慮基準

発電所，道路，ダム，灌漑事業等，通常のプロジェクト融資においては，世界銀行が融資を決定する段階でプロジェクトの内容がある程度明らかになって

> ① プログラムの設計において環境・社会的な持続可能性を推進し，負の影響を回避・最小化・緩和し，プログラムの環境・社会的影響について，十分な情報を提供した上での意思決定を推進すること。
> ② プログラムの自然生息域や有形文化的資産に対する負の影響を回避・最小化・緩和すること。
> ③ プログラムにおける工事・設備運用，化学物質や有害物質等の流出，自然災害の危険性の高い地域での建設等に伴うリスクに対して，一般市民や労働者の安全を確保すること。
> ④ 住民移転を回避・最小化し，被影響住民の生計や生活水準の維持を図るために，土地の取得や自然資源へのアクセスの喪失を管理すること。
> ⑤ 文化的に適切な方法，プログラムの利益の衡平なアクセス，先住民族の権利と利益に対する特別な配慮，影響を受けやすいグループのニーズや関心に配慮すること。
> ⑥ 特に脆弱な地域，紛争終結後の地域，紛争中の地域における社会的な対立の悪化を回避すること。

図7-4 Operational Policy 9.00で示された環境社会配慮原則

いる。したがって，世界銀行は，環境アセスメントが適切に実施されているかどうか，影響を受ける住民に対して適切に情報が公開されているかどうか等，環境社会配慮状況を融資決定に際して確認することができる。しかし，全国の小規模なインフラを網羅的に整備するようなプログラムへの融資の場合は，世界銀行が融資を決定するタイミングで，実施予定の個別インフラ事業の内容が必ずしも明らかではない。そこで，世界銀行は，借入国政府やプログラム実施機関の政策や制度・実施能力を確認することになる。成果連動型プログラム融資制度の政策文書では，これを「環境社会システムのアセスメント」と呼んでいる。

成果連動型プログラム融資制度の政策文書ドラフトでは，借入国や実施機関の環境社会システムのアセスメントにおける原則（Principles）として図7-4の点が示された（Operational Policy 9.00，パラグラフ9）。

しかし，この原則は，世界銀行の既存のセーフガード政策の要件を十分に含んでいなかった。また，借入国や実施期間が遵守するべき要件として示されておらず，遵守すべき基準の範囲が不明確であった。そのため，多くのNGOから既存のセーフガード政策との整合性を維持するよう懸念が表明された。このような懸念に対して，世界銀行は，「原則は既存のセーフガード政策の目的と

ほぼ合致している。したがって，（環境社会影響について）プロジェクト融資と同様の結果が期待できる。成果連動型プログラム融資は，環境社会配慮システムの事前のアセスメントを主眼に置いている」と回答している。

　この点について，筆者が財務省に質問したところ，財務省は「世銀の説明によると，〈中略〉理由は，今回の成果連動型プログラム融資制度は，1つの主眼として途上国自身の制度を使うので，途上国の制度から完全に切り離して箱庭化支援を行うような Investment Lending とは違うことが1番の理由とのことだ。途上国の制度を利用して支援を行った場合に，社会や環境に与える影響がどうなるのかは，各国の状況に応じて様々なので，事前にどこにどのようなリスクがありそうかといった包括的な規定を作ることはふさわしくない。そういったアプローチではなく，それぞれの状況に応じた事前の評価を各国で行なった上でリスクを把握して，仮にその部分で問題があったときにキャパシティ・ビルディングやリスクのある部分についてはモニタリングのシステムが必要になってくるため，テーラーメイドで対応していく，よって事前の詳細な規定は作らない〈中略〉とのことだ」と回答している。

　世界銀行は，2011年12月には更新版の政策文書ドラフトにおいて，成果連動型プログラム融資制度における世界銀行の手続きについて記載した Bank Procedures 9.00のドラフトを公開した。この中では，上記6原則を補足する規定として，以下13の環境社会システムに関する補足的な規定（パラグラフ29）が含まれていた。

　しかし，環境社会配慮に関する規定を含んだ Bank Procedures 9.00のドラフトに対しては，パブリック・コメントの受け付けは行われておらず，このドラフトが公開されたのは，既に政策文書ドラフトが世界銀行の各理事に配布された後であった。このような重要な規定をパブリック・コメントの受け付けもなく決定するのは，政策策定プロセスにおける大きな問題である。

　成果連動型プログラム融資制度においては，借入国の環境社会システムを評価することになっているが，世界銀行には，既存の評価基準として，世界銀行支援プロジェクトにおける環境社会セーフガード問題への取り組みでの借入国システムの試験的活用に関する政策（Operational Policy 4.00）がある。この政策

① 環境社会影響評価の実施において，適切な法的・規制のフレームワークの下で運用すること。
② (i)早期段階の影響可能性スクリーニング，(ii)戦略的・技術的・立地的な代替案（ゼロオプションを含む）の検討，(iii)副次的，累積的，越境的な影響評価の実施，(iv)回避・最小化が不可能な負の環境社会影響の緩和策の選択，(v)組織的な責任や実施のためのリソースの明確化，(vi)ステークホルダーとの協議・タイムリーな情報公開，責任ある苦情申し立てメカニズムを通じた説明責任ある対応を含む環境社会影響評価の認識されたグッドプラクティスを導入すること。
③ 重要な生態系や文化的資源の早期段階での把握とスクリーニングのための適切な方法を含めること。
④ 自然生息地の保護，保全，維持管理，修復を支援・推進すること。重大な自然生息地の著しい転換又は劣化を回避すること。著しい転換又は劣化の回避が技術的に不可能な場合は，緩和又はオフセットの措置を含めること。
⑤ 有形文化資産への負の影響に配慮し，適切な回避・最小化・緩和策を講じること。
⑥ 建築物の安全なデザイン・建設・運用・保守を通じて，適切なコミュニティ・個人・労働者の安全策を講じること。又は，適切な安全策・監督・救済措置が含んでいるインフラに基づいて事業を行うこと。
⑦ 有害物質の製造，運用，保管，輸送，廃棄において認識されたグッドプラクティスを推進すること。害虫や病原菌を管理・削減するための統合された病害虫管理を講ずること。適切な国際的ガイドラインや条約に基づいて，有害物質の製造・購入・保管・輸送・使用・廃棄に関与する労働者のためのトレーニングを提供すること。
⑧ 洪水，ハリケーン，地震，その他過酷な気象現象等の自然災害の起こり得る地域において，コミュニティ・個人・労働者のリスクを回避・最小化・緩和するための適切な措置を講ずること。
⑨ 土地の取得と関連の影響を回避・最小化すること。使用・占有している完全な法的権利を持たない被影響住民の資産も含め，土地の取得又は自然資源へのアクセスの喪失によって講ずる経済的・社会的影響，把握し対処すること。移転を行う前に同等の資産の再取得および必要な取引コスト負担を行うのに十分な補償を提供すること。土地の取得に伴う生計損失が伴う場合は，生計改善・回復のための措置を提供すること（作物の損失や労働機会の損失等）。負の影響が生じた公共インフラやコミュニティーサービスの移転・回復を行うこと。
⑩ 幅広いコミュニティの合意があったとしても，先住民族が影響を受ける場合は，事前の自由意思の下での適切な情報に基づく同意を取ること。
⑪ 先住民族の伝統的な資源や先住民族の知識の利用に対する検討における参加を保証すること。先住民族の知識については先住民族の合意に基づくこと。
⑫ 貧困者や障害者，女性，子ども，老人，少数民族グループ等の困難又は不利な立場にある脆弱なグループに対して注意を払うこと。必要であれば公平なアクセスのための特別な措置を講ずること。
⑬ 公平性，文化的敏感さを含めた紛争のリスクを考慮すること。

図7-5　Bank Procedures 9.00で示された環境社会配慮規定

は，開発効果の促進，借入国の実施能力向上，借入国の負担の軽減等を目的として，2005年に導入が決定したもので，世界銀行のセーフガード政策，調達基準，財務管理基準ではなく，借入国のシステムを活用して融資が行われる。融資に際しては，OP 4.00の表1と借入国の環境社会システムの比較が実施され，ギャップが存在する場合は，借入国による改善が求められる。いくつかのNGOは，成果連動型プログラム融資においても，借入国システムの活用に関するOperational Policy 4.00と同等の基準を活用するべきであると提案した。

しかし，世界銀行は，「成果連動型プログラム融資の目的はプロセス上の整合性を図ることではなく，Operational Policy 4.00の基準を適用することは適切ではない」と回答。財務省は，「（世界銀行によると）プロジェクト融資や開発政策融資での使用を前提とした表となるときめ細かい対応ができないため，事前の途上国各国のプロジェクトに対応した制度調査の分析に基づいて同様の評価を行うとのことである」と回答している。

結果的に，この6つの原則と13の規定はこのまま採用されることになった。成果連動型プログラム融資の環境社会配慮基準には，既存のセーフガード政策に比べ，きわめて簡素化された基準が採用されてしまった。では，成果連動型プログラム融資において，どのような規定が抜け落ちているのか。以下で具体例として，情報公開・ステークホルダー協議実施・移転住民に対する補償方針について考察する。

成果連動型プログラム融資における情報公開やステークホルダー協議の規定

開発事業における負の環境社会影響を回避・最小化する上で，プロジェクトの環境社会影響や回避・緩和策に関する情報を早期段階からステークホルダーに公開することは重要なことである。世界銀行の融資で実施される開発プロジェクトにおいて借入国や実施機関が行うべき情報公開の要件はセーフガード政策に規定されている。

通常のプロジェクト融資においては，環境社会影響に関する情報は，早期に公開するとともに，ステークホルダー協議の開催等を通じて，ステークホルダーの意見を考慮することが求められている。世界銀行は，融資決定前に情報

公開やステークホルダー協議が適切に実施されているかをセーフガード政策に照らしながら確認することになっている。

　成果連動型プログラム融資においては，世界銀行は，借入国政府や実施機関の情報公開やステークホルダー協議の政策・基準・実施能力を確認することになる。政策文書ドラフトでは，確認する基準が，「プログラムの環境社会的影響について，十分な情報を提供した上での意思決定を推進すること」という1文のみであった。そのため，セーフガード政策で要件となっている，早期段階での情報公開やステークホルダー協議の開催，適切な言語・様式での情報公開やステークホルダー協議の開催に関する規定が欠如しているとして，多くのNGOが懸念を表明した。また，成果指標の設定や評価においても，市民の参加を確保するべきであるとの提案も出された。

　このような懸念に対し，世界銀行は，「コンサルテーションの実施，ステークホルダーの意見の考慮は要件となっている。成果連動指標の設定は，世界銀行と借入国政府の間の交渉によって決定する」と回答した。また，財務省は，「実際にOperational Policy, Bank Proceduresを見ると，世銀の回答にあった通り，承認前の関係者協議，ドラフトレベルでの環境影響社会評価書の公表が定められているので，タイムリーな，アクセシブルな方法かという所も含め，今後の案件組成できちんと実施されるのか関心を持って見ていきたいと思っている」と回答している。

　しかし，結果的に，タイミングに関して具体的な規定は含まれず，情報公開やステークホルダー協議における言語や様式についても，特段の規定は設けられなかった。

成果連動型プログラム融資における移転住民に対する補償方針

　非自発的住民移転における負の影響を回避・最小化するためには，影響を受ける住民に対して，家屋・土地等の資産や自然資源へのアクセスに対する適切な補償を行うことが重要である。世界銀行は，非自発的住民移転政策（Operational Policy 4.12）において，移転住民との有意義な協議，社会影響評価の実施，住民移転計画の策定，生計および生活水準の維持又は改善，再取得費用（損失

する資産を再取得するのに必要な費用に手数料や税金等，取引に要する費用を合算したもの）による補償，土地に依存して生活する移転住民に対する土地ベースの移転戦略の実施等の規定を備えている。

成果連動型プログラム融資制度の政策文書ドラフトにおいてこの規定は，当初「住民移転を回避・最小化し，被影響住民の生計や生活水準の維持を図るために，土地の取得や自然資源へのアクセスの喪失を管理すること」という1文のみであった。2011年12月に公開された更新版の政策文書ドラフトになってBank Procedures 9.00のドラフトが公開され，非自発的住民移転に関する様々な規定が明らかとなった（図7-5参照）。

しかし，Operational Policy 4.12のパラグラフ11の土地に依存して生計を立てている移転住民に対する土地ベースの移転戦略を優先するとの規定が含まれていなかった。この規定は，農業や林業で生計を立てている被影響住民にとって，移転後の生計を維持又は改善する上で重要な規定である。筆者は，世界銀行に対してこの規定を含めるよう提案した。

これに対して，世界銀行は「プログラムによって異なる特性を考慮するべきである」とし，事例として「都市部の移転住民に対しては金銭での補償が望ましい場合もあり得る」と回答した。財務省は，「（世界銀行によれば）より広範な状況，例えば都市近郊でのプロジェクトや農業以外の収入を得ている人を対象にしたプロジェクトの場合，代替の土地を提供する事が相応しくも望ましくもない場合は別の方法で補償を行う事が出来ると理解しているとのことである」と回答している。結果的に，Bank Procedures 9.00にこの規定は含まれなかった。

成果連動型プログラム融資における環境社会配慮基準の遵守確保について

環境社会配慮基準の遵守を確保するためには，遵守されない場合の対処策を明確に規定すること，そして独立した立場で遵守チェックを行う機能を確保することが重要である。セーフガード政策においては，環境アセスメント政策（Operational Policy 4.01）のパラグラフ3において「世界銀行は，借入国の義務に反する事項が環境アセスメントで明確になった場合，当該プロジェクトに対

して融資を行わない」と明確に規定されている。

　また，世界銀行支援プロジェクトにおける環境社会セーフガード問題への取り組みでの借入国システムの試験的活用に関する政策（Operational Policy 4.00）においても，「借入国は表1に掲げる目的および適用原則を満たすためにシステムのギャップを埋めなければならない（パラグラフ3）」と規定されており，世界銀行と借入国の間で「合意された法的枠組みに反する変更が国別システムに加えられた場合に，世界銀行は契約上の救済措置を取る（パラグラフ6）」ことが明確となっている。

　しかし，成果連動型プログラム融資制度の政策文書ドラフトでは，環境社会配慮基準を遵守していない場合の対処策に関する規定は設けられていなかった。そのため，筆者は，成果連動型プログラム融資制度の政策文書で示された環境社会システムのアセスメントに関する原則や規定と借入国政府や実施機関の環境社会配慮システムにギャップがある場合，そのギャップを埋めることを要件とするべきではないか，との提案を行った。

　これに対し，財務省は「〈中略〉基本的なアプローチとしては，カントリーアセスメントをして何らかのリスクなり問題がある場合はプログラムの中でキャパビル（キャパシティ・ビルディング）をして，そのリスクを抑えていくアプローチをとっている融資制度かと思う。一方でプロジェクト融資は仮に何かあった場合にプログラムを実施する前に途上国の責任において，そのリスクは何らかの改善を図って取り除かなければいけないとの形になっており，コンセプトとして，やはり少し違うのかと考えている」との回答があった。結果的に，遵守されていない場合の対処策に関する規定は含まれなかった。

　プログラムの中でリスクが生じる場合にキャパシティ・ビルディングを実施して，リスクを小さくするアプローチは，重要なことである。しかし，ここで問われているのは，そのようなキャパシティ・ビルディングを実施してもなお，環境社会配慮基準を満たしていない場合に，世界銀行としてどのように対処するのか，ということである。結局，この質問に対する回答は得られていない。

　また，世界銀行には，被影響住民からの異議申し立てに基づいて世界銀行の政策の遵守の有無を調査する機関としてインスペクション・パネルが設置さ

ている。成果連動型プログラム融資制度におけるインスペクション・パネルの関与についてであるが，多くの NGO が，インスペクション・パネルの関与を明確化するべきであると主張している。これに対し，世界銀行は，「インスペクション・パネルは，成果連動型プログラム融資を監督する役割を持っている。プログラムの事業活動の被影響住民がインスペクション・パネルに異議申し立てを行うことは可能である」と回答している。

通常のプロジェクト融資では，インスペクション・パネルは，セーフガード政策の個々の規定と照らして，遵守の有無を確認している。しかし，成果連動型プログラム融資では，前述の通り，環境社会配慮の基準は非常に簡素化されたものであり，遵守の対象の規定も明確ではない。したがって，インスペクション・パネルが，具体的に何を参照して遵守の有無を判断するかは明確ではない。

実際に，インスペクション・パネルは，2011年11月に理事会に対して成果連動型プログラム融資制度の政策文書ドラフトに対するコメントを送付しており，異議申し立て可能な被影響住民の範囲，カテゴリ A 除外のためのスクリーニング，遵守対象の基準の明確さ等に課題があると指摘している。このコメントは2011年7月の政策文書ドラフトに対して行われたものだが，これらの課題は，理事会承認された政策文書でも解決されているとは言えない。成果連動型プログラム融資におけるインスペクション・パネルの関与方法については，実際に異議申し立てが行われないと明確にならない部分が多いのかもしれない。

5 成果連動型プログラム融資導入後の課題

これまで成果連動型プログラム融資のマイナス面ばかり見て来たが，成果連動型プログラム融資が拡大することによる環境社会配慮上のプラス面は何であろうか。1つの期待としては，成果連動型プログラム融資が拡大することにより，借入国政府や実施機関の政策・基準・実施能力が向上する可能性があることである。借入国政府や実施機関の政策・基準・実施能力向上は，中国・インド・ブラジル等，新興国ドナーの台頭や民間開発資金の拡大等，適切な環境社

第7章　悪影響を回避する政策

会配慮基準を持たない開発資金の出し手が増える中で必要なことである。借入国や実施機関の環境社会システムを強化するためのキャパシティ・ビルディングを含めた成果連動型プログラム融資の適切な実施に期待したい。

しかし，これまで見てきたように，この新たな融資形態に対する環境社会配慮の基準は十分なものではない。世界銀行は，成果連動型プログラム融資を試験的導入にとどめるべきとのNGOの意見を反映して，2年間，世界銀行の投融資ポートフォリオの5％以内にとどめるとの決定を行った。2年後にレビューが実施されることになっている。レビュー期間中に環境社会的な課題を明確にできるかどうか，見直しにおいて適切な政策に改善できるかどうか，注目されている。

さらに，世界銀行では，セーフガード政策そのものを見直すことも計画されている。世界銀行の環境社会配慮基準は，アジア開発銀行（ADB）等の多国間開発銀行や国際協力銀行（JBIC）や国際協力機構（JICA）等の二国間金融機関等，多くの公的金融機関で参照されており，世界銀行の政策改訂の影響力は非常に大きい。成果連動型プログラム融資制度の策定において起こったような，不適切な簡素化が生じないよう，しっかりと見定めていく必要があるだろう。

参考文献

世界銀行東京事務所，セーフガード政策（http://web.worldbank.org/WBSITE/EXTERNAL/COUNTRIES/EASTASIAPACIFICEXT/JAPANINJAPANESEEXT/0,,contentMDK:22716679~menuPK:4687611~pagePK:141137~piPK:141127~theSitePK:515498,00.html）

「環境・持続社会」研究センター（JACSES），財務省NGO定期協議（http://www.jacses.org/sdap/mof/index.html）

Ulu Foundation, Civil Society Comments and Concerns about the World Bank's Proposed, "Program for Results" (P4R). (http://www.p4rcomments.org/)

World Bank, Investment, Development Policy and Program-for-Results Operations (http://web.worldbank.org/WBSITE/EXTERNAL/PROJECTS/0,,contentMDK:20120732~menuPK:268725~pagePK:41367~piPK:51533~theSitePK:40941,00.html)

World Bank, Policy Paper: A new instrument to advance development effectiveness: program-for-results financing, Annex G (http://www-wds.worldbank.org/ external/default/WDSContentServer/WDSP/IB/2012/01/01/000333037_ 20120101223631/Rendered/PDF/661930BR0R201100282.pdf)

World Bank, Program-for-Results Financing (PforR) (http://web.worldbank.org/ WBSITE/EXTERNAL/PROJECTS/EXTRESLENDING/0,,contentMDK: 22748955~pagePK:7321740~piPK:7514729~theSitePK:7514726,00.html)

World Bank, Program for Results Consultation with Civil Society Feedback Summary, CSO Policy Forum, 2011 Annual Meetings, Washington, D. C.. September 21 (http://siteresources.worldbank.org/EXTRESLENDING/Resources/ PfR_Consultation_with_Civil_Society_final.pdf)

World Bank Independent Evaluation Group, Safeguards and Sustainability Policies in a Changing World: An Independent Evaluation of World Bank Group Experience. (http://web.worldbank.org/WBSITE/EXTERNAL/EXTOED/ EXTSAFANDSUS/0,,menuPK:6120534~pagePK:64829575~piPK:64829612~theSite PK:6120524,00.html)

World Bank Inspection Panel, Observations of Inspection Panel on P4R (http: //siteresources. worldbank. org/EXTINSPECTIONPANEL/Resources/Panel_ Observations_P4R_Nov_2011.pdf)

第8章

「貧困」を創り出す開発事業
—— ラオスのナムトゥン2水力発電事業 ——

東　智美

1　貧困削減のためのダム

　「貧困の罠から抜け出すために，ラオスがお金を稼ぐ方法は限られている。基本的には，鉱物，木材，電力に依存するしかない。政府の政策を改善しつつ，電力を売るというのは，この国が貧しい人びとの利益となるよう保健，教育，基礎的なインフラ分野に投入できる資金を増やすための最良の方法である。」

　ラオス最大の水力発電事業であるナムトゥン2ダムに世界銀行が支援を決定した2005年3月31日，同行が発行したプレスリリースの中で，J. ウォルフェンソン総裁（当時）は，このように語っている。
　激しい住民の反対運動とそれを支える国際的な抗議行動を受けたインドのナルマダダム建設事業から世銀が撤退を余儀なくされてから15年目にして，世銀の大規模インフラ開発支援への再起をかけたダム事業が，「貧困削減」「持続的な開発のモデル」という免罪符を得て，東南アジアの小国ラオスで動き出した。10年以上にわたる国際的な市民社会からの批判に晒されてきた同事業を実現させるために，世界銀行は周到に環境・社会調査や，法改正や政府機関の再編を伴うラオスの制度改革を支援してきた。
　世銀が威信をかけたダム開発事業が着工されてから7年が経つ。膨大な環境・社会影響についての調査や回避・緩和策の蓄積のうえに始まった事業であるにもかかわらず，残念ながら，現地では事業による環境・社会影響が顕在化している。世銀のセーフガード政策や事業のコンセッション契約に定められた

環境・社会配慮が果たされないまま、ダムの操業が開始された。貯水池の建設によって移転を余儀なくされた住民の多くにとって長期的な生計回復の目処は立っていない。ダムの水が放流される下流域では、甚大な漁業被害や農地の喪失が生じている。生計回復につながるはずの回転資金によって借金を負う住民が現れ始め、貧富の格差が広がっている。世銀やアジア開発銀行（ADB）が同事業を進めるために支援してきた環境政策は、多くの事例でその機能を果していない。

そうした深刻な問題のいくつかは、NGOの現地調査によって初めて明らかにされてきた。世銀やADBが多くのコンサルタントや調査者を雇用し、定期的なモニタリングが義務づけられているのにもかかわらず、「番犬」（watch dog）としてNGOが動かなければ、現地で生じている問題は見過ごされてしまう可能性がある。一方で、一党独裁の社会主義国であるラオスのように、言論の自由が限られ、影響住民が声を上げることができない政治・社会状況下では、NGOによる監視活動は大きな制約を受ける。また、人材、資金に限界を抱えるNGOが、次々と計画される大型インフラ事業の1つ1つを長期的に監視していくことは困難であるのが実情である。

本章では、ナムトゥン2ダム事業をめぐる世銀と市民社会のこれまでの関係を振り返ったうえで、日本の環境NGOのスタッフとして同事業の監視活動に関わってきた筆者の経験から、世銀の事業を監視し、政策提言を行うアドボカシーNGOの役割と課題、世銀の開発事業が抱える問題について考察したい。

ナムトゥン2水力発電事業

ナムトゥン2ダム事業は、その環境・社会影響の大きさだけでなく、現在の開発援助のトレンドである「貧困削減」の功罪を見直すという点でも、この20年間の世銀とNGOの関係の変化が顕著に見られるという点でも注目に値する事業である。

ナムトゥン2ダムは、タイへの売電による外貨獲得を主な目的として、ラオス中部のカマアン県に建設された（図8-1）。東南アジア最大の河川メコン河の支流のナムトゥン川を堰き止め、高さ48メートルのダムが建設された。琵琶

第8章 「貧困」を創り出す開発事業

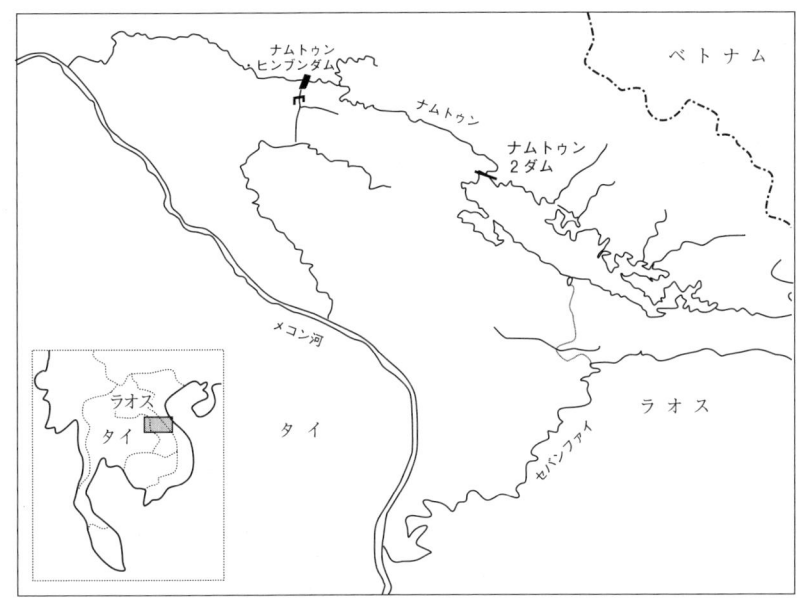

図8-1 ナムトゥン2ダム事業地

湖の3分の2の面積に相当する450平方キロが水没し，6,300人の住民が移転を余儀なくされた。事業の主目的は売電による外貨獲得で，発電能力1,075メガワットのうち，1,000メガワットの電力が隣国タイに輸出されている。

　同事業は，独立系発電事業者（Independent Power Producer: IPP）によるBOOT方式をとり，民間主導で進められてきた。事業実施者であるナムトゥン2電力会社（Nam Theun 2 Power Company: NTPC）が，ダムを建設（Build）し，25年間所有（Own）および操業（Operate）した後，ラオス政府に受け渡される（Transfer）。NTPCには，フランス電力公社（35％），ラオス電力公社（25％），タイ発電公社（EGAT）の子会社EGCO社（25％），イタル-タイ開発会社（15％）が出資した（注：建設工事の終了後の2010年10月，建設会社であるイタル-タイ開発会社が株式を売却したため，現在の出資比率は，フランス電力公社（40％），ラオス電力公社（25％），EGATの子会社EGCO社（35％））。総事業費は約14.5億ドルで，ラオス最大の公共事業である。

　環境・社会影響が大きいことから，10年以上にわたり国際的な論議が展開さ

れてきたが，2005年3月31日，世銀は，国際開発協会（IDA）が部分的リスク保証5,000万ドルおよび贈与2,000万ドル，多国間投資保証機関（MIGA）が政治的リスク保証2億ドルの供与を決定した。続く4月4日には，アジア開発銀行（ADB）が，公共セクター融資2,000万ドル，民間セクター融資5,000万ドルおよび最大で5,000万ドルの政治的リスク保証を供与すると発表した。

　こうした世銀・ADBの支援決定を受けて，同年6月から本格的な建設工事が着工されることとなった。2008年4月に住民移転が完了し，貯水池への湛水が開始され，2010年3月15日にダムのフル稼働とタイへの電力輸出が始まった。

ダム開発による「貧困削減」のシナリオ

　同事業をめぐっては，NGOや研究者から，「東洋のガラパゴス」と呼ばれたナカイ高原に貯水池が作られることで生じる豊かな生物多様性の喪失，移転住民の生活再建についての懸念，ダムからの放水で増水する下流の環境影響や自然生態系に依存して暮らす人びとへの影響等の環境・社会影響が指摘されてきた。また，過去に作られたダムの環境・社会問題を解決できないラオス政府がこれほど大規模なダム事業の影響に対応できるのか，事業からの歳入をラオス政府がきちんと管理できるのかといった政府のキャパシティにも疑問の声が上がっていた。さらに，言論の自由が限られ，影響住民が国策に異を唱えることができない状況下での合意形成をめぐる問題，情報公開をめぐる透明性の欠如，電力を購入するタイの電力需要の過大評価等が指摘され，国際的な市民社会と世銀の間で，10年以上にわたる激しい議論が行われてきた。

　2005年の世銀・ADBの支援決定によって，こうした市民社会からの懸念の声を払拭することはできないまま，この巨大なダム事業が動き出すことになったが，「貧困削減のためのダム」という看板なしでは，事業の実現は難しかっただろう。

　ラオスは国家目標として，2020年までに国連の低開発国（LDC）リストからの脱却を目指している。2009年にニューヨークで採択された国連ミレニアム宣言に基づきまとめられた「ミレニアム開発目標」（MDGs）には，「2015年までに1日1ドル未満で生活する人口比率を半減させる」といった開発目標が掲げ

られている。この目標をラオスで達成するためには、社会・インフラサービスを提供できるだけの追加的な資金が必要で、ラオスの収入源となりうるのは鉱物や水力発電といった天然資源しかない、というのが世銀やラオス政府の主張であった。

世銀のウェブサイトによれば、ナムトゥン2ダムは、20年間で200億ドルを稼ぎ出し、ラオスの経済成長と貧困削減に貢献する。さらに、6,000人以上の移転住民の生活条件の改善、下流の200村に対する開発プログラム、道路の改善、雇用機会の創出、広大な生物多様性地域の保全等、直接的な利益を生み出すとしている。

具体的には、タイへの電力輸出によって、債務の返済が終わるまでの最初の10年は毎年3,000万ドル（名目）の歳入をラオス政府にもたらし、その後、2020年から2034年まで平均で1億1,000万ドル（名目）を稼ぎ出すという計算だ。この約20億ドルもの歳入が効率的に使われれば、ラオスの貧困削減と環境保全に多大な貢献を果たすというのである。

世銀の中ではアメリカに次いで第2の出資国であり、大きな決定権を持つ日本政府が同事業に対する世銀の支援に賛成した理由としても、同事業がラオスの貧困削減に果たす役割が強調されている。世銀の支援決定を受けて2005年4月12日に開催された財務省-NGO定期協議特別セッションでの報告によると、世銀の同事業の支援決定を議論した世銀の理事会審議において、日本の理事は「ナムトゥン2は環境社会面において幅広い影響が予想される。これらが適切に対処されることの重要性は言うまでもない。他方でナムトゥン2によってもたらされる収入が、貧困国ラオスにおける貧困削減、経済成長、一層の地域協力へ向けて大きな機会を与え得る可能性も重視されるべきである」と発言している。

「経済成長」のためのインフラ事業という旧来の説明では、環境・社会影響を懸念する市民社会だけでなく、ドナー国を説得することも難しかっただろう。「貧困削減」というこの事業の目的は、大きな環境・社会影響が予想される事業をめぐる論争に決着をつける大きな要因になった。しかし、本章第3節で詳しく述べるように、現在、同事業の現場では、この「貧困削減」のシナリオの

ほころびが見えてきている。

2　世銀，NGOとナムトゥン2ダムの20年

　同事業の環境・社会影響とNGOの役割を検証する前に，同事業の経緯をNGOと世銀やドナー国との関わりに注目しながら振り返ってみたい。同事業に対しては，90年代初めにはNGOからの懸念の声が挙げられていた。しかし，NGOといっても一枚岩ではなく，様々な団体がそれぞれの思惑から同事業に関わってきた。一方の世銀も大規模インフラ開発事業に対する市民社会からの風当たりが強まり，世銀の事業も環境・社会配慮を強調せずには実施できない時勢の中で，NGOとの関係を変化させながら，事業を推進しようとしてきた歴史がある。

批判者としてのNGO，参加者としてのNGO

　ナムトゥン川の水力発電ダム開発の可能性について本格的な検討が行われるようになったのは，1980年代にまでさかのぼる。当初から世銀は主導的な役割を担ってきた。1986年～1987年，国連開発計画（UNDP）の資金によって行われたプレ実施可能性調査では，世銀は調査の実施機関として関わっている。1989～1991年，世銀とUNDPの資金によって，オーストラリアのエンジニアリング会社が同事業の実施可能性調査を行った。事業の実施に肯定的なこの実施可能性調査を受け，1993年ラオス政府とナムトゥン2電力コンソーシアム（NTEC，現NTPC）は建設と操業に関する覚え書き（MoU）に調印した。この際，事業の実施は世銀のガイドラインに沿って進められることが合意されている。NTECとしても，当時のラオスの国家予算を超える規模の巨大インフラ事業に融資を取りつけるためには，世銀のリスク保証を得ることが不可欠であった。

　ところが，事業が公式認可を受けた後，アメリカに本部を置く国際NGOによって，実施可能性調査報告書の問題が指摘された。その結果，世銀は環境影響評価（EIA）および社会影響評価（SIA）が不適切であり，必要とされる代替

案についての検討が行われていないことを認めざるを得なかった。続いて，世銀はタイに拠点を置く他のエンジニアリング会社に新たな EIA を実施させたが，再び国際的な活動家からの異議申し立てにより，世銀は報告書を却下することになった（Goldman 2005=2008：148）。

　世銀が3度目の実施可能性調査を委託するにあたっての大きな転換は，環境・社会評価を国際自然保護連合（IUCN）とケア・インターナショナルという2つの国際 NGO に外注したことである。この頃，同事業に対する立場をめぐって，ラオスの国際 NGO コミュニティは大きく揺れていた。ラオスで活動する多くの主要な NGO が，メコン地域におけるダム開発が避けられないと考え，世銀を批判するよりも世銀のプロジェクトの下請けとして事業に協力することで，事業の改善に寄与した方がいいと判断した（Goldman 2005=2008：183）。

　こうして世銀は，世銀の事業に対する批判者であった NGO を，積極的な参加者として事業実施のプロセスに組み込むことに成功し，1997年に同事業の最初の環境・社会セーフガード文書が公開されるに至った。

高まる国際的な論議

　1997年のアジア経済危機によって，同事業の計画はいったん先送りとなるが，経済危機が収束すると，再び事業は動き出す。2000年，タイ発電公社（EGAT）と NTEC は電力料金に合意し，2002年にはラオス政府と NTEC の合弁でナムトゥン2電力会社（NTPC）が設立された。2002年にラオス政府と NTPC の間でコンセッション契約が，2003年には EGAT およびラオス電力公社（EDL）の間で電力購買合意が署名された。

　こうしたラオス政府と企業の動きに対し，同事業に批判的な NGO の活動も高まりを見せた。同事業に関心を持つアメリカ，ヨーロッパ，オーストラリア，フィリピン，日本等の NGO や研究者の間でメーリングリストが立ち上がり，情報交換や，世銀や ADB の理事に対し同事業を支援しないように求める賛同レターの呼びかけ等が活発に行われた。

　2004年8月31日にバンコクで世銀が開催した「テクニカル・ワークショップ」には，世銀が融資したパクムンダムをはじめとする東北タイのダム計画で

影響を受けた村民たち十数人が会場に現れ，同じ過ちを起こさないように訴えた。続いて東京，パリ，ワシントンD.C.で開催された同様のワークショップでも，NGOからは世銀の審査前に住民移転が行われた問題，被影響住民が商品作物栽培に転換するリスク，過去のダムが引き起こした問題への不十分な対応，ラオス政府のガバナンス，電力購買合意（PPA）の公開の必要性，ダム準備の伐採で生活手段を失わせてからの合意形成，等について疑問や批判が出された。

2005年3月14日には，42カ国153団体から，世銀がこのプロジェクトに関わることに反対するという要請文が出された。しかし，その2週間後には世銀はプロジェクトへの支援を決定することとなった。世銀が同事業への支援を検討していた2002年に発表した「意思決定の枠組み」には，貧困削減と環境保全を目的とした開発の枠組み，事業の技術的・経済的・財政的な健全性と世銀の環境・社会配慮政策の遵守と並ぶ3つめの柱として，国際的な援助国・機関や国内外の市民社会から十分な理解と幅広い支持が唱われていたが，これらの要件が満たされることなく，市民社会からの激しい批判の中でナムトゥン2ダム事業は動き出したのである。

日本政府とNGO

こうした中で日本のNGOも日本政府も，同事業には当初から大きな関心を持って関わってきた。世銀・ADBは，1国1票の投票権を持つ国連とは異なり，出資金に応じて投票権が決まる。日本の出資比率は，世銀においてはアメリカに次いで第2位，ADBにおいてはアメリカと並んで最大であり，日本政府はこの事業への世銀・ADBの支援の是非に対して，大きな決定権を持っていた。日本政府の中で，世銀やADB等の多国間開発銀行（MDBs）に関する業務を担当しているのが財務省国際局開発機関課である。

NGOと財務省（当時は大蔵省）は1997年4月から，MDBsならびにIMFの援助政策や事業に関する政府とNGO・市民の間の意見・情報の交換を目的として，年3～4回の定期協議を開催してきた。ナムトゥン2が初めて財務省-NGO定期協議で取り上げられたのは，1997年9月に行われた第2回協議会で

あり，以来，世銀・ADB の支援が決定するまで 7 年以上も環境・社会・経済面での懸念についての議論が行われてきた。

世銀，ADB の同事業への賛否を決定する理事会が間近に迫った2005年 2 月には，同事業を1997年当時から監視してきた日本の NGO メコン・ウォッチは，日本政府が世銀・ADB を通じて同事業を支援することへの疑問を提示する市民セミナーを東京，京都，広島で開催する等，日本政府に世銀・ADB による同事業への融資に反対の声を伝えることを呼びかけるキャンペーンを展開した。こうした NGO や市民からの働きかけを受け，世界銀行理事会を10時間後に控えた 3 月31日午後には，当時，民主党の「次の内閣」の財務大臣であった野田佳彦衆議院議員を始めとする10人の国会議員が直接谷垣財務大臣を訪れ，ナムトゥン 2 ダムへの融資を支持しないよう求める衆参国会議員27名からの申し入れ書を提出した。

世銀・ADB が同事業への支援を決定したことを受けて，2005年 4 月12日，財務省 - NGO 定期協議の特別セッションが開催された。世銀の理事会は2005年 4 月 1 日から議事録を公開することになっていたが，同事業の意思決定を行った理事会は最後の議事録非公開会合であった。そこで，メコン・ウォッチから財務省に対して，世界銀行の理事会で日本政府はどのような立場を表明したのか，どのような条件を提示したのかを公表するように求めたところ，財務省 - NGO 定期協議としては初の臨時会合が設けられることとなった。

この定期協議でも同事業に対する NGO 側の懸念は払拭されなかったものの，定期協議という公開の場で，世銀の理事会での日本政府のポジションを財務省が説明し，それに対して NGO との間で議論を交わされたということからは，同事業に対して日本政府も真剣に取り組んでおり，NGO との間で行われる事業についての情報交換をある程度重視していたということが伺える。

一方で，この会合の中で「ナムトゥン 2 はラオスにとって大きなチャレンジ，それを支援するのが国際機関のミッションだ」とし，「ラオスの将来にかける期待とパッションとプロフェッショナリズムを持って」同事業の支援に臨むと語った財務省国際局参事官は，その数年後には同事業から離れたポジションに異動してしまっている。その後も財務省 - NGO 定期協議の場等で，情報提供

や意見交換を行っているが、年数が経過し、担当者が代われば、日本政府に事業決定当初と同じ「ミッション」と「パッション」を持ち続けることを期待するのは難しい。

　また、ドナー国政府として、個別の事業の影響を監視することの難しさもある。2011年1月、当時の財務官が同事業のサイトを訪問した。財務官は、日本政府とNGOの間で同事業をめぐる議論が活発に行われるようになった当初、大蔵省国際局国際機関課課長を務めていた。財務省の幹部が自ら現地を訪問するという姿勢は大いに評価できる。一方で、現地のNGOや住民が政府の事業に対して批判の声を挙げることが難しい政治社会状況下では、事業の問題点が隠され、結果的に日本政府に「成功」している部分だけが印象づけられることになった。メコン・ウォッチは事前に財務省に対し、世銀やNTPCによる訪問先の選定や同行を避けること、独立した通訳の手配、インタビューにおいては主要ドナーの出資国である日本財務省財務官という立場はなるべく明らかにしないこと、村落のリーダーだけでなく複数の世帯や複数の村を訪問すること等、現地訪問にあたって留意するように要請書を提出したが、要請の内容は現地訪問には反映されなかった。

　財務官がナカイ高原の移転村やダムからの放水によって影響を受けているマハサイ郡に滞在したのはわずかな時間であり、言論の自由が制限されたラオスにおいて、企業や世銀が設定した住民との意見交換の場で、住民の率直な意見を聞くことは難しかったと考えられる。ナカイ高原では、生計回復プログラムに沿って野菜栽培で成功している事例を見てきたということであったが、財務官が訪問した村を、その2カ月後に訪問し、村の幹部を含む住民にインタビューを行ったところ、村の中でNTPCが整備した灌漑設備を使って換金作物栽培に成功している村人はいないという答えが返ってきた。

　日本政府は、出資する国際金融機関がドナーとなって進める事業について、関心を持ってフォローアップを続けるべきだが、一方で、この財務官の現地訪問からは、ドナー国政府として個別事業の監視を行うことの困難さが明らかになった。

第8章 「貧困」を創り出す開発事業

キャンペーンの敗北と弱まる市民運動

　同事業の世銀・ADBの支援を食い止めようと，大規模な国際的キャンペーンを展開してきたNGOコミュニティは，両行の支援決定とそれに続く事業の本格着工を受けて，疲労感に覆われた。10年以上に及ぶキャンペーンに多大な時間と労力を費やしてきた活動家の中には，この運動の敗北を受けて，しばらくは「ナムトゥン2」を話題にしたくないという雰囲気さえ漂っていた。こうして，NGOコミュニティがナムトゥン2キャンペーン敗北の喪に服している間に，工事は着々と進み，ラオス政府はこれをきっかけに次々と大型ダム開発にゴーサインを出してきた。ラオス政府の電力開発計画（2011年12月版）には，操業中14件，建設中10件を含む88のダム事業が挙げられている。このうち，2005年のナムトゥン2事業開始までに動き出していた事業はわずか10件であり，同事業が契機となって，ダム計画の事業開発契約や実施可能性調査のための覚書を締結する動きが加速したことが分かる。

　さらに，2006年以降，メコン河本流ダム開発の動きが活発化した。これまでメコン河本流では最上流の中国以外にダムは造られてこなかったが，タイ，ラオス，カンボジアで，次々とメコン河本流ダム建設のための覚え書き（MoU）が結ばれ，調査が開始された。特にラオスに計画されているサイヤブリダム（設備容量1,260メガワット）については，メコン河本流を遮断することによるラオスおよび下流国への環境・社会影響の大きさや，流域国の合意を待たずにアクセス道路の工事が始められるといったプロセスの問題，不十分な情報公開等の問題をめぐり，国際NGOや隣国タイのNGOが大規模な反対キャンペーンを展開している。

　かつてナムトゥン2ダムの反対キャンペーンに加わっていた多くの団体のナムトゥン2ダムへの関心は薄れ，現在，同事業の環境・社会影響を定期的に監視しているのは，アメリカに本部を置くインターナショナル・リバーズや日本のメコン・ウォッチ等数団体に留まる。

　一方で，敗北した市民社会のキャンペーンが，同事業に何も残さなかったというわけではない。市民社会からの長期間にわたる働きかけがあったことが，少なくとも計画時点で手厚い環境・社会配慮策が作られることにつながったと

考えられる。しかし，環境・社会配慮策が作られたこととは，必ずしもそれが適切に実施されることを意味しない。事業が開始されると，念入りに作られたはずの環境・社会配慮策をめぐる問題が明らかになってきた。

3　削減された「貧困」，創り出された「貧困」

タイに電気を売って外貨を稼ぎ，その収入を教育・保健分野に回すことで，ラオスの貧困問題の改善に貢献すると同時に，事業の影響住民に対しても，手厚い生計回復プログラムを準備し，生活向上を図るというのが同事業の「貧困削減」のシナリオである。しかし，このシナリオについては，2つの側面から疑問がある。1つは，事業の経済的な利益が優先され，シナリオの中で約束された環境・社会配慮策すら適切に実施されていないという点である。さらに，自給的な農業や狩猟採集に基づく生活から，現金収入に依存する生活への移行が実現可能なのか，そしてそれが果たして本当の「貧困削減」なのか，というより根本的な疑問がある。

守られなかった約束

甚大な環境・社会影響が懸念される事業に世界銀行・ADBが支援するにあたっては，多くの調査が実施され，影響を回避・緩和するための膨大な計画が作られていた。しかし，事業の社会開発計画，ラオス政府とのコンセッション契約，世界銀行のセーフガード政策に規定されている環境・社会配慮上の重要な要件が満たされないまま，湛水，そして操業運転が開始され，懸念されていた環境・社会影響が顕在化してきている。

第1に，貯水池の草木の除去が未完了のまま湛水が行われた。同事業の社会開発計画には，「貯水池で高い漁獲量を得るためには，水質の維持が非常に重要である。湛水前にバイオマスの除去を行うことで，貯水池の水質が改善される」「湛水後，数年間，ある程度の水質を確保するためには，ナカイ高原に残ったバイオマス（地表および地下）は可能な限り除去されなければならない」(NTPC 2005) とあるにもかかわらず，事業者は貯水予定地に多くの草木が残さ

れたまま湛水に踏み切った。貯水池や下流の水質モニタリングの結果の公開を求めるNGOの要求にもかかわらず、NTPCは水質のデータを公開していないが、草木の除去が適切に行われなかったことが、貯水池や下流のセバンファイ川の水質の悪化、健康被害につながった可能性がある。

　第2に、下流のセバンファイ川沿いの影響村への清潔な水の供給が完了しないまま、操業運転とダムからの放水が行われた。事業のコンセッション契約には、「（特に最初の数年間は）貯水池に沈んだバイオマスの劣化によって、（セバンファイ川の）下流域の水質への影響が出る」ため、NTPCは「商業運転の開始日までに、適切な水質の生活用水の設備を提供すること」（コンセッション契約パート2セクション4：120）を約束している。

　しかし、2010年5月20日～25日に、メコン・ウォッチとインターナショナル・リバーズがセバンファイ川流域の7村の住民からの聞き取り調査を行ったところ、訪問したセバンファイ川沿いの全ての村で、ダムからの放流開始後に水浴びや漁業のためセバンファイ川に入った後、皮膚病の症状を訴える住民が出ていた。操業開始後数年はセバンファイ川の水が生活用水に適さないことが把握されていたのにもかかわらず、多くの住民は放流開始前にセバンファイ川の水質悪化について周知されていなかった。ある村の住民によれば、NTPCは「（放流後も）水質は（生活用水として）問題ない」と住民に伝えたという。多くの住民が皮膚病被害を訴えるまで、住民への周知の徹底や、薬品の配布が行われなかった。

　操業運転直後に、皮膚病被害が発生した要因として、水質悪化についての周知が行われなかったことに加え、NTPCが設置した井戸が故障している、水質が悪い等の理由で、セバンファイ川の水を生活用水として使わざるを得ない住民が多かったことが挙げられる。ある村では、NTPCが設置した井戸が9カ所あったが、2カ所は水質が悪いために塞がれ、1カ所はポンプが壊れて使えず、残りの6カ所についても塩分が高い、悪臭がする等の理由で、飲料水には適さないということだった。

　第3に、世銀のセーフガード政策に反して、土地の損失に対する事前の補償が行われなかった。世銀の非自発的住民移転に関するセーフガード政策では、

世銀は「移転のために必要な措置が実施されるまでは、(移転住民の資産への)アクセスの移動や制限が行われない」ようにしなければならず、「とりわけ、土地や関連する資産の接収は、補償が支払われたあとでなければ行ってはならない」(OP 4.12 パラグラフ10)とされている。

しかし、ダムの底に沈んだ水田や果樹への補償は、移転後も着手されていなかった。2010年5月にナカイ高原の移転村で行った聞き取りでは、移転前に水田を持っていた影響住民のうち、既に水田に対する補償を受け取った人はいなかった。この村の移転が行われた2008年4月から2年が過ぎても水田・果樹への補償が行われていなかったことになる。セーフガード政策を文字通り捉えれば、「土地や関連する資産」である水田や果樹の損失に対する補償が行われる前に移転が行われたことは、政策違反に他ならない。

また、セバンファイ川沿いの影響村では、川の水位が下がる乾季に地域住民が利用してきた川岸の野菜畑が、ダムからの放水によって影響を受けた。世銀のセーフガード政策を遵守すれば、運転前に野菜畑の損失に対する補償が完了していなければならなかったが、商業運転開始から2カ月後の2010年5月の訪問時にも、まだ補償を受け取ってない村が見られた。

第4に、商業運転が開始される前に、移転村の灌漑設備の設置が完了していなかったことが挙げられる。コンセッション契約によれば、NTPCは2008年までに「(移転住民に対し)1世帯当たり0.66ヘクタールの整地・灌漑された土地」を支給し、「そのうち少なくとも0.16ヘクタールは稲作に使用できるように開発されている」ようにしなければならないとしている(コンセッション契約パート2セクション2:77)。また、世銀およびADBが、2009年10月22日にインターナショナル・リバーズへ送った書簡では、ナカイ高原の発電設備は「商業運転開始日までに完成される必要がある」としている。しかし、2010年5月にNGOが移転村を訪問した際、移転地の北側では、補償農地の灌漑設備の設置は行われていなかった。

このように、「持続可能な開発のモデル」として、膨大な環境・社会影響調査が行われ、その回避・緩和のための計画が用意されてきた事業であるのにもかかわらず、環境・社会配慮のための要件が満たされないまま商業運転が行わ

第8章 「貧困」を創り出す開発事業

れた。こうした約束違反を押し切ってでもNTPCが商業運転に踏み切った背景には，NTPCと電力を購入するタイ電力公社（EGAT）の間で結ばれている電力購買合意（PPA）には，電力輸出開始の期限が2009年12月末とされており，商業運転が遅れれば，日ごとに違約金が加算されるという状況があったと見られる。

先の見えない生計回復

同事業の移転住民に対する生計回復プログラムでは，ラオス政府が定める850ドルの貧困ラインに対して，移転前に450ドルだった年間の世帯当たりの収入を，移転後5年間で1,200ドルに引き上げるとしている。世界銀行の同事業についてのブログ（2010年3月22日）によれば，「既に移転世帯の半数以上が貧困ラインを上回っている」としている。移転村を歩けば，補償で作られたトタン屋根の丈夫な家の多くには，衛星放送を見るためのパラボラアンテナが付き，バイクやピックアップトラック，大型のバンが停まっている。こうした光景からは，順調に貧困削減の目標を達成しているように見える。しかし，ナカイ高原を訪れれば，数値では見えない移転住民が抱える困難が見えてくる。

移転のパイロット事業が2002年に始まってから10年が経つ現在になっても，長期的な生計回復の道筋は見えていない。生計回復プログラムの柱の1つが換金作物栽培による現金収入の向上だが，移転村で作られる換金作物や手工芸品のマーケットは確保されていないのである。ナカイ郡の中心地の市場で聞き取りを行ったところ，野菜の多くは県庁所在地のタケクから運ばれてきている。市場で野菜を売る女性は，「今は移転村で作った野菜は売っていない。作っても余ってしまうので，作るのを止めてしまったのではないか」と語る。移転住民が生産する手工芸品についても，販路は開拓されておらず，NTPCが買い上げているのが現状である。

かつては，米が十分に収穫でき採れなければ，森に入り林産物を採って食べたり売ったりすることもできたし，緊急時には家畜を売ることもできた。しかし，林産物を採っていた森も，水牛や牛が草をついばんでいた放牧地も，現在は水底に沈んでしまっている。

水田を失った移転住民の多くは，換金作物は売り先がなく，米を買う収入が得られるかどうかも分からない中，与えられたわずか0.66ヘクタールの補償農地で，焼畑農法で陸稲を栽培している。焼畑農法自体は，十分な休閑期間をとってローテーション式で行えば，持続的な農業形態であり得る。しかし，もともと米作を予定していなかった狭い補償農地では，必要な休閑期間をとることはできない。住民移転が行われたナカイ高原では，移転後，毎年同じ場所で連作が行われており，土壌の劣化は必至である。

現在，貯水池で捕れる魚が多くの移転住民の生活を支えている。貯水池漁業に使うボートは2世帯につき1艘が企業から支給されているが，ボートのエンジンを購入できる世帯とできない世帯の間で漁獲量に大きな違いがあり，貧富の格差が拡大していると見られる。さらに，他の水力発電事業を見ても，貯水池の漁獲量は運転開始後数年で大きく減少する傾向にあり，将来性は不透明だ。また，多くの移転住民が，現金収入を得るために，違法な紫檀の伐採に関わっていると見られ，2010年5月には移転住民の中から逮捕者も出た。

NTPCや世銀の発表によれば，多くの移転世帯が既に移転前の2倍の収入を得られるようになった。しかし，移転住民の収入は移転前の2倍NTPCが実施している生活水準管理調査の結果が公開されてないため，収入の内訳は明らかでなく，放牧地の水没によって手放した水牛や牛の売却益，森林組合の配当等一時的な収入が大きな割合を占める可能性もある。また，自給できなくなった米や，森で採ることができなくなった林産物等の購入費用は跳ね上がっている。世銀の同事業に関するブログによれば，多くの住民が事業によって「良くなったこと」として，家屋と道路およびコミュニティ施設を挙げている。一方で，「悪くなったこと」として，森と林産物へのアクセス，農地へのアクセスと農地の質を挙げている。事業によってインフラが整備され，便利になる一方で，それまで人びとの生活を支えてきたセーフティーネットが失われたことが表れている。

村落貯蓄基金と借金

ダムからの放水によって川の水位が上昇するセバンファイ川沿いでは，漁業

表8-1　A村の村落基金の返済状況

	A地区	B地区	C地区
未返済額／貸付額	46,997,500キープ／1億3500万キープ	3000万キープ以上／6400万キープ	（確認できず）
未返済世帯／借り入れ世帯	37／65世帯	15／32世帯	約70／約140世帯
事業の内訳：未返済世帯／事業実施世帯	二期作：30／51 牛の飼育：4／5 養魚池：3／9	二期作：2／6 豚の飼育：4／8 ヤギの飼育：4／4 牛の飼育：2／4 養魚池：3／14	二期作：約40／81 商店：10／10 牛の飼育：22／24 （12世帯は返済期限を迎えていない） 養魚池：約10／20 手工芸品：0／9

出所：筆者による聞き取り（2011年3月18〜19日）に基づく。A地区では村落基金の資料を確認しながら話を聞いたが，中央地区および南地区では，資料を閲覧できず，村落基金の担当者の記憶に基づく聞き取りのため，数字に誤差がある可能性がある。

が壊滅的な打撃を受けている。その補償策として，NTPCが実施しているのが，各世帯に200万キープ（約2万円）を低利子で貸しつける村落貯蓄基金である。

　増水や不自然な水位変動によって漁獲量が激減する一方で，各世帯の漁獲量は，自然環境やその年の家族の労働力によってばらつきが大きいため，正確に補償額を算出することは難しい。そこで，各世帯に一律に低利の融資を行い，新たな生計手段の創出を支援するというのは，一見合理的に見える。しかし，2010年11月に筆者が現地を訪問した際，村落貯蓄基金が，生計回復に貢献していないだけでなく，負債を抱える住民が生み出されている事例が見られた。

　村落貯蓄基金による借金問題は，2010年12月6日に東京で世銀，財務省，メコン・ウォッチが会合を持った際にも指摘したが，世銀の回答は，「そうした問題は聞いていない。あるとしても個別のケースだ」ということであった。しかし，2011年3月に再度，セバンファイ川沿いにあるカムアン県マハサイ郡のA村で詳しい調査を行ったところ，実施世帯の半数近くが村落貯蓄基金からの借金を未返済であることが分かった（表8-1）。

　例えば，養魚池の掘削事業では，事前調査をせずに不適切な場所に池が掘られたため，池が干上がったり，雨季に洪水で魚が流れたりしてしまうという事例が多数見られた。養魚池として機能しているのは半数以下に留まり，そのう

ち自家用ではなく魚を販売して現金収入につながっているのは，A地区でもB地区でも1件に留まっていた。

　また，二期作用の乾季の水田に投資をした世帯では，灌漑用の電気代，トラクターのレンタル料，肥料代等のコストがかかる。しかも，多くの世帯が，新規の水田開拓ではなく，既にある水田の固定コストの支払いに村落貯蓄基金を利用したため，新たな生計手段の創出にはつながっていない。

　結果として，借金を返済している場合でも，多くの世帯が，村落基金を使った活動による収益ではなく，日雇い労働等，別の手段で稼いだお金を借金返済に充てている。

　また，漁業で生計を立てて来た貧困世帯で「いままで（養殖や畜産等を）やったことがないし，返済できなかったら怖いので借りなかった」という世帯があり，漁業に依存しがちな貧困世帯は，ダムによる影響をより多く受けるのにもかかわらず，村落基金から利益を得にくいという状況に陥っている。少なくともこの村では，漁業の損失等の補償策として実施されている村落貯蓄基金が，世銀が言う「個別のケース」に留まらず，多くの住民の生計を圧迫している。

「貧困削減」によって拡大する格差

　もちろん，影響住民の中には，生計回復プログラムや村落貯蓄基金によって，豊かな暮らしを手に入れた人たちもいる。移転前に飼っていた家畜を売り払った資金で車を買い，県庁所在地や郡の中心部等で買い付けた商品を村の中で販売する商売を始めた影響住民や，村落貯蓄基金を使って購入した家畜を増やすことに成功している住民もいる。その一方で，自給自足的な暮らしからの転換ができずに先の見えない将来に不安を抱える住民も，村落貯蓄基金で始めた事業に失敗し借金を負う住民もいる。一般に，事業の成功をアピールしたい世銀や企業は前者を「貧困削減のモデル」として取り上げ，開発による被害を受けても声を挙げられない住民を支援したいNGOは後者にスポットライトを当てる。どちらも同事業の影響住民の現在の姿であるし，同事業が実施される前にも住民たちが必ずしも平等な生活を送っていたわけではない。しかし，1つ言えることは，開発事業が行われたことで，村の中の政治的・経済的な格差は確

実に大きくなっている。

　元々小さな商売を行っていた等、商売の才覚がある住民は、自然資源への依存が大きかった生活から、現金収入を前提とする生活に移行することが比較的容易であるだろう。一方で、元々貯蓄がなかったり、売って現金にできる家畜を持っていなかったりする脆弱層は、貯水池漁業用のボートに取りつけるエンジンを買えずに、少ない漁獲量しか見込めない等、生計回復プログラムに乗り遅れがちである。補償プログラムに不満を持った場合、村の有力者層は郡の中に設置されている郡の移転管理課を通して、事業の苦情処理メカニズムにアクセスしやすいのに対し、村の中で力のない村人の中には補償に問題があっても「村長を通じて申し立てなければいけないが、村長と我々は別のグループなので、私が苦情を訴えても企業には伝えてくれないと思う」（2008年9月の現地調査）と話すように声を挙げられない事例がある。

　事業の成果を強調したい企業や援助機関も、事業による被害に関心を向けるNGOも、それぞれの思惑から一方のグループのみに着目しがちであるが、「貧困削減」の結果として生じた地域内の政治力や経済力の格差についても、注目する必要があるだろう。

4　世銀のプロジェクトを監視するNGOの役割と限界

　こうした大型インフラ事業が引き起こす環境・社会影響の回避・緩和に対して、NGOはどのような役割を果たすことができるのだろうか。また、そこにはどのような限界があるのだろうか。筆者は2004年からナムトゥン2ダムの監視に取り組んでいるが、これらの問いに対する答えをいまだ模索しているところである。明確な答えは見えていないが、これまでの取り組みから見えてきた成果と課題を整理したい。

移転地の水田・果樹の補償をめぐる働きかけ

　前述したナカイ高原の移転住民の水田と果樹に対する補償が移転後も行われていないということが初めて明らかになったのは、メコン・ウォッチとイン

ターナショナル・リバーズが共同で現地訪問を行った2010年5月のことである。ナカイ高原の6村を訪問し，各村の村長らにインタビューを行ったところ，水田・果樹の補償を受け取っていた。2008年に移転したある村の村長によれば，水田，果樹，家畜（水牛，牛）に対する補償が適切に実施されていないことを2009年10月に郡移転事務所に書簡で訴えたが，回答は得られていないということだった。

　調査の翌月行われた日本の財務省－NGO定期協議の場で，メコン・ウォッチは補償問題について取り上げ，財務省からは「水没地の補償がきちんとされていないことは把握していなかったので，急いで事務局に確認をしようと思う」という回答があった。引き続き，9月にはインターナショナル・リバーズとメコン・ウォッチは世銀およびADB宛てに共同で書簡を送付し，セーフガード政策に違反して水田・果樹の損失への補償が行われていないことを指摘した。翌10月に届いた世銀・ADBの回答では，「以前，水田や果樹を持っていた個別の世帯に対する追加的な補償は，現在実施中であり，村毎に順次行われている」とし，セーフガード政策の違反にはならないと主張している。

　こうした世銀・ADB，日本の財務省との間でやり取りを繰り返したのち，2010年10月から，水田・果樹に対する補償の支払いが開始された。2カ月後に控えた事業の公式な落成式の前に，環境・社会配慮の不備という汚点を払拭しておく必要があったのではないかと推測される。NGOの指摘が直接，補償の支払い開始につながったかどうかは証明できない。しかし，移転事業が完了してから2年以上も放置され，世銀やNTPCの報告書にも上がって来なかった問題であることを考えれば，NGOによって問題が公けにならなければ，そのまま無視されていた可能性もある。

　補償が移転前に実施されなかったことで，新たな問題も生じている。水田・果樹への補償が支給され始めると，補償の根拠となるベースライン調査に異議を唱える住民が出てきた。ベースライン調査が実施されたのは，移転事業より10年間の1998年であり，住民によれば，聞き取りだけで実地調査が行われなかった，乾季の水田がカウントされなかった，調査の意味を説明されていなかった等の調査手法に関する問題点が指摘されている。

2011年3月の現地訪問での聞き取りによれば、「水田の補償をもらった世帯ともらっていない世帯がある。特に乾季の水田は、所有していた30世帯のうち3世帯しか補償をもらっていない」（P村、40代男性）等、補償に対する不満の声が聞かれた。「20世帯以上が補償に満足しておらず、まとめて郡の移転管理課に訴状をあげたが、返事はない」（N村、50代男性）、「2010年12月に（補償に不満を持つ）約50世帯が、郡に訴状を上げたが返事がない」（P村、40代男性）等、村としても異議申し立てメカニズムを利用しようとしているが、有効な対応策はとられていない。住民の訴えを確認しようにも、該当する水田・果樹は水没しており、公正な確認が可能かどうかにも疑問がある。

企業・国際金融機関（IFIs）による調査についての疑問

そもそも同事業には、事業の開始前にも開始後も、NTPCや世銀・ADBによる何重ものモニタリングの仕組みが用意されていたはずである。NTPCは定期的に影響住民の生活水準調査を実施しているし、独立専門家パネル（POE）や国際助言グループ（IAG）による現地訪問や調査も行われている。それにもかかわらず、移転住民の水田や果樹の補償問題や下流の借金問題は、NTPCや世銀によって把握されていない。なぜ事業の環境・社会影響は「発見」されず、対策がとられないまま放置されてしまうことが起こるのだろうか。

まず、不適切な調査手法やプロセスが指摘できる。例えば、同事業の環境・社会影響評価は、ダム開発を前提とした大規模な伐採が行われた後に実施された。いずれダムに沈む地域に価値のある木を残しておく必要はないとして、1993～1994年からラオス山岳開発公社による水没予定地の森林伐採が本格化した。それによって、森林資源に依存した生計を営んできた地域住民は生活の糧を失い、生計回復のためにダムの補償に期待せざるを得ない状況に追い込まれた。さらに、事業の環境・社会影響評価が行われたのは、水没予定地の価値ある森林が伐採されつくした後のことだった。環境・社会影響評価報告書には、「……ナカイ高原の森林の大部分は劣化している。水没地域の森林は伐採によって減少した。ナカイ高原にはかつては多様な野生生物が数多く生息していたが、これらの野生生物は過去30年間に居住地の拡大、伐採、狩猟等の圧力の増

大にさらされてきた」（ADB 2004）とあるが，この地域での大規模な伐採がダム計画に起因して行われたものであることには全く触れられていない。伐採と事業との関係を無視することで，事業の環境・社会影響が過小評価された。

　不適切な調査手法の事例としては，1998年に実施された水田・果樹の補償のための資産調査が挙げられる。2010年11月に話を聞いたS村では，1998年後資産調査の修正は行われず，その後移転する2005年までの7年間に増えた農地や果樹は補償の対象とされていない。また，調査のやり方について，「測量調査ではなく，聞き取り調査しか行われなかった」「両親が外出中で，家にいた子どもがいい加減な回答をしたために，資産が少なく見積もられた世帯もあった」（S村の男性，40代），「水はけが悪いため，乾季にしか使わない灌漑田を持っていた。通年の土地利用が調査されなかったため，そこを補償対象としてカウントされなかった」（P村，男性，30代）という問題が指摘されている。また，住民の多くは，1998年当時は，この資産調査が何のための調査か，それがどういう意味を持つのか理解していなかったという。資産調査のやり方，時期が適切だったとは言い難い。

　次に，ラオスの政治・社会状況が挙げられる。一党独裁の社会主義体制のラオスでは，政府が進める事業に対して，住民やローカルNGOが批判の声をあげることは難しい。世銀・ADBの関与が正式に決定する前には，事業への懸念を口にした村人に緘口令が出されるということが起きた。同じ村人は，2004年に世銀がビエンチャンで開催したステークホルダー・フォーラムでは，事業を熱烈に歓迎する旨の発言を行っている。現在でも，増水の影響を受けるセバンファイ川沿いの村で，外部者に事業の被害について話すなという指令が郡関係者から出されているという話もあり，国を挙げた事業に対して，影響住民が批判や懸念を口にすることは容易ではない。まして，調査者が企業や地方行政官を伴って現地に入る場合には，なおさら影響住民の本当の声を汲み上げることは難しいだろう。

　さらに，開発を推進する企業側の調査では，時として，事業にとって不都合な事実が隠蔽されてしまうということが考えられる。2011年3月に筆者が現地訪問した際，NTPCに雇用され，移転村の社会経済調査を実施するコンサル

タントチームに話を聞くことができた。各村の半数の世帯をランダムに選び，サンプル調査が行われていた。調査者の1人に，住民の主な生計手段について尋ねたところ，「違法伐採が主な生計手段だが，そのような質問は住民にはできないし，報告することもない」とのことだった。調査者自身は，違法伐採の事実も，違法伐採に頼らねば生計が成り立たない生計回復プログラムの破綻も把握しているが，そうした内容は企業に報告される調査報告には出てこない。NTPCの社会経済調査は，住民の生計回復の状況や満足度の基準となっているが，調査が村の実態を反映していない可能性が高いと考えられる。

NGOの役割と限界

　これまで見てきたように，同事業を取り巻く状況では，影響住民自身やローカルNGOが声を上げることが難しく，一方で，企業や国際金融機関による調査では，意図的にであれ意図せずにであれ，問題が隠されるということがしばしば生じている。こうした状況の中では，ラオスの政治的文脈に比較的捕われずに，発言を行うことができる海外のNGOには，企業や国際金融機関の調査報告書には出てこない現地の問題を明らかにし，企業，国際金融機関，ドナー国政府に改善を働きかける「番犬」としての役割があると考える。移転住民の水田・果樹の損失に対する補償，貯水池漁業の安全対策，セバンファイ川沿いの影響村の井戸の修繕等，これまでインターナショナル・リバーズやメコン・ウォッチが現地調査に基づいて提言した問題のいくつかは，その後，NTPCによる対応がとられた。

　一方で，NGOによる調査とそれに基づく働きかけも多くの困難を抱えている。第1に，ラオスのように言論の自由が限られた政治・社会状況下では，事業から独立した立場のNGOであっても，影響住民の率直な声を聞くことが容易ではない。通常，ラオスで農村調査を実施する際には，政府からの許可が必要だが，アドボカシーNGOが政府の進める開発事業についての調査許可を取得することは難しい。仮に許可が取れたとしても，政府の役人が同行することになり，独立した調査は行えなくなる。短期間の現地調査から得られる現地の情報には限界がある。

第2に，企業や国際金融機関とは異なり，多くのNGOは限られた人材や資金で活動をしている。一方，ラオスの国内に留まらず，環境・社会影響の大きいインフラ開発事業は次々と実施されている。現在，隣国タイのNGOや国際NGOが，より大規模なメコン河本流ダム開発の監視に力を注いでいるように，キャパシティが限られるNGOは，働きかけを行う事業に優先順位を付けなければならず，1つの事業を長期にわたって監視していくことに困難を抱えている。

こういった限界を抱えているのにもかかわらず，現地を訪れると，企業や国際金融機関の調査報告書には書かれていない問題が明らかになる。調査結果を報告書にまとめ，企業や国際金融機関，ドナー国政府への要請書の送付や会合を通じて，解決を訴えるというやり取りが繰り返される。こうした働きかけを経ても，改善策がとられるのは一部であり，その他の問題についてはなかなか有効な対応がとられない，というのが国際金融機関の事業に対するアドボカシー活動の実情である。現地を訪問しても聞き取ることができるのは影響住民が抱える問題の一部でしかないかもしれず，明らかになった問題の全てが働きかけによって解決できるわけではない。しかし，現地を訪れれば，また新たな問題が見えてくる。まるで「もぐらたたき」をしているかのようなジレンマがあるが，それを止めてしまえば，多くの問題は無視され続ける。本来は実施企業やそれを支援する開発機関がこうした問題を汲み取るモニタリングの仕組みが作られるべきだが，今現在，事業による被害を受けている住民が存在することを考えれば，国際金融機関の政策の改善を求めていくと当時に，地道な事業の監視を続けることも必要だと考える。

5　開発による貧困化を防ぐには

本章では，ナムトゥン2水力発電事業の事例から，大型インフラ事業をめぐるNGOと世銀の関係，「貧困削減」を掲げる開発事業への疑問，世銀の事業を監視するNGOの役割と課題を見てきた。最後に，同事業に見る世銀の大型インフラ開発支援における課題を整理し，「貧困削減」に対する論点を提示し

て，本章の結びとしたい。

　世銀が事業の環境・社会影響の回避・緩和を目指すのであれば，以下のような改善が求められる。第1に，セーフガード政策の遵守が挙げられる。本章で見てきたように，実施企業であるNTPCは，経済的な利益を優先し，セーフガード政策上の要件を完全に満たすことなく，事業を進めてきた。同事業を支援してきた世銀・ADBには，セーフガード政策の遵守を企業に徹底させる責任がある。

　第2に，長期的に事業の影響を監視する仕組みが必要である。当初の計画では，NTPCによる影響住民の生計回復プログラムは，2014年に終了し，ラオス政府に責任が移ることになっている。しかし，ラオス政府が影響住民の抱える残された問題に適切に対応できるかどうかについては，大きな疑問が残る。長期的な影響がどのように監視され，影響の回避・緩和が図られるのかが，今後の大きな課題になってくるだろう。

　第3に，環境・社会影響に関する情報の公開が求められる。ナムトゥン2ダム事業の事例では，実施企業によって行われている生活水準調査や，貯水池や下流の水質調査，ダム下流の生計回復のための活動のモニタリング報告書等は，NGOからの要求にもかかわらず公開されていない。世銀は，ウェブサイトやパンフレット等で，それらの調査の中の重要な情報は公開していると主張しているが，部分的なデータやグラフが紹介されるに留まり，具体的な調査手法や包括的な調査結果は公表されていない。こうした情報が公開されれば，市民社会による事業監視はよりやりやすくなる。実施企業による調査では表に出てこない問題があることを認識し，世銀の専門家による調査だけではなく，外部者であるNGOによる事業監視を受け入れるべきである。その事業監視をより有効なものにするためには，事業の環境・社会影響に関する情報は一般に公開する必要がある。

　第4に，世銀は事業の準備として策定を支援してきた環境政策の遵守をラオス政府に働きかけるべきである。世銀・ADBは，同事業の準備として，ラオスの様々な環境政策の作成・改定に貢献してきた。ラオスの環境政策が整備されてきたこと自体は評価できる。しかし，ラオス政府は，開発事業における環

境・社会配慮よりも経済成長を優先する中で，環境政策の改善には積極的ではない。実際の運用状況に目を向けると，多くの課題を指摘することができる。

例えば，世界銀行が推進してきた「水力発電セクターの環境・社会面での持続性に関する国家政策」には，「事業のコンサルテーション報告書，影響評価，緩和策，モニタリング報告書は，一般公開される。事業者はプロジェクトサイトとビエンチャンにインフォメーション・センターを設置しなければならない」（第5条）とある。しかし，ナムトゥン2等の多国間金融機関が関わっている事業を除き，ほとんどの現行の水力発電事業では，事業実施者が情報センターを作り情報公開を行うという「国家政策」の規定は実施されていない。これまでもNGO等がいくつかの水力発電事業について環境・社会影響評価の報告書のドラフトの公開を求めてきたが，実施企業も科学技術環境庁も責任の所在を明らかにせず，ドラフトの本文が公開されるには至っていない。ガイドラインに規定されているような，環境・社会影響調査についてコメントする機会は，市民社会に与えられていないのが現状である。一方で，世銀・ADBが同事業を推進したことが，その後，ラオス国内での水力発電事業の加速につながり，適切な環境・社会配慮が行われないダム開発が次々と開始されている。多くの水力発電事業において，事業者が自発的に環境影響の回避・緩和策を立てて計画を進めることは期待できず，それを監督するラオス政府の管理能力やアカウンタビリティーが欠けているのが現状である。これまでラオスの環境政策の改善に大きな支援を投じ，またラオスの水力発電開発推進の急速な流れを作ったナムトゥン2ダムを後押ししてきた世銀やADB等のドナーにも，ラオス政府が環境政策の遵守を徹底し，開発事業における透明性やアカウンタビリティーを向上させるように働きかける責任がある。

さらに，ナムトゥン2ダム事業が抱える根本的な問題は，「貧困削減」のための開発によって，新たな「貧困」が創り出されていることである。収入や消費といった指標だけを見れば，飢餓に苦しむ人びとも，森で林産物を採り，米を自給して暮らす人びとも同じように「貧困」と扱われる。反面，違法伐採に頼って生活を営む移転住民や，村落貯蓄基金の借金を日雇い労働で返す影響住民は，「貧困」から脱却したことになってしまう。また，元々村の中で政治力

や経済力がなく、外から持ち込まれた収入向上のためのシステムに上手く乗れない人たちを切り捨てることになり、格差の拡大を引き起こしている。一方、自給的な農業、林産物の採取、牧畜、淡水漁業等によって支えられてきた人びとの暮らしの「豊かさ」は数値化されにくく、開発事業のプロセスの中では見落とされがちだ。

　元々、現金への依存度が低く、自給に近い形で農林水産業を営んでいたナムトゥン2ダム事業の影響住民は、そうした暮らしを放棄させられ、かつて経験したことのない換金作物栽培や賃金労働に従事せざるを得なくなった。2倍の収入が得られるようになったという貧困削減目標の達成は、見方を変えれば、現金収入がなければ生活できなくなったということでもある。現金収入や消費、就学率、病院や学校の数といった数値で示される貧困削減の目標達成の陰で、長期的な生計回復の道筋が見えないまま、違法伐採に関わり、借金を負うことになった影響住民が抱える新たな「貧困」は見過ごされてきた。

　「貧困削減」というレトリックが破壊的な開発事業を進めるために使われることがあってはならない。数値に表れない「貧困」と「豊かさ」、開発事業によって地域社会の中で拡大する格差にまで目を向けた上で、「貧困削減」を考える必要があるだろう。

参考文献

赤阪むつみ（1996）『自分たちの未来は自分たちで決めたい』日本国際ボランティアセンター。

東智美（2005）「なぜ日本政府はナムトゥン2ダム計画を支持したのか？――財務省-NGO定期協議臨時会合の報告」メコン・ウォッチ『フォーラム Mekong Vol.7 No.1, 2005年3月31日発行』。

東智美（2010）「『貧困削減』のための開発が生み出す新たな貧困――ラオス・ナムトゥン2水力発電事業」アジア太平洋資料センター『オルタ』2010年11・12月号。

松本悟（1997）『21世紀の開発援助 メコン河開発』築地書館。

松本悟（2006）「あえて『貧困削減』に異議を唱える『JBICウォッチ』とミレニアム開発目標」ヒューライツ大阪『国際人権ひろば』No.66。

松本悟（2009）「開発と『はかる』」メコン・ウォッチ『「はかる」ことがくらしに与える影響』。

財務省 - NGO 定期協議特別セッション（2005年4月12日）議事録（http://www.jacses.org/sdap/mof/gijiroku/mof28.pdf.pdf）。

世界銀行の同事業に関するホームページ（http://web.worldbank.org/WBSITE/EXTERNAL/COUNTRIES/EASTASIAPACIFICEXT/LAOPRDEXTN/0,,contentMDK:21109109~pagePK:141137~piPK:141127~theSitePK:293684,00.html）。

世界銀行のブログ（http://blogs.worldbank.org/eastasiapacific/category/tags/nt2）。

ナムトゥン2電力会社（http://www.namtheun2.com）。

Asian Development Bank, 2004, "*Summary Environmental and Social Impact Assessment Nam Theun 2 Hydroelectric Project in Lao People's Democratic Republic.*"

Shoemaker, Bruce, Ian G. Baird and Monsiri Baird, 2002, "*The People and Their River: A Survey of River Based Livelihoods in the Xe Bang Fai River Basin in Central Lao PDR*", November 2002.

Imhof, A. and Lawrence, S., 2005, *An Analysis of Nam Theun 2 Compliance with World Commissionon Dams Strategic Priorities*. International Rivers Network. Berkeley.

Goldman, M., 2005, *Imperial Nature The World Bank and Struggles of Social Justice in the Age of Globalization*. Yale University Press.（ゴールドマン，M., 山口富子監訳『緑の帝国——世界銀行とグリーン・ネオリベラリズム』京都大学学術出版会，2008年。）

Nam Theun 2 Power Company. 2005. "*Social Development Plan.*"

第9章

世界銀行と気候変動分野
—— NGO のアドボカシー ——

清水規子

1 気候変動分野における世界銀行の役割

　気候変動対策の国際的な合意形成の場は気候変動枠組条約（United Nations Framework Convention on Climate Change: UNFCCC）だが，世界銀行は UNFCCC 枠組み内外において途上国の気候変動対策支援において主要な役割を果たしてきた。世界銀行は，気候変動対策事業に対する直接的な支援の実施に加え，UNFCCC 他3条約の資金メカニズムの運営主体で，地球環境問題の資金メカニズムとしては現在世界最大規模の地球環境ファシリティー（Global Environment Facility: GEF）（1991年設立）等，多くの気候変動対策のための資金メカニズム（気候資金）の受託者も務めてきた。

　このような世界銀行の気候変動分野における役割は，2005年のグレンイーグルスでのG8サミットで多国間開発銀行（Multilateral Development Banks: MDBs）の役割が強調され，2007年の UNFCCC 第13回締約国会議（the 13th Conferences of the Parties: COP13）で採択された「バリ行動計画」において気候資金が気候変動における将来枠組みの基礎要素の1つとして位置づけられたことを背景に，拡大してきた（表9-1）。また，後述するように，世界銀行自らも気候変動を開発の問題と位置付け，気候変動の分野における主導的な国際機関としての地位を築こうとしている意図がみられる。

　このような世界銀行への気候変動分野における役割の拡大に連動し，非政府組織（Non-Governmental Organization: NGO）は多くの場合批判的観点からアドボカシー活動を展開してきた。では，NGO によるアドボカシー活動では，①

どのような主張に基づいたアドボカシーが行われ，②それはどのような影響をもたらし，③気候変動対策に貢献してきたのだろうか。本章では，これらの問いに答える事によって，気候変動分野における世界銀行へのNGOによるアドボカシー活動の意義を検証し，今後のこの分野におけるNGOのアドボカシー活動の将来への示唆を導く。

2　近年の気候資金を巡る世界銀行の動きとNGO

緑の気候基金（GCF）の誕生

近年，緑の気候基金（Green Climate Fund: GCF）は気候変動対策のための大規模資金を提供する機関として，途上国と非政府組織（NGO）から期待を寄せられている。2009年の第15回気候変動枠組条約締約国会議（COP15）において留意されたコペンハーゲン合意では，2010年から2012年まで先進国全体で300億米ドル（短期資金）の供与，および2020年までに先進国全体で公的資金と民間資金合わせて年間1,000億米ドル（長期資金）の動入が盛り込まれたが，GCFは特に後者の長期資金の相当部分を扱う気候変動枠組条約（UNFCCC）の下に設置されることになった基金である。このように新たな気候資金が設立された背景にはより長期的な資金の受け皿となる資金メカニズムへのニーズがあった他，途上国が地球環境ファシリティー（GEF）等の現行の資金メカニズムが途上国の利益，懸念，優先事項を十分に反映していないと主張する等，新たな基金の設置を求めていた声もあった。

翌年2010年の第16回気候変動枠組条約締約国会議（COP16）で合意されたカンクン合意では，コペンハーゲン合意の内容について改めて合意されるとともに，GCF設立の具体的な制度設計や今後のGCF設立に向けたプロセスが決定した。そのうち世界銀行に関連した制度設計に関する決定事項としては，世界銀行がGCFの暫定受託者となること，ただしその業務についてGCF業務開始から3年後にレビューを受けることである。このように世界銀行が務めることになった暫定受託者の役割は，GCFの財務資産管理，財務記録，財務諸表等，多岐に及んでいる。

また，カンクン合意では，GCF の具体的な制度設計のための機関として移行委員会（先進国15人，途上国25名の計40名で構成）の設立も決定している。移行委員会は，GCF の設立と運用化に関する法的および制度的な取決め，ガバナンス，資金管理方法，支援ツール，事務局の役割等に関し COP に助言をする任務を与えられた。移行委員会は2011年10月まで計4回開催され，その報告書は2011年末に開催された第17回気候変動枠組条約締約国会議（COP17）に提出され，採択された。

2012年8月には GCF の第1回理事会が開催され，運用に向けた作業が進められている。

気候投資基金（CIF）の設立──UNFCCC 外での世界銀行の取り組み

気候変動枠組条約（UNFCCC）の下で緑の気候基金（GCF）の設立が決定する約2年前の2008年，世界銀行のイニシアティブによって気候投資基金（Climate Investment Funds: CIF）が設立された。CIF 設立のきっかけとなったのは2005年のグレンイーグルスでの G8 サミットで，同サミットでは，エネルギーへのアクセスおよび気候変動への多国間開発金融機関（MDBs）の取り組みの促進がその声明文でうたわれた。その翌年には，MDBs が G8 に提出した報告書の中で CIF の設立が提案され，最終的にその設立は2008年7月の世界銀行の理事会で決定した。このように CIF は，概して一部の先進国と G8，そして世界銀行のイニシアティブにより設立された。

このような背景もあり，CIF による資金供与は MDBs を通じ実施されることが業務政策で規定される等，CIF の業務における MDBs の役割，また影響力は大きいが，特に世界銀行の影響力は非常に大きい。CIF の管理ユニットはワシントン D.C. にある世界銀行の事務所に設置され，管理ユニットのメンバーは世界銀行職員によって構成され，また世界銀行の国際復興開発銀行（The International Bank for Reconstruction and Development: IBRD）は，CIF を構成する2つの基金（戦略気候基金（The Strategic Climate Fund: SCF）およびクリーン技術基金（Clean Technology Fund: CTF））の受託者を務めている。

CIF の設立から2年が経過した2010年，MDBs は共同声明において，CIF

表9-1　世界銀行の気候変動分野への関与に関する近年の動き（略年表）

2005年	G8サミット（グレンイーグルス）において，世界銀行を中心とする多国間開発銀行（MDBs）による気候変動への取り組みの促進に合意
2007年末	第13回気候変動枠組条約締約国会議（COP13）で採択されたバリ行動計画における，気候資金の役割の強調
2008年	気候投資基金（CIF）の設立が決定
2009年末	第15回気候変動枠組条約締約国会議（COP15）において留意されたコペンハーゲン合意において，緑の気候基金（GCF）設立が盛り込まれる
2010年末	第16回気候変動枠組条約締約国会議（COP16）において合意されたカンクン合意に，GCFの制度設計に関する具体策が盛り込まれる
2011年	GCF制度設計のための会議（移行委員会）の開催
2011年末	移行委員会による提案が，第17回気候変動枠組条約締約国会議（COP17）において合意される

出所：筆者作成。

を，透明性，協力，気候変動対策拡大の新しいモデル事例として位置づけている。さらに，世界銀行と国際通貨基金（International Monetary Fund: IMF）は，理事会の共同閣僚級委員会による記者発表において，GCF設立のための世界銀行による支援に対する期待を述べている。このように，世界銀行はCIFをGCFのモデル事例と位置づけ，宣伝し，GCFへの関与への意欲をみせている。

気候投資基金（CIF）設立への批判と世界銀行の対応

　このように世界銀行が気候資金への関与を強める中，NGOはどのような立場をとってきたのだろうか。

　このテーマに関するNGOの主張には，表現方法や主張の強さにはNGO毎に差が見られるものの，概して「世界銀行は気候資金に関与するべきではない」という一貫した考え方がその根底に見られる。逆に，「関与するべき」と主張する気候変動問題に取り組むNGOはほとんど見られない。では，なぜNGOは世界銀行による気候資金への関与に反対するのだろうか。そのような主旨で政策提言活動をするNGOは数多く存在するものの，本節では気候変動枠組条約（UNFCCC）の会合の内外で活発な政策提言を行っているAction Aid, Friends of the Earth US (FoE US), Third World Network (TWN) の3つの国際NGOを中心に整理した（図9-1）。日本のNGOの中にも，このテーマに

> **Action Aid** 1972年に設立された。南アフリカのヨハネスブルグに本部を置く国際NGO。世界43カ国で活動している。歴史的には貧困問題に取り組んできたが，2012年以降の5カ年戦略において，気候変動による貧困層への甚大な影響を背景に，貧困層が気候変動に対処する（Resilience）能力の強化も活動に位置づけられた。
> **Friends of the Earth US (FoE US)** 1971年に設立された，世界76カ国にメンバー団体を抱えるFriends of the Earth Internationalの米国メンバー。気候変動のみならず，遺伝子組み換え食物，海洋汚染等幅広い環境問題に取り組んでいる。気候変動問題については，気候資金のほか，国内ではタールサンド事業やバイオ燃料事業の問題に取り組んでいる。
> **Third World Network (TWN)** 1984年にマレーシアのペナンに設立されたネットワークで，ペナンの消費者連盟によって開催された国際会議に参加した21カ国の参加者によって設立された。世界各地にネットワークの拠点を持つ。途上国が直面する課題や開発に関する理解を深め，公正，公平で持続可能な開発のための政策への転換に貢献するという目標を掲げている。気候変動問題には90年代末から取り組んでいる。

図 9-1 NGO の紹介〈気候資金〉

関する要請書等への署名および日本政府への提言活動が見られるが，総じて国際的なアドボカシー活動と連動しており，ここでは国際的なアドボカシーを主導している海外のNGOの動きについて述べる。

世界銀行に気候資金に関与させないとするNGOの動きは，以前より見られたものの，CIFの設立を巡り一気に強まった。2008年2月，世界銀行によるCIFの提案書が漏洩し，2008年3月末から4月初めに開催されたバンコクでのUNFCCCの会合において，NGOのみならずG77と中国の代表が「気候対策を目的とする資金が生まれることは歓迎するが，その資金は必ずしも条約の目的に資することのない機関の手中にある」と主張する等，世界銀行は激しい非難にさらされた。また，NGOも，CIFの設立が2007年から計画されていたにもかかわらず幅広いステークホルダーとの協議が実施されないままにCIFが設計され，関係ドナー政府と世界銀行によって密かに進められていたことを非難した。

一般的に，気候変動枠組条約（UNFCCC）の締約国会議（COP）からの基金の独立性および自由度が高くなるほど，締約国は基金を管理下に置くことは難しくなるが，NGOがCIFの設立にあたって懸念をした1つの背景はこの点にある。NGOは，CIFがUNFCCCの外で設置されれば，COPの下での管理ができず，先進国主導の意思決定プロセスで進められてしまうこと，またUNFCCCの下での気候変動交渉の議論に先行して実態が進んでしまい，交渉

での議論を歪めてしまうことを懸念した。

　2008年4月初旬，世界銀行はCIFの設立文書の修正版を公表した。修正版では，批判に対応する形で，CIFはUNFCCCとの一貫性を保つこと，国連こそが気候変動政策を扱う適切な機構であること，CIFの実施主体であるMDBsは気候変動交渉の結論に先行するべきではないこと等，UNFCCCを尊重する文言が追加された。それでもなお，Third World Network等のNGOは，世界銀行が提案するCIFの設立はUNFCCCでの議論を歪める等と主張し，再び世界銀行によるCIFの設立を非難した。2008年6月，約130団体のNGOは主に以下の点を根拠に，CIFの設立に反対する声明を発表した。

・気候変動は先進国の責任であるにもかかわらず，CIFの設立文書では，気候変動がもたらす影響への対処（適応）に対して（贈与ではなく）融資が提案されていること
・2005年グレンイーグルサミット（G8）以来，世界銀行による化石燃料に対する貸付は再生可能エネルギーの技術への支援を上回るペースで増加している。世界銀行はCIFを設立する以前に，エネルギー部門への融資の改革が必要であること
・CIFを構成する基金の1つであるクリーン技術基金（CTF）によって支援される「クリーン技術」は定義がなく，大規模石炭火力発電所に対する融資に大きく傾く重大な懸念があること
・世界銀行の意思決定は資金拠出額に比例しているため，途上国政府の意見を十分に反映していないこと

　その後，世界銀行は2008年5月の春の総会（スプリングミーティング）においてNGOとの協議を開催したが，同月にはドイツ・ポツダムにおいて計40の先進国と途上国がCIFの設立に合意し，最終的にその設立は2008年7月の理事会で決定された。途上国や市民社会からの声を受け，CIFの設立文書には，UNFCCCとの一貫性に関する条文，またUNFCCCで議論されている気候変動の将来枠組みに先行しないよう，新しい資金メカニズムが稼働した時点で，CIFの業務終了のために必要な措置をとる旨の規定（CIFの終了条項）が含められた。ただし，UNFCCCの交渉の結果によっては，その業務を続行すること

も同時に規定されているため，現実的にこの終了条項がどのように機能するのか否かは不明である。

世界銀行は緑の気候基金 (GCF) に関与するべきではない――NGO の主張

気候投資基金 (CIF) のケースとは異なり，NGO は緑の気候基金 (GCF) の設立には期待しているものの，CIF に対する世界銀行への批判とほぼ同様の趣旨で GCF への世界銀行による関与に否定的である。Action Aid は2011年4月の第1回の GCF の具体的な制度設計を議論する移行委員会の開催前に，82団体の連名つきで意見書を気候変動枠組条約 (UNFCCC) の事務局に提出した。提言は全部で15項目に及ぶが，そのうち以下が世界銀行に関連する項目である。いずれの項目も，世界銀行および多国間開発銀行 (MDBs) が GCF に関与することへの警戒感が表れ，そして GCF を UNFCCC の締約国会議 (COP) の管轄下に置くべきとの考え方が如実に表れている。

・世界銀行またはその職員を，移行委員会，GCF のファシリテーター，事務局等の主要な役割を担うポストに置かないこと
・世界銀行の役割を，GCF の資産管理，財務記録，その他理事会より要求された財務報告書の作成に限定すること
・GCF の理事会を MDBs から完全に独立させ，UNFCCC のガイダンスの下に置くこと
・GCF は UNFCCC に対して説明責任を負うこと
・GCF が気候資金の大部分を扱うようにするため，CIF の終了条項に従い，GCF の運用開始後 CIF は業務を終了すること

以上のうち，NGO が GCF の運用開始後に CIF が業務終了を論じる背景には，CIF の耐性（気候変動への対処）のためのパイロットプログラム (Pilot Program for Climate Resilience: PPCR) と，地球環境ファシリティー (GEF) にある適応関連基金を比較した場合，UNFCCC の下に運営されている GEF よりも，UNFCCC 外で世界銀行が中心となって運営されている PPCR に対しより多くの資金が拠出されていること（図9-2）がある。

この他，FoE US のように，民間資金の活用については非常に懐疑的で，世

第Ⅲ部　内から働きかける

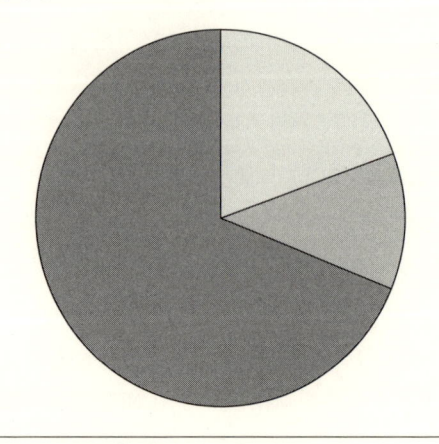

□ GEFの後発開発途上国基金：1億7,650万ドル
□ GEFの特別気候変動基金：1億450万ドル
■ CIFの気候変動のためのパイロットプログラム：6億1,750万ドル

図9-2　GEFとCIFのプレッジ額の比較
出所：Action Aid (2009) 'Equitable Adaptation Finance'

界銀行を市場メカニズムの推進の象徴として位置づけ，世界銀行によるGCFへの関与を否定しているNGOもいる。

緑の気候基金（GCF）移行委員会での議論

　以上のように，「世界銀行は気候資金に関与するべきではない」とのNGOの議論がある一方，先進国と途上国は「誰がGCFを支配するべきかの問題(the question of who should control of the fund)」について議論を繰り広げていた。そのような状況において，NGOの主張は途上国の利害関係と一致し，NGOは一部の途上国と連携し，あるいはその発言を利用することによって自らの主張を強めてきた。
　このように，NGOの主張が途上国と一致し，世界銀行の排除に関して紛糾したのが，GCFの移行委員会の技術支援ユニットを巡る議題である。
　移行委員会の業務を支援するために技術支援ユニットを設立すること，そしてそのスタッフはUNFCCC，GEF，国連機関や多国間開発銀行（MDBs）から配置されることはCOP決定によって既に決まっていたが，2011年4月の第1

回の移行委員会の前に，CIF の設立に深くかかわった世界銀行の前環境局長が GCF の設計スペシャリストとして技術支援ユニットに関与していたという噂が広まっていた。NGO としては，世界銀行が技術支援ユニットに関与すれば，世界銀行が議題設定し，したがって移行委員会での結論を世界銀行が導くことが可能になることに対する懸念があった。

　このような状況を受け，NGO は一部政府に対して働きかけをした。移行委員会では，ニカラグア，フィリピン等の途上国は，世界銀行のスタッフが技術支援ユニットに配置されれば，技術支援ユニットは受託者としての世界銀行を雇用することになるため，利益相反になるとの主張をする等の疑問を投げかけた。これに対してアメリカは，CIF の終了条項に関する意思決定は世界銀行ではなく CIF によるものであるため利益相反にはならないと主張する等，多くの先進国は利益相反を否定した。結局，この問題は利益相反の是非に関して UNFCCC 事務局の法律的な見解に委ねられることになったが，国連の制度的には利益相反はないとする結論が出されている。

気候変動は世界銀行のミッションの中核——世界銀行の反論

　では，世界銀行は以上のような NGO による批判をどのように捉え，また対応してきたのだろうか。

　まず，世界銀行による気候資金への関与については，NGO の主張とは逆に，次の2つの理由から気候変動を「世界銀行のミッションの中核を成す」ものとして捉えている。第1に，2030年までに地球全体の年平均気温の上昇を産業革命前と比べて2℃に抑えたとしても，途上国は年間1,400〜1,750億米ドルの損失を被ることが試算されていることから，世界銀行が掲げるミッションである開発と貧困削減にも大きな影響が生じることである。第2に，途上国への被害が予測されまた途上国支援へのニーズが高まっているが，途上国が気候変動対策を取るために必要な資金の5％しか現在約束されていないことである。

　次に，世界銀行による石炭事業に対する支援に関する世界銀行の対応をみてみよう。2008年，世界銀行は「開発と気候変動：世界銀行グループの戦略枠組み」を策定しており，その中で，石炭事業に対する支援基準を設定し，実施可

能な最低コストの代替案の十分な検討，入手可能な最良の技術の使用，開発効果の立証等の，一定の基準を満たされた場合にのみ例外的に新規の石炭事業に対して支援をするという方針を取っている。

また，世界銀行は，自身の再生可能エネルギーへの支援を増加させている。世界銀行グループの再生可能エネルギーのポトフォリオは，31億ドル（2008～09年度）から49億ドル（2010～11年度）になり，再生可能エネルギーの割合が同時期の全エネルギーポトフォリオと比較して，20％から23％に増加している。

このように，石炭への支援や再生可能エネルギー支援に関しては，NGOからの主張に対する世界銀行側の一定の取り組みがみられる。しかし，それでもなお，世界銀行が気候資金に関与するべきか否かという点については，NGOと真っ向から意見が対立している。

3　気候変動対策としての森林分野を巡る世界銀行の関与とNGO

気候変動要因としての森林減少・劣化

森林減少および劣化の問題は，森林分野の問題として過去何十年にもわたりグローバルな課題として取り上げられてきた。この問題が，正式に気候変動枠組条約（UNFCCC）の場で「気候変動対策の一環として」取り上げられるようになったのは，2005年末にカナダのモントリオールで開催された第11回気候変動枠組条約締約国会議（COP11）において，パプアニューギニアとコスタリカを代表とする熱帯雨林連合が提案して以降のことである。このように森林分野の課題が気候変動の課題として扱われるようになった背景には，熱帯雨林連合の参加国が，クリーン開発メカニズム（Clean Development Mechanism: CDM）（先進国が途上国を支援して炭素クレジットを生みだす仕組み）の恩恵を受けておらず，森林分野でも炭素クレジットを生み出すメカニズムを作りたいという思惑があったこと，また2000年時点で森林減少等の土地利用変化による温室効果ガス（Greenhouse Gas: GHG）の排出が，世界のGHG排出の約20％を占めていることが明らかにされたという背景がある。

そこで提案されたのがREDD＋(Reducing Emissions from Deforestation and

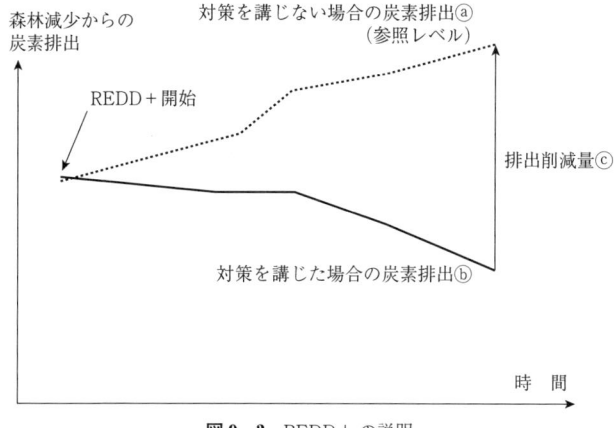

図9-3 REDD＋の説明

Forest Degradation ＋）である。REDD＋とは，途上国における森林の減少・劣化に対策を講じて防止した場合のGHG排出ⓑと，何も対策を講じなかった場合に排出されたであろうGHG排出ⓐの差を温室効果ガス（GHG）削減ⓒとみなし，削減分に対してクレジットや補償を与える仕組みを指す（図9-3参照）。このようなREDD＋の対策の具体的活動には，(1)森林減少・劣化による排出削減，(2)森林保全，(3)持続可能な森林経営，(4)森林炭素蓄積の強化の活動による排出削減が含まれる。

　しかし，「対策を講じない場合の炭素排出（参照レベル）（図9-3ⓐ)」をどのように算出するのか，また実際の排出削減をどのように測定，報告，検証（Measurement, Reporting and Verification: MRV）するのか等，実際の運用に際し国際的に議論を重ねなければならない点も多々ある。そこで，REDD＋に関する議論はCOP11以降重ねられ，2011年末の第17回気候変動枠組条約締約国会議（COP17）では，参照レベル，セーフガード政策等に関するガイダンスについて決定がなされた。しかしながら，MRVシステムや資金メカニズム等については今後の検討事項とされ，森林減少の促進要因に関する議論は第18回気候変動枠組条約締約国会議（COP18）から開始される予定であり，UNFCCCの交渉レベルではREDD＋の具体像は詰め切れていない。

世界銀行による REDD＋への取り組み

　気候変動枠組条約（UNFCCC）の下での交渉が遅れる一方，2007年末の第13回気候変動枠組条約締約国会議（COP13）では，REDD＋の国内および国際的行動の強化がバリ行動計画において合意されたことも背景にあり，実際にはREDD＋事業や，2国間・多国間に関わらず事業への支援が行われている。2008年9月には，「UN-REDD プログラム」という，国連のイニシアティブによる途上国の REDD＋戦略策定実施に対する支援の枠組みが設立された。

　一方の世界銀行は，2007年7月のハイリゲンダム・サミット（G8）により可能な限り早期の段階での基金を設立するべきという要請を受け，2007年末のCOP13 において森林炭素パートナーシップ基金（Forest Carbon Partnership Facility: FCPF）の設立を発表し，2008年6月より運用を開始している。FCPFにおける世界銀行の役割は，FCPF の受託者，基金管理担当として事務局サービスの提供を含め，FCPF 全体の運営に責任を負っている。また，世界銀行によるREDD＋への関与としては FCPF 以外にも，CIF の下にある森林投資プログラム（Forest Investment Program: FIP）があるが，FIP については CIF の一部であるため，本章では FCPF に焦点をあてる。

　FCPF は，準備メカニズムと炭素基金から構成されている（図9-4参照）。準備メカニズムは，熱帯および亜熱帯の途上国に対する，REDD＋実施のための戦略策定，REDD＋を実施しなかった場合の炭素排出シナリオ（参照シナリオ）の設定，将来の排出量予測の評価，そして排出削減量を測定・報告・検証するための国レベルでの MRV システムの構築等を支援する。

　準備メカニズムは3段階にわかれており，①事業構想を練る準備計画アイディア（Readiness Preparation Proposal Idea Note: R-PIN）段階，②REDD＋実施のための分析，能力構築，主要関係者との協議等を実施する準備提案書（Readiness Preparation Proposal: R-PP）段階，③REDD＋戦略策定や協議の開催を行う準備パッケージ（Readiness Package: RP）段階がある（図9-5参照）。2012年6月の時点で，準備メカニズムには36カ国が参加している。

　そして，準備メカニズムにおいて成功したとされる国が，炭素基金の対象国になる（5カ国とされている）。炭素基金では，FCPF は REDD＋事業により生

```
┌─────────────────────────────────┐    ┌─────────────────────────────────┐
│         準備メカニズム           │    │           炭素基金               │
│ ●目　的　REDD＋によるインセン    │    │ ●目　的　REDD＋実施による排出   │
│   ティブ付与のシステムに参加す   │    │   削減のインセンティブ付与       │
│   るための能力支援               │ ⇒  │ ●内　容                         │
│ ●主な支援対象                   │    │ ・準備メカニズムで進捗の良い5カ  │
│ ・REDD＋の参照シナリオ（対策を講 │    │   国を対象にREDD＋の実施         │
│   じない場合の炭素排出）の設定   │    │ ・排出削減に応じた実施国への支払 │
│ ・国家REDD＋戦略の策定           │    │   い                             │
│ ・炭素排出の測定・モニタリング・ │    │                                 │
│   立証システムの設計と実施       │    │                                 │
│ *2012年6月時点で，36カ国参加     │    │                                 │
└─────────────────────────────────┘    └─────────────────────────────────┘
```

図9-4　FCPFの構成

```
┌──────────────────────────────┐
│ R-PIN（準備計画アイディア）   │    ・関係者委員会による承認
│ ・FCPFの参加希望国が基金管理  │ ⇐  ・承認されれば，FCPF参加国となる
│   担当（世界銀行）に提出      │
│ ・構想段階の文書              │
└──────────────────────────────┘
              ⇩
┌──────────────────────────────┐
│ R-PP（準備提案書）            │    ・基金管理担当（世界銀行）によるレビューと，
│ ・REDD＋実施のための分析及び  │ ⇐    関係者委員会による承認
│   能力構築と主要なステーク    │    ・承認されれば，R-PP実施のための贈与の付与
│   ホルダーとの協議            │
└──────────────────────────────┘
              ⇩
┌──────────────────────────────┐
│ RP（準備パッケージ）          │    ・基金管理担当（世界銀行）によるレビューと，
│ ・REDD＋戦略策定や協議とアセ  │ ⇐    関係者委員会の承認
│   スメントの他，パイロット    │    ・承認されれば，炭素ファイナンスメカニズム
│   事業も実施                  │      の段階に進むことが可能になる
└──────────────────────────────┘
```

図9-5　FCPF準備メカニズム

じた排出削減量を独立的に検証後，その排出削減分に応じた支払いを当該国に対して行い，また削減された排出量は，各国政府，民間企業，NGO等の炭素基金の出資者に提供される。

FCPF設立を巡る世界銀行とNGOの議論

　森林減少と劣化を防ぎ，温室効果ガス（GHG）の排出を削減・抑制できるのであればNGOからも歓迎されるのではないかと思うが，REDD＋の分野にお

> **Bank Information Center（BIC）** 1987年設立。米国ワシントンに本部を持つ。「社会・経済的正義」や環境の持続性を促進するために，世界銀行を中心とする国際開発金融機関への政策提言活動を実施している。
> **Global Witness** 1993年設立。イギリス・ロンドンに本部を持つ。違法伐採問題や天然資源を巡る汚職や紛争の問題解決のために取り組んでいる。
> **World Resources Institute** 1982年設立。米国ワシントンに本部を持つ，300人以上のスタッフをかかえる研究機関。環境問題と同時に開発問題を扱う。森林分野のみならず，気候変動，生物多様性，環境と市場メカニズム等幅広い問題の研究，提言活動を行っている。

図9-6　NGOの紹介〈REDD＋〉

いても世界銀行へのNGOによる根強いアドボカシー活動がある。本節では，その中でも特に中心となっている，Bank Information Center（BIC），Global Witness, World Resources Instituteの活動を中心に紹介する（図9-6）。また，気候変動同様，日本のNGOの中にも，このテーマに関する要請書等への署名および日本政府への提言活動がみられるが，総じて国際的なアドボカシー活動と連動しているため，ここでは国際的により主導している海外のNGOの動きについて述べる。

NGOによる森林炭素パートナーシップ基金（FCPF）に関する世界銀行へのアドボカシーは，その設立前に遡る。2007年初めに，FCPF設立に関する概要が発表されたが，それ以降NGOは，世界銀行が主催する協議への参加や要請書の提出等を通じ，懸念を世界銀行に対して伝え，また世界銀行もNGOの主張に対して反論をした。表9-2は，FCPFの設立前の段階における，FCPFに関するNGOの指摘とそれに対する世界銀行の反論または対応である。

FCPFの設立発表が予定された第13回気候変動枠組条約締約国会議（COP13）直前の2007年11月には，NGOや先住民族団体の計83団体によって「NGO声明」が発表されている。声明文は，持続可能なREDD＋実現のためには，先住民族の権利等の人権の尊重が前提であるとの原則を提示した上で，世界銀行が提案したFCPFの制度設計の欠点を指摘し，結論としてFCPFの設立発表はCOP13の場で設立されるべきではないと要請している。

ただし，NGOによっては多少その主張の強弱やスタンスが異なっており，World Resources Instituteの場合には，世界銀行によるFCPF設立のイニシアティブを歓迎しつつ，REDD＋によってもたらされるGHG排出削減分の取

表 9-2 主な NGO の主張と世界銀行による反論または対応（FCPF 設立前）

議論の項目	NGO による主張	世界銀行の反論または対応
FCPF の進め方	・世界銀行は「実践しながら学習し，改善していく（Learning by doing）」と主張し続け，事業の方法論等の重要な問題に対応することを避けている。	・Learning by doing の方法は，本質的に異なる視点，そして時として対立する視点が併存したまま進められることもある。
セーフガード政策	・世界銀行のインスペクション・パネルに申し立てられ，その問題が指摘された，カンボジアの森林コンセッション管理のパイロット事業等，世界銀行が支援する事業の教訓から学ぶことが必要。	・セーフガード政策を適用する。 ・過去の教訓は FCPF に既に反映されている。
FCPF のマンデート	・森林伐採の減少ではなく，森林伐採の（10年以内に）中止を目指すべき。	・FCPF のマンデートは，森林伐採を中止することはではなく，森林減少の速度を緩めるための能力構築である。
産業伐採への支援	・FCPF は産業伐採を支援するべきではない。	・民間企業による産業伐採も含めた多様なステークホルダー間のパートナーシップを推進する。 ・過去，産業伐採が森林に生計手段を依存する人びとの利益にならなかったケースは認識。産業伐採が森林減少の要因である場合には各国の REDD＋政策に反映させる。
FCPF 設立の際の協議開催	・協議が不適切で，制度設計プロセスが拙速である。 ・熱帯雨林に住む人びとや市民社会との適切な協議が実施されていない。 ・FCPF 憲章のドラフト版の公開のタイミングが遅く，また英語のみの公開であった。	・FCPF は，今後多くの市民社会との協議を実施する（設立直後にも，協議を開催）。 ・設立前の協議は，Learning by doing のプロセスの始まりに過ぎない。
セーフガード政策	・世界銀行のセーフガード政策の適用が確保されていない。 ・FCPF の意思決定に市民社会や森林に依存する人びとが参加する機会がない。 ・地元住民と先住民族の参加と権利を保障し，公平な利益配分を確保し，また生物多様性の保全にも貢献すること。	・ドラフト版の FCPF 憲章においてセーフガード政策の重要性を記載する。 ・世界銀行のセーフガード政策を適用する。
市場メカニズム	・FCPF の制度は市場メカニズムを過度に重視し，GHG 排出削減に焦点があてられている。	・市場メカニズムの導入は，民間セクター向け政策の策定，コミュニティベースの開発事業実施，違法伐採対策の強化等のインセンティブを REDD＋実施国に対して与えるものである。

FCPF と UNFCCC との関係	・FCPF は UN-REDD を弱体化させ，UNFCCC の交渉に実質的に先行する。	・FCPF は，2013年以降の UNFCCC の下での REDD＋の議論に関する国際交渉に先行するものではない。むしろ実務的な知識を UNFCCC の交渉の場に提供するものである。

引は慎重に行うこと，また幅広い協議の開催をすること等，FCPF の設立を前提とした上での，FCPF の制度に踏み込んだ要請をしている。

NGO にも開かれた FCPF 関係者会合

多くの NGO からの反対はあったが，結局，森林炭素パートナーシップ基金 (FPCF) は，2007年12月の第13回気候変動枠組条約締約国会議 (COP13) において設立された。FCPF の設立にあたっては様々な観点から NGO からの議論を呼んだ一方で，世界銀行内部での働きかけもあり，FCPF 参加国の選定や，参加国が提出した準備メカニズムの準備提案書 (R-PP) の審査 (図9-5参照) 等，FCPF の準備メカニズムにおいて重要な役割を担う場である関係者委員会に，市民社会や先住民族の代表がオブザーバーとして参加することが FCPF の制度として認められることになった。正式には，FCPF の憲章において NGO と先住民族のオブザーバー参加は各1名とされているが，実際には，2012年8月現在，NGO から10名の参加が許されている。

これにより，市民社会や先住民族の代表に投票権はないものの，関係者委員会での発言が可能になった。したがって，関係者会合の場が NGO による FCPF へのアドボカシーの場の中心となったが，それだけにとどまっている訳ではない。関係者会合の前に，FCPF の欧米ドナーおよび世界銀行との個別会合を通じて，事前に情報のインプットや意見交換をし，関係者会合における意思決定に影響を及ぼすための働きかけをしてきた。

世界銀行のセーフガード政策適用の是非

森林炭素パートナーシップ基金 (FCPF) 設立後は，NGO のアドボカシーの中心は，FCPF の制度設計にかかわる根本的な議論 (表9-2参照) から，

第9章 世界銀行と気候変動分野

準備メカニズムのプロセス

```
┌─────────────────────────────┐
│ R-PIN（準備計画アイディア）      │
│ ・FCPFの参加希望国が事業構想段階 │
│   の文書であるR-PINを世界銀行に提 │
│   出                          │
└─────────────────────────────┘
            ↓
┌─────────────────────────────┐
│ R-PP（準備提案書）              │
│ ・REDD＋実施のための分析及び能力 │
│   構築と主要なステークホルダーとの │
│   協議の実施                    │
└─────────────────────────────┘
            ↓
┌─────────────────────────────┐
│ RP（準備パッケージ）             │
│ ・REDD＋戦略策定や協議とアセスメ │
│   ントの実施の他、パイロット事業も │
│   実施                         │
└─────────────────────────────┘
```

セーフガード政策を巡る議論の変せん

```
┌─────────────────────────────┐
│ 世界銀行による修正提案           │
│ ・セーフガード政策を準備メカニズムに適用 │
│ ・戦略的環境社会アセスメント（SESA）は世 │
│   界銀行のセーフガード政策の遵守を確保す │
│   るためのツール                 │
└─────────────────────────────┘
            ↑
┌─────────────────────────────┐
│ NGOの主張                      │
│ ・FCPF準備メカニズムの段階から世界銀行 │
│   のセーフガード政策を適用するべき │
└─────────────────────────────┘
            ↑
┌─────────────────────────────┐
│ 世界銀行の当初提案               │
│ ・準備パッケージ（RP）終了時までに、世界 │
│   銀行のセーフガード政策に沿った環境社会 │
│   管理枠組みを構築すれば良い      │
│ ・世界銀行のセーフガード政策は必要に応じ │
│   例外的に適用                  │
└─────────────────────────────┘
```

図9-7　FCPF準備メカニズムのセーフガード政策を巡る議論

FCPFの事業承認の方法やプロセス、透明性、説明責任の明確化等、FCPFの設立を前提としたより現実的な議論にシフトしている。

その中でも、関係者会合の場でNGOが提起し、大きな議論になったのが、セーフガード政策に関する議論である。セーフガード政策とは、FCPFがREDD＋を支援する際に、事業が行われている現地で、負の影響をもたらす事のないように講じる政策だが、この政策をFCPFが支援するREDD＋事業に適用するか否かという点が議論になった（図9-7参照）。

REDD＋は、森林を保護するために時として途上国の人びとの森林利用を制限するといった対策が取られる場合もあり、森林または森林生態系の恵みにその生活手段を依存している人びとは事業による負の影響を受けることになる。このような場合、代替の生計手段を確保することは一般的に非常に困難である。従って、影響を受ける人びとが取り返しのつかない影響を受けることのないよう、セーフガード政策を適切に適用し、また実施することが重要である。

FCPFのセーフガード政策に関する方針は、2009年3月に開催された第3回

関係者委員会において世界銀行により発表された。しかしその内容は，FCPFの準備メカニズムの初期段階は，協議の実施方法を設計する等の環境社会配慮の枠組みを設計するという段階であり，事業実施段階における適用を想定している世界銀行のセーフガード政策は適用されないという趣旨であった。

同じく第3回関係者委員会では，パナマ，ガイアナ，インドネシアの準備提案書（R-PP）に対して，セーフガードの側面等から，NGO や技術助言委員会（関係者委員会や基金管理チーム等に助言するために設置された独立パネル）が数多くの重大な懸念事項を指摘していたにもかかわらず，関係者委員会はこれらのR-PPを承認した。

このような状況を受け，FCPFのセーフガード政策に関する懸念がNGOに広がった。そして2009年10月の第4回関係者委員会開催前に，NGO12団体は，FCPFの審査の基準を明確化すること，また世界銀行のセーフガード政策を遵守している事業に対してのみ資金支援をすることを求める書簡を関係者委員会に提出した。

だが，第4回関係者委員会でも世界銀行の立場は変わることはなかった。世界銀行は，事業の形成段階である準備メカニズムに（事業実施段階を想定した）世界銀行のセーフガード政策を適用するのは適切ではないため，準備メカニズムの段階は戦略的環境社会アセスメント（Strategic Environmental and Social Assessment: SESA）と呼ばれる代替策の適用を提示した。SESAは，REDD＋事業の形成段階においてセーフガード政策の要素を他の政治および経済等の要素に組み入れるアプローチである。そのプロセスを進めた結果として，準備メカニズムの最終段階において世界銀行のセーフガード政策に沿った環境社会管理枠組み（Environmental and Social Management Frameworks: ESMF）を策定し，ESMFをその後の段階において適用すれば良いとするものであった。

これに対し，Global Witness 等の NGO は，FCPF は「世界銀行はセーフガード政策遵守をチェックするタイミングを遅らせようとしており，またセーフガード政策を回避している」と主張した。先進国からは，セーフガードの遵守をより重んじるべきという意見もあったものの，途上国政府は，R-PPの段階でセーフガード政策を適用すれば支払いの遅れ等の支障を引き起こすこと，

またそれによってFCPFの利便性を損なうこと，そして世界銀行のセーフガード政策は大規模インフラ事業に適したものであるため，小規模なパイロット事業を通した「Learning by doing（実践しながら学習，改善していく）」の方針が必要であるとし，NGOと，FCPFおよび途上国との間で対立が生まれていた。

結局，その後のNGOによるアドボカシー活動の結果，2010年末，世界銀行は，世界銀行のセーフガード政策を準備メカニズムに適用し，SESAは世界銀行のセーフガード政策の遵守を確保するためのツールであることを認めた。

準備メカニズムの個別事業でのNGO政策提言

セーフガード政策等，NGOのアドボカシー活動によるFCPFの政策面での一定の「質」の強化が見られるが，その政策が適切に実際のFCPFが支援する個々のREDD＋事業に反映され，FCPFの事業の質が向上しなければ意味をなさない。したがって，NGOは個別のREDD＋事業に対するアドボカシー活動も実施している。

Global Witness, World Resources Institute等のNGO，そしてREDD＋事業実施国のNGOは各国の準備提案書（R-PP）等をレビューし，関係者委員会への意見書の提出等を通じたアドボカシー活動をしている。このようにNGOが提出する意見書は，法律の実効性の低さ，ガバナンス等の森林減少の促進原因の軽視，REDD＋による負の環境社会影響への対策の軽視，炭素排出対策への偏重に対して警鐘を鳴らすものが多い。

このようなNGOのR-PPに対する意見の中には，その後のREDD＋事業に対するFCPFの意思決定に反映された例もある。例えば，第8回関係者委員会開始前に行われたカンボジアのNGOの代表と複数のドナーとの個別会合等への情報のインプットや意見交換，また関係者委員会での発言を通じ，NGOは違法伐採を許容しまたコミュニティの土地を脅かしている大規模森林伐採等に対し認可を与えないこと，コミュニティの土地と自然資源の権利に関する法的枠組みや関連政策の実施状況を見直すことを主張した結果，これらの多くの

主張は関係者委員会におけるカンボジアのR-PPに関する決議文に反映された。決議文には，FCPFによるR-PPへの支援決定前に，カンボジア政府はコミュニティの資源や土地の権利に関する既存の政策枠組みを見直すべきであるという明確な指示も含まれており，カンボジア政府はこれに対する策を実施しない限り，FCPFからR-PPに対する支援を受けられない事になった。

炭素基金の運用開始とNGOの排除

FCPFの運用開始からおよそ3年半経過した2011年5月，実際のREDD＋事業によるGHG削減に基づく支払いを実施する炭素基金の運用を開始した。しかし，NGOによる批判を警戒したためか，世界銀行は炭素基金の運用開始と同時に，トランシュ会合（炭素基金に関する実質的な意思決定機関をする出資者会合）へのNGOによるオブザーバー参加を認めないことを可能にする修正をFCPF憲章に加えた。その一方で，NGOが参加を許されている会合で取り扱うことができる内容（排出削減量，排出削減に対する支払時期，利益分配等に関する議論等）が大幅に減らされていた。

NGOがこの修正を知ったのは，2011年6月に開催された第1回FCPF炭素基金の会合の2日前である。Bank Information Center等の7団体のNGOは，FCPFの事務局に要請書を提出し，ビジネス上の秘匿情報がある場合以外についてオブザーバー参加を認める事等を要請した。しかし，その後，FCPF憲章の規定は再修正されていない。

準備メカニズムの対応とは一転したこのような閉鎖的な対応には，公開されない場で炭素基金のドナーとREDD＋参加国の率直な意見交換を促したかったという世界銀行の意図，また企業秘密を扱う可能性があるという背景があった。そのような事情も理解できる面はあるものの，今回のトランシュ会合へのオブザーバー参加の是非に関する意思決定プロセスは民主的とは言えず，このような対応が，民間セクター活用に対するNGOの懸念を強めてしまうことにつながったと言えるだろう。

第⑨章　世界銀行と気候変動分野

様々な NGO の FCPF への立場とアプローチ

　以上のように，NGO は，FCPF の政策や支援する REDD＋の事業に対して第三者的立場から提言活動をし，FCPF の「改善」を求めてきた。

　その一方で，事実上 REDD＋自体に疑問を呈し続ける NGO や，逆に FCPF への資金の拠出をする NGO も存在する。前者の例としては，FoE International が挙げられる。FoE International は，①森林減少や劣化は（抑制ではなく）止めるべきであること，②現在の REDD＋は森林を生計手段とする10億人の慣習的な土地の権利が尊重されていないこと，③（途上国で実施される）REDD＋における炭素市場の活用は，先進国による排出削減の責任の転嫁を誘因すること，④③によって，先進国の炭素集約的なライフスタイルの継続を促してしまうこと等を理由に，REDD＋の問題を訴えている。したがって FoE International の場合には，FCPF に対してよりもむしろ REDD＋自体に関するアドボカシー活動が目立つ。

　後者の FCPF への資金の拠出をする NGO としては，世界最大の環境保護の NGO である The Nature Conservancy が挙げられる。The Nature Conservancy は，REDD＋の炭素取引に関する最も積極的な推進者の１つであり，2008年の FCPF の設立時に500万米ドルの拠出を表明し，NGO として唯一関係者委員会および炭素基金のメンバーとして FCPF の意思決定に関わっている。

　このように，REDD＋自体に疑問を呈する立場から，REDD＋自体を受け入れるがそれを改善させる活動をしている立場，また世界銀行による REDD＋への取り組みを積極的に促進する立場まで様々な立場の NGO が存在し，FCPF に対する NGO の意見を一括りにはすることはできない。ただし，多くの NGO において，世界銀行は化石燃料支援を中止するまで気候資金の分野から撤退するべきであるという主張，また FCPF が UN-REDD を弱体化し，UNFCCC の交渉に実質的に先行してしまうことへの懸念が共有されていたようである。

FCPF と UN-REDD

　本章では，NGO の世界銀行への働きかけを紹介してきた。一方で，第15回気候変動枠組条約締約国会議（COP15）以降，森林炭素パートナーシップ基金（FCPF）は国連機関のイニシアティブである UN-REDD と共同歩調をとっており，また REDD＋自体，当該地域の住民の生活に甚大な影響を及ぼし得るものであることから，UN-REDD に対する提言活動が活発に行われているかと思うが，そうでもない。UN-REDD については称賛しないまでもほとんどと言っていいほど批判がみられない。むしろ以下のような背景や理由から，非難は世界銀行が主導する FCPF に集中している。

・FCPF は，世界銀行主導であること
・世界銀行が支援する事業には市民社会の過去の苦い経験があること
・FCPF は，炭素市場の促進を目的に掲げていること
・UN-REDD は先住民族の権利に関する国連宣言（UNDRIP）等，国連関連の条約や権利ベースのアプローチに従うことを想定していること

　このような世界銀行により批判的な NGO の政策提言活動の傾向は，REDD＋以外の分野においても同様である。気候資金の場合には上述のように気候投資資金（CIF）への激しい非難があったが，UNFCCC の下に運営されている適応基金への批判はほとんどみられない。概して，NGO による働きかけはこれまで世界銀行等の多国間金融機関（MDBs）に対して焦点があてられ，国連機関への NGO によるアドボカシーは比較的弱い。

　ちなみに，筆者が関ってきたセーフガード政策の分野においても，ブラジル北西部統合開発計画（1980年代に，地元の環境社会への配慮を欠いたとして問題になった事業）の世界銀行による支援が引き起こした問題に対する NGO の批判に応える形で，世界銀行が1980年代初頭からセーフガード政策を策定し，また進化させてきたのに対し，国連機関はまさに2012年現在国連機関共通のセーフガード政策を策定している。この背景には，国連機関が MDBs のように大規模インフラ事業に対する支援をしていないという背景もあるが，外部からの「監視」の目が弱かったこともその要因として考えられるだろう。

4 気候変動分野でのNGOの影響,意義,課題

本章では,気候資金とREDD＋に関する世界銀行の取り組みと,それに対するNGOのアドボカシー活動について概説してきた。以上を踏まえ,NGOのアドボカシー活動がどのような影響をもたらし,また気候変動対策に貢献してきたのか,その意義を検証する。

NGOアドボカシーの影響と意義

緑の気候資金(GCF)や気候投資基金(CIF)等の気候資金の分野では,総じてNGOは世界銀行の関与をさせないようアドボカシーをしてきた。アドボカシーとその影響の因果関係を評価することは難しいが,(途上国政府との協働や意見の一致も背景にあり)少なくともNGOの主張が結果となってあらわれた事実としては,①CIFについては,世界銀行の最初の提案にはなかった終了条項が含まれたこと,②世界銀行による気候変動枠組条約(UNFCCC)の交渉の尊重がCIF設立文書に盛り込まれたこと,③設立前後の追加的な協議の開催,④GCFのUNFCCCの下での設置があげられる。ただし,GCFについては,NGOが主張してきた「世界銀行は関与するべきではない」との主張とは逆に,むしろ世界銀行はGCFの受託者となり,また世界銀行のスタッフが移行委員会の技術支援ユニットのメンバーとなっていたことを鑑みれば,その影響は限定的であったと言えるだろう。

これらの結果は,世界銀行がUNFCCCの交渉に先行して支援を行うことによりUNFCCCの下での交渉に影響を及ぼすことに(少なくとも文言上は)一定の歯止めをかけ,またCIFやGCFの制度設計の際の意思決定プロセスの透明性を強化したという意味において,国際的な気候レジームのガバナンスの観点から気候変動対策に貢献しているであろう。

しかし,世界銀行は気候資金に関与すべきではないというNGOの議論に関しては,それ自体達成された場合,気候変動対策に貢献するのかという点については疑問が残る。世界銀行が関与しない場合,どのような組織が適切なのか

という問いに対する絶対的な回答はない。代替案として，UNFCCCの下に機関であれば良いのかというと，GCFが設立された背景の1つには，地球環境ファシリティー（GEF）等のUNFCCCの下の既存機関に対する途上国からの不満の声があった点にあるということを考えると，そうとも言い切れない。これまでの世界銀行のパフォーマンスからの経験や先進国主導の意思決定等の点を考えればNGOや途上国の主張にも理解はできるが，一方で，気候変動が開発課題の解決と不可分であること，また世界銀行の途上国支援の経験を鑑みれば，世界銀行による関与を残すことによるメリットは否定できないのではないだろうか。

森林炭素パートナーシップ基金（FCPC）の場合には，世界銀行と協働実施するNGOもいれば，世界銀行の関与を前提にその運用面での改善を目的としたアドボカシー活動をしているNGOもおり，その影響も活動によって多様である。本章で主に取り上げたFCPFに対するNGOのアドボカシーは，温室効果ガス（GHG）排出の削減・抑制に貢献としているというよりは，むしろ森林ガバナンスや地域社会への配慮等の事業の質に重点を置いている。そのようなNGOによるアドボカシー活動によって，FCPFの準備メカニズムでは，①透明性や市民社会の参加が確保されたことによる関係者委員会での議論の活性化を通じたFCPFのガバナンスの強化，②FCPFのセーフガード政策の強化，という結果をもたらした。ただし，トランシュ会合というREDD＋実施の段階での意思決定の場自体に参加できなくなったことで，REDD＋実施段階での影響は限定的にならざるを得ない。しかし，事業の質の向上においては，FCPFが支援するREDD＋の質の向上をもたらしてきており，NGOのアドボカシー活動の意義は大きい。

今後，FCPFの炭素基金が運用され，REDD＋の事業が現場レベルで進められていく。それを適切に実施するためには，第三者の立場からNGOが現場で実際に各事業をモニタリングし，個別事業レベルだけでなく，そこから得られた教訓を政策に反映するためのアドボカシー活動を合わせて実施することが重要になるだろう。

第9章 世界銀行と気候変動分野

NGOのアドボカシー活動と今後

　筆者が関わってきたセーフガード政策の分野におけるアドボカシーは，世界銀行のパフォーマンスを改善するために，世界銀行自身の意思決定に対して働きかけるものであったため，出資国として影響力の大きい先進各国政府を通じたものであった。したがってこれら出資比率の多い先進国のNGOの影響力も相対的に大きくなる。例えば世界銀行のセーフガード政策が策定されたのも米国のNGOが米国議会や財務省等を通じて働きかけた結果である。

　気候資金の場合，同じように世界銀行をターゲットにしたアドボカシーであっても，気候資金あるいは気候分野への世界銀行の「関与」を否定しており，世界銀行に大きな権限を持ちつづけてきた先進国にとって，この主張は自らの権限の範囲を狭める内容であることから，受け入れ難い主張であり，先進国政府への働きかけはあまり影響力を及ぼさない。したがって，NGOのアドボカシーの場はむしろ，195の締約国が気候変動の国際的な合意形成をするUNFCCCのCOPの交渉の場や移行委員会の場であった。したがって，例えば1カ国を説得したとしても，交渉の結果によって結論が導かれるため，そのアドボカシー活動は世界銀行のセーフガード政策と比べて一筋縄ではいかない。さらに，気候資金を巡る議論では，NGOは世界銀行のような出資比率に応じた意思決定方法に反対している。そのような主張は，これまで世界銀行のガバナンスでは実現されてこなかった途上国の意見をより反映した「公平な」意思決定システムの実現も後押ししてきただろうが，同時に特に先進国のNGOによるアドボカシーの影響力を小さくしたことへの後押しもしてきただろう。

　FCPFの参加者委員会では出資国の拠出比率に応じた意思決定方法ではなく，REDD+実施国と出資国政府から各14人で構成され，1人1票方式の意思決定方式がとられているが，COPの交渉の場よりもステークホルダーが少なく，働きかけもまだやりやすい。

　2010年の第16回気候変動枠組条約締約国会議（COP16）のカンクン合意では，GCFは2020年までに動員される年間1,000億米ドルの相当部分を扱う機関とされている。この実現可能性は未知数だが，各国政府等からの世界銀行グループ

への2011年度の拠出総額が約52億ドルであるから，この動員額が実現されれば，GCFは世界銀行をはるかに凌ぐ規模の機関になる。

　NGOは，緑の気候基金（GCF）の理事会へのオブザーバーとしての関与が許されている。各国政府による合意ベースで意思決定されるGCFの理事会に対し，今後NGOはどのような役割を果たせるのだろうか。これまでの世界銀行へのアプローチよりも洗練された戦略が必要になる。意思決定の結果に利害関係を持たないNGOに期待する役割は大きい。

＊また，本章執筆にあたりGlobal WitnessのHana Heineken氏，Rick Jacobsen氏にはGlobal Witnessに関連し，Bank Information CentreのJoshua Lichtenstein氏にはFCPFへのアドボカシー活動全般とBank Information Centerに関連し情報を頂き，（公益財団法人）地球環境戦略研究機関（IGES）気候変動グループディレクターの明日香壽川氏，同副ディレクターの田村堅太郎氏，同研究員の福田幸司氏，市場メカニズムグループ研究員の高橋健太郎氏，国際環境NGO FoE Japanの小野寺勇利氏と柳井真結子氏，九州大学比較社会文化学府の江原誠氏からも重要なアドバイスを頂きました。執筆に関連した皆様からの多大なご協力に，心より感謝致します。

参考文献

田村堅太郎（2011年12月）「カンクン合意を読み解く(4)資金」『月刊Climate Edge』Vol.11，地球環境戦略研究機関（http://enviroscope.iges.or.jp/modules/envirolib/upload/3447/attach/cc_newsletter011.pdf）

福田幸司「新たな支援枠組み『緑の気候金とは何か』」『環境会議』2012年3月。

Action Aid, 2009, Equitable Adaptation Finance. (http://actionaidusa.org/what/climate_change/Equitable_Adaptation_Finance.pdf)

Baastel and Nordic Agency for Development and Ecology, 2011, First Programe Evaluation for the Forest Carbon Partnership Facility.

Friends of the Earth International, 2011, world bank: catalyzing catastrophic climate change, the world bank's role in dirty energy investment and carbon markets.

Kate Dooley, Tom Griffiths, Francesco Martone and Saskia Ozinga, 2011, Smoke and Mirrors, A critical assessment of the Forest Carbon Partnership Facility.

World Bank, 2008, Development and Climate Change, A Strategic Framework for the World Bank Group Technical Report.
Climate Investment Funds (http://www.climateinvestmentfunds.org/).
Forest Carbon Partnership Facility (http://www.forestcarbonpartnership.org/).
Third World Network (http://www.twnside.org.sg/).

第Ⅳ部

外から働きかける

第10章

世界銀行と債務帳消し
—— グローバルな市民キャンペーン ——

藤井大輔・高丸正人

　「対外債務はアフリカの首に巻かれた石臼である」。ブトロス・ブトロス・ガリ国連事務総長（当時）の言葉を引用して，債務返済が高額となり，技能・教育水準に悪影響を与え，結果的にアフリカにおける経済成長の妨げになっていることを示したのが，1996年に発行された国連開発計画（UNDP）による『人間開発報告書』（HDR）であった（UNDP 1996：104-105；128-129）。「貧困撲滅と人間開発」をテーマとして作られた翌1997年の報告書は，所得面からだけではない貧困に焦点を当て，人間貧困指数（HPI）という指標を提示した。そして，貧困をなくすための6つの優先的課題の1つとして，「特別な国際支援」（special international support）としての最貧国の債務救済・削減を「今まで以上に迅速に」行うことが必要であると示し（UNDP 1997：10-11；12-13），「G7と世界銀行関係機関は最貧国の債務危機を2000年までに終息させることをめざすべき」だと明示した（UNDP 1997：93；113）。

　この2つの報告書の間，債務問題をめぐる市民による運動が「ジュビリー2000キャンペーン」（債務帳消しキャンペーン）として立ち上がった。途上国が抱える公的対外債務を2000年までに帳消しにすることを目指すこのキャンペーンは，1996年4月にクリスチャン・エイドやカトリック海外開発協会（CAFOD），ティアーファンド，世界開発運動（WDM）といった英国NGOのバックアップによって事務所が開設され，取り組みがスタートした。

　ここで取り上げられた対外債務問題とは，1980年代にメキシコやアルゼンチン等途上国でもそれなりに所得のある国々で起こったデフォルト（債務不履行）宣言をめぐるものとは異なる。これらの国では主に民間債務が課題となり，世界銀行や国際通貨基金（IMF）は緊縮を重視した経済における構造調整政策の

実施を条件にして融資を行う「構造調整プログラム」(SAPs) を受け入れることを条件として債務の繰延等が行われた。しかし，1980年代後半から1990年代にかけて主にアジアやアフリカの後発発展途上国（LLDCs）に対して行われた先進国の政府開発援助（ODA）である2国間債務や，世界銀行をはじめとする国際金融機関（IFIs）の支援による多国間債務等の公的債務が主な課題となった。債務問題とは特別新しい問題ではない。デフォルトにしてもそうである。ラインハートとロゴフは金融危機の歴史を巡る大著『国家は破綻する――金融危機の800年』の中で，「公的対外債務のデフォルトを繰り返す症状は，けっして今日の新興市場国が発明したわけではない。……度重なる対外債務のデフォルトは，アジアやヨーロッパも含め世界のどの地域でも，珍しくもない出来事だったのである」と述べている（ラインハート＆ロゴフ 2011：149）。またジュビリー2000キャンペーンが求める債務帳消しも新しいことではない（ミレー＆トゥーサン 2005：156-163）。

　本章では，この1980年代末以降に大きな問題となったLLDCsにおける公的債務，特に世界銀行における債務の帳消しに至る経緯について，ジュビリー2000キャンペーンを通じた市民社会アクターの取り組みを通じて論考するとともに，キャンペーン以降，現在の債務問題を巡る状況がどのようなものであるのかについて考える。

1　途上国債務と世界銀行

　先述した1996年のHDRでは，LLDCsにおける債務返済による負担が大きく，例えばギニアビサウやモーリタニア，ザイール，ザンビアでは債務返済に充てられる金額は教育費の予算に占める割合の3倍以上にのぼっているとし，教育や技術水準の向上といった人間開発に不可欠な予算が十分に取れていないと指摘した。実際，LLDCsの債務問題については，それまでパリ・クラブ（主要債権国会議）を中心とした2国間での取り組みは進められていた。1970年代後半には，国連貿易開発会議（UNCTAD）において，金利の支払い免除や返済のリスケジューリング，また返済のための新たな贈与支援等による債権放棄

が進められていたが、それでもなお公的な債務の支払が延滞していた（Easterly, 1999）。その後、こうした国々に対する債務免除や返済の据置等についての議論は必要とされつつも遅々として進まなかった。

サミットでの多国間債務への取り組み

1987年6月にベネチアで行われたG7先進国首脳会合（サミット）で、LLDCs等低所得国が抱える債務について一部を放棄することを求める「ベネチア・スキーム」が提出された。これを受けて、同年12月、世界銀行ではアフリカの低所得国向けに構造調整を支援するためとして「アフリカのための特別支援プログラム」（SPA）が創設された（2000年以降は「アフリカとの戦略的パートナーシップ」〔Strategic Partnership with Africa〕と改名）。合わせて、IMFではSPAを補完する役割として「拡大構造調整融資」（ESAF）を作った。翌年のトロント・サミットで合意された「トロント・スキーム」では公的な2国間債務の一部免除（実質的には3分の1の免除）や償還期間の延長、また金利の引き下げ等を決定し、さらに1990年のヒューストン・サミット、1991年のロンドン・サミットでは、トロント・スキームをさらに拡大し、追加的な救済措置が必要であるとされた。そして1993年、パリ・クラブでは、よりコンセッショナル度（譲許性）の高い「拡大トロント・スキーム」を適用することを決め、それを受ける形で翌年にナポリで開催されたサミットで本格的な債務削減に合意することとなった。ナポリ・サミットのコミュニケ（声明）では「パリ・クラブが最貧重債務国に対する債務救済措置を改善するための努力を続けることを奨励する」とし、追加的な救済措置を受けることができることを明らかにした。翌年2月より行われたこのナポリ・スキームにおいて最初に債務元本ベースの削減が合意されたウガンダを手始めに、24カ国に適用されたが、「基本的には返済繰延期間の長期化」であり、「長期にわたって元利返済が予定されている」に過ぎなかった（毛利 2001：112）。このようにサミットで債務問題が取り上げられ対策が練られた背景には、世界銀行からの問題提起を先進国が受け止めたことにあるとイースタリーは説明する（イースタリー 2003：175）。同時に、冷戦終焉以降、援助疲れとアフリカを中心とする途上国への戦略的な観点からも

援助が控えられるようになり，代わりに世界銀行等IFIsからODAよりも高い利子にもかかわらず支援を受けた結果でもあった。

債務と構造調整プログラム（SAPs）

世界銀行は，IMFとともに1979年に「構造調整プログラム」(SAPs) という政策パッケージをスタートさせた。これは1970年代の2度の石油ショックの影響により顕在化してきた途上国における経済状況の急激な悪化と累積する債務を受けて，従前の開発プロジェクト支援に加え，国際収支改善を目的にして行われた，いわゆるノン・プロジェクト融資であった。途上国，中でも前述のメキシコ等中米諸国で連鎖的に起こったデフォルトは主に民間債務においてであり，これにより先進国の民間金融機関が受ける悪影響で更に国際金融システムを揺るがしかねない現状を踏まえ，緊急に資金援助が必要となり，導入されたものとも言える。

SAPsでは，IMFが3年間の融資条件＝コンディショナリティとして改革プログラムを導入して途上国の経済のしくみを改善し，世界銀行は構造調整融資 (SAL) という形で貸付を行った。この処方箋たるコンディショナリティと治療薬としての融資により，途上国の抱える経済・金融危機を克服することができるよう先進国らは働きかけた。この「処方箋」が目的としたのは政府の介入を極力減らし，市場というメカニズムの中で民間が活発かつ自由に取り組むことができるような条件を求めた。改革プログラムは，①規制緩和（deregulation）や，価格や貿易等の②自由化（liberalization），また中央一元的ではなく地方にも権限を譲ろうと③分権化（decentralization）を進め，民間活力を政府へと導入しようと④民営化（privatization）を進めるという形が代表的なものであった（西垣・下村・辻 2009：48-49）。また改革プログラムの内容については，政策対話（policy dialogue）を途上国政府との間で協議を進めて決められた。

債務問題の解決に取り組むベルギーのNGO，第三世界債務廃絶委員会 (CADTM) のミレーとトゥーサンは，SAPsが「強制された」ショック療法（短期政策）と構造改革（長期政策）の2つの方策で成り立っていると説明する。具体的には，短期政策として教育や医療の有料化や基本的な生活サービスへの

補助金の打ち切り，社会政策における財政支出の大幅削減，現地通貨の切り下げ，金利の引き下げ等が，また長期政策としてモノカルチャー依存の輸出志向経済や関税障壁撤廃等による市場開放と経済の自由化，付加価値税の導入等による不平等を生み出す課税システムの導入，公営企業の民営化等，途上国の経済状況を問わず画一的，一律に強制され，「南の人びとと経済に甚大な影響を与え続けている」と批判する（トゥーサン＆ミレー 1996：82-100）。また国連児童基金（UNICEF）も SAPs が課題を抱えていることを指摘し，脆弱な状態にある人たち（the vulnerable），つまり貧困層に対して特別な福祉や雇用創造等を生み出すような「人間の顔をした構造調整」（Adjustment with Human Face）の必要性を強調している（Cornia 1987）。累積債務問題が喫緊の課題であった中南米諸国においては一定の効果はあったとされるが，特に LLDCs では経済的にも社会的にも混乱を生むことになり，十分な成果を生み出さなかったということは，先に示した1980年代後半以降のサミットで取り組みが必要であったことにも見てとれるであろう。実際に国際収支を改善するはずであった SAPs も主に制度を変えることに重点が置かれているものであった。

経済成長から社会開発へ——HIPC イニシアティブの取り組み

　世界銀行と IMF は，SAPs によって解決できなかった LLDCs における債務問題，そしてさらなる国際収支の悪化も含めた貧困問題の拡大を前に，新たな開発アプローチを1990年代半ば以降に実施した。具体的には，SAPs が急進主義的であり，経済的・社会的弱者に対して与える影響が大きかったため，教育や保健，ジェンダーといったセクターごとの開発プローチを採用して，転換をはかった。合わせて，政策対話と銘打ちながらも不十分であった側面についても途上国の政策決定者のオーナーシップの尊重はもちろん，援助側と非援助側双方がパートナーとして取り組むことができるしくみを打ち出した。

　一方，先進諸国はナポリでの話し合いを受けてパリ・クラブにおいて進められた債務救済の措置を「完全かつ建設的に」2国間債務において進めることに加えて，IFIs における多国間債務もまた課題になっていることを，1995年のハリファックス・サミットの宣言で明示した。その上で，世界銀行・IMF ら

が「既存の制度の弾力的な運用および必要な場合には新たなメカニズムを通じ，国際機関に対して債務を負っている国を支援するために，包括的な取組みを発展させる」ために，「全ての資金をより有効に利用し，国際開発銀行が適当な措置をとる」ことを奨励した。サミット前の3月にコペンハーゲンで行われた国連社会開発サミットでは，開発NGOらの働きかけもあり，「構造調整計画が合意される際，特に貧困の撲滅，完全で生産的な雇用の促進，社会的統合の強化等の社会開発目標を含むことを確保する」ということがコペンハーゲン宣言コミットメント8に挙げられ，経済成長だけではなく貧困等社会開発における課題解決に向けての改善が必要であることが明示された。さらに翌年のリヨン・サミットでは世界銀行とIMFによって提案された重債務貧困国（HIPCs）に対する包括的な債務救済計画を踏まえ，「具体的な解決策が合意されることを期待する」とした。これにより，全ての債務が削減の対象とされることになった。

この債務救済計画は「HIPCイニシアティブ」と呼ばれる。1993年の1人当たりのGNPが695ドル以下で，1993年時点における現在価値での債務残高が，年間輸出額の2.2倍もしくはGNPの80％以上であることを認定基準として，アフリカ諸国を中心に審査対象国として41カ国，適用可能性のある受益対象国として26カ国が挙げられた。さらに1999年のケルン・サミットにおいて全面的な変更が行われ，新たに「拡大HIPCイニシアティブ」が提案され，9月の世界銀行・IMF年次総会において承認された。これにより受益対象国は36カ国に拡大し，年間輸出額と対比して設定される持続可能な債務水準が下げられたことでHIPCsの債務削減額が増え，また手続きが迅速化されることとなった。同年のUNDP『人間開発報告書』では一国の債務の上限を輸出額の100％以下に引き下げ（それまでは200～250％），HIPCイニシアティブの認定に必要な実績算定年数を半分の3年にする必要があると提起される等，国際社会からの声も影響があったといえる（UNDP 1999：11=16-17）。なお，ケルン・サミットではG7諸国の2国間債務の100％帳消しも同意された。

拡大HIPCイニシアティブの大きな特徴の1つは「貧困削減戦略ペーパー」（PRSP）作成の必須化である。コンディショナリティの策定に大きな影響を与

える PRSP は経済成長と貧困削減を目標とした，国家のマクロ経済や社会政策のプログラムである。SAPs においても政策対話という形で途上国側との話し合いを踏まえてコンディショナリティが策定されるとしていたが，実際には対等な立場での対話は困難であった。拡大 HIPC イニシアティブにおいては，この PRSP を通して，途上国政府を中心として，市民社会・NGO や援助国，国際援助機関等の多様な利害関係者もその策定に関わることとされた。これは，1998年の世界銀行・IMF 年次総会で提出された「包括的開発枠組み」（CDF）に基づくものであった。CDF は当事国の主体性／オーナーシップや関係諸機関との連携／パートナーシップを踏まえ，経済成長の側面だけでなく，政治的・社会的な側面も含めた包括的観点によって，援助効果を高めることを目的としたものであった（JICA 2004：7-8）。

2　債務問題に対する NGO の取り組み

こうして2国間・多国間を含めた公的債務の削減・帳消しに向けた政策が国際社会において採られた背景には，NGO 等市民社会アクターの働きかけも大きかった。1998年5月16日，バーミンガム・サミットの会場では英国で始まった「ジュビリー2000キャンペーン」の声に呼応して7万人の人びとが集まり，「人間の鎖」で手を取り途上国の債務帳消しをアピールした。

ジュビリー2000キャンペーンの登場
英国では，途上国の債務帳消しを求める取り組みは1980年代初めから行われていた。1984年から国際協力 NGO であるオックスファム（OXFAM）とウォー・オン・ウォント（War on Want）において債務問題の活動が始まり，1987年には「債務危機ネットワーク」（DCN）が設立された。同じ頃，オランダではノビブ（NOVIB）等国内大手 NGO 等も中心的に関わって「債務・開発フォーラム」（FONDAD）が作られ，主にデフォルトとそれ故の SAPs の実行に揺れる中南米諸国の NGO とのネットワークの役割を果した。また先述した CADTM がベルギーで誕生している。これら取り組みが目指していたのは，

商業銀行への債務の帳消しと世界銀行・IMFへのSAPsの改良・撤廃であった。

1990年，全アフリカ・キリスト教会協議会が，2000年を「ジュビリーの年」とし，全てのアフリカに重くのしかかっている債務を帳消しにする年としようと呼びかけた。これを境にするかのように，欧州だけではなく，世界のあちこちで債務問題に取り組むアクションが立ち上がった。

米国では1991年にカトリック教会系のNGOを中心として「債務アクションネットワーク」(DAN)が立ち上がり，そこから派生した研究者グループによる「ブレトンウッズ再考」(RBW)プロジェクトや地球の友や環境防衛基金(EDF)等，開発・環境NGOら33団体によって世界銀行とIMFのプロセス・政策・プロジェクトの改革を求めた草の根の運動として「50年で十分だ」(Fifty Years is Enough)キャンペーンが，ブレトンウッズ体制から50年となる1994年にかけて取り組まれた。また翌1995年にはオックスファム・インターナショナルらを中心として「多国間債務連合」(MDC)が結成されている。

欧州でも1990年に「債務と開発に関する欧州ネットワーク」(EURODAD)がNGOらによって新たに結成され，1990年代前半は離合集散を続ける米国での債務問題への取り組みの不十分さをEURODADが補って，中心的に国際的な世論を導いた。さらにアジアではフィリピンで「債務からの自由連合」(FDC)が1987年に設立されており，アフリカでも欧州のNGOや教会等の支援をうけて「債務と開発に関するアフリカ・ネットワーク」(AFRODAD)が設立され，ウガンダやタンザニア等に国内組織も作られた。こうした世界中での債務問題に取り組むネットワークが生まれ，相互に情報交換や協力・協調を進めていった(Donnelly 1999)。

DCNの参加者の1人であった英国キール大学のM.デント教授と学生たちによって債務帳消しを訴える草の根キャンペーンが1990年に始まり，1994年にはデント教授らはケンブリッジで「ジュビリー基金」(Jubilee Foundation)という団体を立ち上げた。同年11月には，ローマ教皇が詔勅によって貧困国が抱える債務帳消しを呼びかけている（五野井 2008：81）。この「ジュビリー」とは「歓びの年」を意味し，旧約聖書のヨベルの年に由来しており，古くは50年に

1回のこの年には国中に自由が宣言され，祭りが行われたとされる。奴隷は解放され，全ての借金は帳消しにされるという「社会正義の実現を目指した制度」ともいえるものであり，1996年にスタートしたジュビリー2000の取り組みはそれを「現代に甦らせよう」としたものであり（債務帳消しキャンペーン日本実行委員会 1998：2），開発NGOらによって英国を中心に進められることとなった。

前節の通り，G7ではナポリ・スキームを受けたパリ・クラブで2国間債務削減が，そしてハリファックスでいよいよ多国間債務への取り組みの必要性が語られる中，世界銀行とIMFはHIPCイニシアティブをスタートした。初めて見せた途上国の多国間債務の削減への動きは，こうした市民の動きと無関係ではないだろう。同時にこれはSAPs以降の当該機関の政策が問題を抱えていたこともまた意味していた。

1997年4月6日，ジュビリー2000はロンドン市内のピカデリー・サーカスに400人が集まり，カウントダウン・クロックで期限の2000年まで残り1,000日であることをアピールした。この動きに，2月にアフリカの首脳らを英国に招きキャンペーンを行なっていたDCNも夏には合流し，10月13日に英国のジュビリー2000連合が生まれ，キャンペーンが本格的にスタートした。同年7月にはデンバー・サミットに合わせて米国，9月にはドイツ，10月にはスコットランド，翌1998年2月にはイタリア，そして4月にはガーナのアクラでジュビリー2000アフリカとして，それぞれキャンペーンが始まっている（Barrett, 2000）。こうした動きが冒頭のバーミンガム・サミットでの「人間の鎖」へと結実する。このサミットの議長であったトニー・ブレア英首相は英国ジュビリー2000の代表者と会談し，サミットにおいて債務帳消しを約束し，またショート英国際開発相とも何度も会合を積み重ね，「市民社会による政府への議論や説得によって英国の政策に変化」が生まれた（五野井 2008：83）。しかし，日本やドイツ，イタリア等の反対により，実現することができなかった。

ケルンでの「人間の鎖」──グローバル化する市民運動の台頭

ケルン・サミットには世界中から5万人が集まり，「人間の鎖」でまたも会

場を取り囲んだ。サミットに先立って，ジュビリー2000はアドボカシー活動やロビーイングを熱心に続けた。サミット前にはシュレーダー独首相が2国間債務の帳消し等を含めた「ケルン債務イニシアティブ」を発表，また英国はサミット前に自国の2国間債務の100％帳消しを明らかにした（長坂 2007：133）。合わせて，ロックバンドＵ２のボーカルのボノら有名人のキャンペーンへの協力は，英国はもちろん，世界中の人びとの債務問題への関心を高める大きな手段ともなった。ケルンでの人間の鎖にはボノに加えて，レディオヘッドのトム・ヨークやボブ・ゲルドフ，ペリー・ファレルらも加わった。

しかし，サミットで提出されたイニシアティブは2国間債務の100％帳消しこそ合意されたものの，多国間債務は含まれなかった。さらにシュレーダー首相が事前に発表していたイニシアティブにも含まれていたIMFが保有する金の売却も決められたが，NGOらが要求していた債務帳消し資金としてではなく，HIPCイニシアティブの基金に充当されることとなった。またサミット後の世界銀行・IMF総会では，クリントン米大統領が米国に対する途上国の非ODA債務を帳消しにすると約束をする一方（米国の2国間援助は贈与のみ），導入されることとなった拡大HIPCイニシアティブでは債務問題が依然として世界銀行やIMFというお金を貸す側に主導権が握られ続けることとなったことをNGOは批判した（北沢 1999）。

もともと債務問題の解決の主導権を債務国側に持たせることはこのキャンペーンの中心的な課題の1つであった。ジュビリー2000は，2000年末までに最貧国の支払不可能な債務を帳消しにすることを訴えたが，それは公平で透明性のあるプロセスにおいて行われることを求めた。HIPCsよりも多い52カ国が負う債務，3,760億ドルの内で3,000億ドルが支払不能だと考えられるものであるとした。またキャンペーンでは，「途上国は1ポンドの援助を受ける毎に9ポンドの債務を返済している」「沖縄サミットで費やされる7億5,000万ポンドでガンビアとハイチの債務全額を帳消しにできる」と語られたが，ここには債務問題の責任が「貸し手」である先進国にもあることが明示されている。ジュビリー2000が債務帳消しを求める根拠としたことについて，主に①最貧国の債務は，金利の上昇や一次産品価格の低落，自国通貨の切り下げで膨らんでいる

が，実質ベースでは既に払っているということ，②「不当な債務」(illegitimate debt) という問題の存在，③資源の豊富な途上国への融資プロジェクトが実は甘い見通しで作られ，予測に反して失敗しているにもかかわらず，貸し手の責任は問われず，借り手に返済が強制されていること，④債務危機の際，先進国の民間金融機関の融資業務の失敗は世界銀行と IMF を中心とする公的資金を用いて救済したのに，最貧国に対しては返済を求めたことにあると説明される（毛利 2011：137-138）。また債務帳消しは債務者と債権者が協議の上で行われ，国連等中立の国際機関によって監視され，小規模で公平な第三者による仲裁委員会によって透明かつ広く公開されることとしている。さらに帳消しによって生じる資金は人間開発に投資されるよう途上国政府に条件づけることを提案した。このように，ジュビリー2000の取り組みは債務問題を単なる経済的な問題ではなく，まさに「ジュビリー」という名を冠する通り，道義的かつ社会的な問題として捉え，その責任を債務国たる途上国のみならず，債権国たる先進国もまた引き受け，国際社会全体において解決に向かおうとしたキャンペーンであったと言える。こうしたジュビリー2000の活動を，フィネモアやシキンクらによるトランスナショナルな市民による「規範のライフサイクル論」を用いて論じられることが多い（宇田川 2005；五野井 2008；毛利 2011）。

　2000年に入り，7月に日本で行われるサミットに向けてジュビリー2000は更に活動を活発化させた。日本では1998年10月に「債務帳消しキャンペーン日本実行委員会」(Jubilee 2000 Japan) が NGO や宗教団体，労働組合等多様なアクターの参加によって設立された。ケルン・サミットに向け，債務帳消しを求める50万人署名を行ったり（ケルン・サミットまでに世界中から1,700万人を超える署名が集まった），日本政府に対する政策提言活動を行った。1999年5月には超党派により「最貧国の自立支援と債務帳消しを考える議員連盟」が作られ，2000年3月には共に，債務帳消しをしないと言明する小渕首相に申し入れを行っている（藤田 2006）。

　1999年末，米国・シアトルで行われた世界貿易機関（WTO）第3回閣僚会合では，「バトル・イン・シアトル」と呼ばれる市民によるデモを始めとする直接行動によって会合自体が成立できなかった。日本実行委員会の共同代表を

務めていた北沢洋子はシアトルでの出来事についてケルンでの市民の取り組みが700億円の債務帳消しという成果を「むしり取っ」て，この動きがシアトルにつながったと分析する（北沢 2002）。確かに，同じくグローバルな市民運動の結果，対人地雷全面禁止条約という形で結実した地雷を巡るキャンペーンもまたジュビリー2000と同様の文脈で紹介されるが，市民の直接的な動員という意味では異なる。2000年4月にワシントンで行われた世界銀行・IMF春季会合にも3万人が集結し，9月のチェコ・プラハでの世界銀行・IMF年次総会には2万人が集まり，ジュビリー2000は十字架を背負った人びとがデモを行う等，PRSPに対する抗議や世界銀行・IMF自体の改革や解体を訴えて，路上で様々なアクションを行った。プラハでは，関係者を会場に入らせないというシアトルで採られた行動とは逆に，会場から関係者を出させないという戦術が採られた。そして翌2001年1月にブラジル・ポルトアレグレで行われた「世界社会フォーラム」（WSF）へと続き，いわゆる「グローバル・ジャスティス運動」と呼ばれる動きを作り出すことになった（フィッシャー＆ボニア，2003）。

「人びとの力」とその到達点

　唯一，債務帳消しに反対の姿勢をとっていた日本政府は，沖縄サミット直前の6月末にジュネーブで開催された国連社会開発特別総会（WSSD+5）において，有馬龍夫政府代表により「全てのODA債権の帳消し」と「適格HIPCへの非ODA債務の100％削減」が言明された。同総会ではアフリカ諸国を始めとするLLDCsに対する債権国の債務免除の徹底的な実施が合意された。

　サミットに先駆けてジュビリー2000内部ではキャンペーンの方向性を巡って，先進国と途上国の間で齟齬が生まれていた。表面化したのは，ケルン・サミット後に英米独のジュビリー2000代表らが「G7のケルンイニシアティブを積極的に評価する」との声明を，他の国々との合意なく発表したことにあった。途上国側はHIPCsに限定せず「全ての債務国の債務の完全かつ即時帳消しを求め」，「不当な債務」や「汚い債務」（Odious Debt）においても同様に返済の拒否を主張していた。その後，1999年11月には南アフリカ・ヨハネスブルグにて途上国メンバーによる会議が行われ，ジュビリー2000から距離を置き，ジュビ

リー・サウス（Jubilee South）を設立することを決め，独自の主張と活動を盛り込んでいった（毛利，2011：140；遠藤，2011：272-274；北沢，2001）。

　沖縄サミットは，7月21～23日の日程で沖縄県名護市の万国津梁館で行われた。これに先立ち，ジュビリー2000沖縄国際会議が19日に那覇市のパレット劇場で開催された。ケルンの反省もあってか，1日目午前の海外ゲストのスピーチのほとんどは途上国からの参加者であった。午後からは「G7首脳への要請書」の最終草案について協議が行われ，翌日は国際会議の合意文書の討議が行われている。21日に森首相に対してジュビリー2000の4人の代表団が要請書を持って面会を行った。森首相は「債務問題の重要性を明確に理解した。他のG7首脳に伝える」と述べた。この要請書で，HIPCイニシアティブ・拡大HIPCイニシアティブが「債務帳消しを遅らせる手段」に過ぎず，「債務と貧困問題の解決の枠組みとして，認めることができない」として，以下3項目の実施を呼びかけた（債務帳消しキャンペーン日本実行委員会，2000）。

① 貧しい人びとの健康，教育，そして生命までの犠牲にすることなくしては，返済できない不当な，返済不可能な債務の全てを帳消しにすること
② 債務帳消しを，構造調整プログラム，およびその他の条件から，切り離すこと。債務帳消しを2国間で行うこと。そして，国際金融機関に対して，その責任を認め，多国間債務を帳消しにするよう取りはからうこと
③ 債務帳消しのプロセスにおいて，現在のような利害対立する状態において，裁判官であり，陪審であり，原告であることをやめること。債務国政府および市民社会を含む，独立した，公平で透明性のあるメカニズムの設立を支援すること

　結局，沖縄サミットで合意されたのは，よく言ってもケルン債務イニシアティブの追認に過ぎなかった。ジュビリー2000は「後退した」と表現したが，紛争国を排除するという新しい条件が加わったこともそれを意味する。

　サミット後にはプラハで抗議活動を続け，また国連ミレニアム総会ではボノがアナン事務総長にジュビリー2000の請願書を提出し，決議されるミレニアム開発目標（MDGs）達成に向けて，債務帳消しとより公正な国際金融システムは必要不可欠であると活動報告書『世界は再び同じものではないだろう』

(The World will never be the same) で述べた。またキャンペーンとしては2000年末で終了しても、世界各国の活動はジュビリー・サウスに代表されるように、先進国・途上国とも様々な形で継続した。ジュビリー2000キャンペーンは前掲の報告書で「人びとの力」(people power) によって革新的かつ創造的なキャンペーンが行うことができたと記している。それはサミットを取り囲む直接行動や2,400万人分の署名やケルン、沖縄サミットに向けて各国首脳に送られた数百万の葉書キャンペーンに表れていた (Barrett 2000)。しかし、ジュビリー2000キャンペーンが求めていた、2000年末までの返済不可能な債務の帳消しは結果として達成できなかった。もちろん、上述の通り、全ての2国間債務の帳消しは約束され、実行された（ただし日本は2002年）が、多国間債務を扱ったHIPCイニシアティブは十分に進まず、それらの多くはこの時点では残ったままであった。

3　2000年以降の多国間債務

　世界銀行とIMFが導入したHIPCイニシアティブ（拡大含む）は、国の経済水準に対して国際金融機関に返済しなければならない債務の額が巨額で返済を維持することが困難なHIPCsに対し、一定の基準を満たした場合に債務減免を行うものであった。2012年1月時点で、タンザニアやウガンダ等32カ国が完了基準に達し、コートジボアールら4カ国が判断基準に達している。

　また、2005年のグレンイーグルズ・サミットにおいて、完了基準に達した18カ国に対し追加の債務削減を行うことを目指す、多国間債務救済イニシアティブ（MDRI）が合意された。2005年のサミットまでにHIPCイニシアティブによって39のHIPCsに対して行われた債務削減額は約34億5,000万ドルに達する。これにMDRIによる合意を加えると、2044年までに約514億ドルの債務削減が行われる予定である。

ポスト「ジュビリー2000」と債務問題

　2000年以降の債務帳消しキャンペーンはそれぞれ国内、また国ごとの運動に

分岐していった。ジュビリー・キャンペーンの主導的な役割を担ったジュビリー2000UKは，2000年12月2日にクロージング・イベントを行って解散した。その後継組織として3つの団体に分かれた。「ジュビリー債務キャンペーン」はDCNの流れを受けた組織として2001年に設立された。2つ目は2001年のジェノバ・サミットまでの活動と時限的に設定して設立された，「ドロップ・ザ・デット」であり，3つ目は政策提言NGOである「新経済基金」(nef)の中に設置された「ジュビリー・プラス」で，現在は「ジュビリー・リサーチ・プログラム」として活動している（遠藤 2011：274-275等）。

ポスト「ジュビリー2000」のキャンペーン活動の1つに，2005年のグレンイーグルズ・サミットに焦点を合わせた動きとして，「Make Poverty History」（貧困を過去のものに）キャンペーンがある。同キャンペーンは，ジュビリー2000キャンペーンと同様にNGOが主体となりながら積極的に著名人を巻き込んだ。イギリス国内ではテレビ広告が放映され，問題への「認識」を示す通称ホワイト・バンドと呼ばれるブレスレットを市民や著名人が身に着けることでキャンペーンの普及を図った。ブレア英首相はこれに応える形で，アフリカへの援助の倍増および18のHIPCsが世界銀行やIMF，アフリカ開発銀行に対して抱えていた債務を全額帳消しすることをサミットで提案，他の参加国を説得し実現に運んだ。

MDRIが合意された背景には，貧困削減および人的・社会的開発目標を盛り込んだ国連のミレニアム開発目標（MDGs）を達成するためには重債務貧困国の対外債務負担を十分に減らす必要があったことが関係している。

一方で，重債務貧困国の債務削減は実際に進行しているものの，債務削減がミレニアム開発目標の達成に直接的な効果を果たしているかどうかについては批判がある。以下，債務削減が実際にどのような効果を生み出したのか，タンザニアを事例として取りあげたい。

債務帳消しが行われたタンザニア

タンザニアは中央アフリカ東部に位置し，1961年にイギリスから独立した人口4,400万人の共和制国家である。

タンザニアは HIPC イニシアティブによる債務削減を受けるに当たり，2000年に PRSP を IMF に提出した。PRSP では同国の貧困を削減するための政策的指針が示され，2010年までにインフラ整備等により農村部の貧困率を半減することや，識字率100％の達成，安全な飲料水の供給，乳幼児死亡率の削減，マクロ経済の安定，ガバナンスの改善等，経済のみならず人的・社会的側面から貧困削減を目指すこと等が盛り込まれている。

こうした政策目標がタンザニア政府予算に盛り込まれたことが確認された後，拡大 HIPC イニシアティブによって IMF と国際開発協会（IDA）により約20億ドルの債務削減が合意された。

2005年には MDRI による債務削減が合意され，タンザニアの公的対外債務残高は2006年の71億ドル（GDP の57.3％）から，2008年には37億ドル（GDP の24.9％）に減少した。

タンザニアのムカパ前大統領は，2005年に開催されたジュビリー債務キャンペーンの会合で演説し，債務削減を実現したキャンペーンに深々とした謝辞を述べた後，同国が背負ってきた対外債務の重圧について述べている（Jubilee Debt Campaign 2005）。自身の就任当時（1995年）に同国が対外債務の支払いに充てていた金額は，保健福祉と教育予算を合わせた額を上回っていた。1980年代前半には80％（ネット値）あった就学率が2000年には58.8％に下がった。

その結果，教師対生徒比率が受け入れがたいほどまでに悪化していたにもかかわらず，何千人もの資格を持った教師が失業していた。理系学生は実験室で実際の実験を1度も行うことなく中等学校を修了していた。学校によってはクラス全体で5冊に満たない教科書を共同で使っていた。

2001年に拡大 HIPC イニシアティブが合意されると，毎年1億1,000万ドルの予算を節約することが可能になった。また，援助国が教育予算に対し直接的な援助を行うことでタンザニア政府は2002年に初等教育の学費無料化を実現した。その結果，初等教育の就学率は大幅な改善が見られ，2008年には就学率97％を達成している。ムカパ大統領の演説によると，2002～2004年において，

農村部を中心に3万1,825の教室，7,530の教員用住宅，2,035の学校が建設された。また，教員の数は106.3％増加し，新たに6万2,643人の教師が採用された。

ムカパ大統領は，これまでこうした途上国への援助が権力者の私的財産に横流しされてきたことや，その結果，途上国への援助がモラルの低下に繋がるといった批判を考慮し，演説の中でこのように述べている。

私たちは，多国間債務基金（MDF）等の債務削減策を用いて，政府，市民社会，援助国による協議・参加型の透明性のある開かれたシステムを設置している。また，全ての資金は教育，保健福祉，水，農村部の道路，HIVエイズといった優先的投資に振り向けられている。これらの資金が，私個人や政府役人の口座に入れられたことはない。

タンザニアは債務削減が行われた国々の中で，教育や保健福祉の状況が改善した国の最良の事例の1つと言えるだろう。一方，債務削減が行われた重債務貧困国全体で見た場合，債務削減が本当に貧困の解消に効果があったのかどうかを検証することは非常に困難である。

クレスポとビンスレットは，HIPCイニシアティブにおける完了点に達した国と未完了の国の教育に関する指標を比較することで，複数の重債務貧困国における債務削減の効果を検証している（Crespo and Vincelette 2009）。それによると，HIPC完了点に達していない国の教育支出の対GDP比の平均は約4％であるが，完了点に達した国はそれより平均0.33ポイント高くなっているにすぎない。つまり，債務削減は教育支出の増加にそれほど影響しなかった。一方で両氏は，HICPイニシアティブの完了点に達した国は留年率が大幅に減少し，また初等教育と高等教育を比較した場合，高等教育に対する支出の割合が増加していることを指摘し，債務削減によって人的資本という数字に表すことが難しい部分における蓄積が進んでいることを示唆している。

このように，債務削減は検討を加える要素によっては債務国の貧困問題の改善に大きなインパクトをもたらしたといえるものの，全体としては問題解決の

特効薬とはならなかった。また，事例に挙げたタンザニアも債務削減合意後の2006年に公的債務残高が大幅に減少したが，その後もIDAによる大規模な融資は続き，2010年には公的対外債務残高は債務削減以前の2005年の水準に戻りつつある。

「汚い債務」の概念を巡って

近年，途上国の重債務問題の文脈において，「汚い債務」(Odious Debt) という用語が市民運動体を中心に用いられている。ホースは汚い債務という用語について，主権と独立の概念は政治的公正と説明責任，および契約関係における公正な取引と所有権を内包するという規範的概念に起源があるとし，これより現代においては人権の問題が重要視されるようになったと説明している (Howse 2007)。

途上国の債務問題が議論されるとき，それらの債務が正当性を欠いていることはしばしばその債務契約が独裁もしくは抑圧的な政権によって国民の同意なしに結ばれた事実によって裏づけられる。こうした独裁もしくは抑圧的な政権はその後権力の座を退いていくが，後を引き継いだ政治体制やその国民はその債務を引き継いで支払わなければならず，HIPCsというカテゴリーを生み出したと考えられている。

しかし，国家の主権が変更された場合，国際上の法的義務は新しい国家や体制に自動的に移転されるわけではない。1983年採択のウィーン条約第38条は，「継承者である国家が新しい独立国である場合，被継承者である国家の国家債務は，継承される領土における被継承国家の活動に関連した国家の債務と，新独立国に継承される財産・権利・利益との間のつながりに関して，両者の間に合意がない限り，被継承国の債務は新独立国に継承されない」と定めている。

途上国の債務問題が顕在化する遥か以前から，債務の支払い拒否の事例は数多くある。1898年の米西戦争後，スペインは米国にキューバ等の領土を譲渡したが，米国はスペイン時代の債務の支払いを拒否している。この時，米国司法委員会は，貸付金はキューバ人の利益のために契約されたものではなく，そのお金はキューバの市民反乱を抑圧するためにさえ使われ，キューバは債務契約

に同意しておらず，債権者はキューバからの確実な返済はスペインからの自由を求めて闘争する人びとを抑圧することが前提であったことを知っていた，と主張した。この時，米国司法委員会はキューバの債務を明確に「正当性を欠く」（Odious）ものであると言及している。

また，現在も旧体制の債務の支払いを巡って議論されているのが，アパルトヘイトを経験した南アフリカである。南アフリカは20世紀後半のアパルトヘイトという有色人種差別政策により国際社会から激しく非難され，1985年には国連安全保障理事会により経済制裁を受けた。しかしその後も，南アフリカ政府は民間銀行から貸付を受け続け，1985年9月にはデフォルトを宣言した。これ以上の体制の持続を防ぐため，南アフリカの平和活動家であるツツらが銀行に対し債務繰り延べ（リスケジュール）を行わないよう求めたが，1987年に先進各国の銀行との調停が成立した。しかも，銀行は国際的な経済制裁の流れに反して，その後も南アフリカ政府に対し非常に緩やかな返済条件で新たな資金を与えていた。1994年にアパルトヘイトが終焉した際，ようやく南アフリカの債務が公表されることとなったが，その時の南アフリカの年間の債務返済額は1980年代後半の倍以上の水準であったと見られている。現在，南アフリカ政府は海外からの投資が減少することを恐れ，公式にはアパルトヘイト時代の債務の帳消しは求めてない。しかし，アパルトヘイト時代の政権から引き継いだ債務の返済に正当性があるか否かについては依然として議論が残っている。

汚い債務という用語はしばしば市民運動体によって安易に用いられ，文脈によって意味が拡張されてきた。ネブルとトーマスはそれらの拡張された概念を「犯罪」（criminal）債務，「不公平」（unfair）債務，「役に立たない」（ineffective）債務に分類し，これらの拡張された概念は明瞭さを欠き，別々の概念が時に同じ国家体制における同じ債務を指していると指摘する（Nebru and Thomas 2009）。しかし，それらの意味するところはおおむね，貸し手の側が誠意を欠き，借り手のニーズを理解していなかったために不十分な結果しか生まれなかった，というものであり，借り手はその債務の返済を拒否することが許されるべきである，というものであると結論づけている。

また両氏は，汚い債務の問題に対処するために，国連薬物犯罪事務所

(UNODC)と世界銀行が2007年に不正蓄財回収イニシアティブ(The Stolen Assets Recovery〔:StAR〕Initiative)を開始しており，途上国が以前の腐敗した政権によって奪われた資産を取り返すための支援や将来の腐敗を防ぐためのモニタリング支援を行っていること等を指摘し，世界銀行が不当債務の問題に積極的に対策を行っている点を強調している。

4 債務維持可能性の新たな課題

　世界銀行とIMFが2009年に出したタンザニアの債務持続可能性分析では，タンザニアのGDP成長率は当面7.5％を維持し，公的債務は中期的には一旦GDPの25～30％まで上昇した後，2028年には14％にまで下がると予測されている。また今後，援助国による贈与や無償融資は減少していき，長期的には援助からの卒業に至ると見られている。

　確かに現在の人口増加とインフラ需要に応え高い経済成長を維持するためには，世界銀行の融資による一時的な債務残高の上昇は許容されるかもしれない。ただし，これは予測されたシナリオ通りに援助が持続され，成長率が確保された場合である。世界銀行の分析では，もし贈与の減少と低成長が同時に起こった場合，2028年には公的債務残高がGDPの86％（うち対外債務はGDPの42％）に達しうると述べている。

　一方，貧困国が経済成長することは国際マーケットへの進出を意味する。タンザニアは2005～2010年の間に民間債務が倍増し，公的債務の5分の1に当たる12億ドルに達している。また，ダスらはHIPC完了点に達したアフリカのサブ・サハラ諸国が非譲許的(Nonconcessional)資金の調達割合を増やしつつあり，2000年代には譲許的(Concessional)資金を上回ったことを示している(Das, 2009)。こうした流れは，今後重債務貧困国の債務維持可能性について新たな課題を突きつけることになると考えられる。

　また，1990年代から2000年代にかけ中低所得国が次々とソブリン債を発行し，国債市場から資金を調達するようになってきている。これらの債権は既存のソブリン債に比べ高リスクであり，それゆえ投資家にとってメリットがある。中

低所得国にとっても，新たな資金調達は国内の経済発展にとって有効であり，国際マーケットの介入による構造改革や，将来的に自国企業が国際マーケットに参入していく道筋が作られるというメリットがある。

しかし，実際のところ途上国の経済は国際的な経済動向に十分耐えうるほどの強さはなく，為替の影響に対しても脆弱である。

1980年代に途上国の債務問題が危機的状況に陥った時，引き金となったのはドル高であった。途上国へ供与される資金の多くはドル建てになっているため，ドル高が起こると，返済に充てるドルを確保するためにより多くの対価が必要となった。

為替は燃料や食料の輸入価格にも影響する。国際NGOセーブ・ザ・チルドレンは近年の食料価格の高騰により「世界で5億人の子どもが栄養失調の危機にさらされている」というレポートを発表している（BBC, 2012）。またパキスタン等では為替の影響で燃料と食料価格が倍増する事態となっており，栄養失調の危機が深刻化している。

HIPC完了点に達した重債務貧困国は依然として世界銀行の融資に依存しており，その借り入れも再び増加してきている。こうした国々の経済発展と融資の維持可能性について，市民社会は，世界銀行をはじめとする国際開発金融機関の動きを注視し続ける必要があるだろう。

参考文献

IMF「ファクトシート2009年6月」IMFウェブサイト（http://www.imf.org/external/np/exr/facts/jpn/hipcj.htm）（2012年5月1日最終確認）。

石井摩耶子（1999）「貧困からの脱却と発展への道」木幡洋一編『グローバリゼーション下の苦闘』（〈南〉から見た世界6）大月書店，45-88頁。

イースタリー，ウィリアム／小浜裕久他訳『エコノミスト南の貧困と戦う』東洋経済新報社，2003年。

宇田川光弘（2005）「債務救済における規範と英国学派の国際社会論」『国際政治』第143号，28-44頁。

遠藤貢（2011）「国際関係とNGO——現代国際社会の変容と課題」美根慶樹編『グローバル化・変革主体・NGO——世界におけるNGOの行動と理論』新評論，241-290頁。

第Ⅳ部　外から働きかける

北沢洋子「最貧国『債務帳消し』はなぜ必要か──ジュビリー2000キャンペーン」『世界』第666号，岩波書店，136-143頁．

北沢洋子（2001）「Jubilee 2000総括論文」（http://www.jca.apc.org/~kitazawa/thesis/jubilee2000_overview_9_2001.htm）（2012年5月5日最終確認）．

北沢洋子「反グローバリゼーション運動の現状　シアトルからポルトアレグレへ」独立行政法人経済産業研究所（RIETI）BBLセミナー，2002月7月17日，RIETIウェブサイト（http://www.rieti.go.jp/jp/events/bbl/02071701.html）（2012年5月5日最終確認）．

朽木昭文（2004）『貧困削減と世界銀行──9月11日米国多発テロ後の大変化』アジア経済研究所．

五野井郁夫（2008）「グローバル公共圏と市民社会──国際社会におけるデモクラシーと規範変容」大賀哲・杉田米行編『国際社会の意義と限界：理論・思想・歴史』国際書院，73-96頁．

ゴールドマン，マイケル／山口富子訳『緑の帝国──世界銀行とグリーン・ネオリベラリズム』京都大学学術出版会，2008年．

債務帳消しキャンペーン日本実行委員会（1998）『JUBILEE 2000債務帳消しキャンペーン──債務の鎖をたちきるために』．

債務帳消しキャンペーン日本実行委員会（2000）「沖縄国際会議報告書──世界はいつまで債務の鎖を背負い続けるのか」．

JICA（2004）『PRSPプロセス事例研究──タンザニア・ガーナ・ベトナム・カンボジアの経験から』．

長坂寿久（2007）「IMF・世銀と途上国の債務問題──NGOの視点から」『国際貿易と投資』No.69，126-142頁．

西垣昭，下村恭民，辻一人（2009）『開発援助の経済学──「共生の世界」と日本のODA』（第4版），有斐閣．

フィッシャー，ウィリアム．F．トーマス・ポニア／加藤哲郎監修『もうひとつの世界は可能だ──世界社会フォーラムとグローバル化への民衆のオルタナティブ』日本経済評論社，2003年．

藤田幸久（2006）「国連と市民社会──議会，NGO，市民の連携による和解と紛争解決」功刀達朗・内田孟男編著『国連と地球市民社会の新しい地平』東信堂，274-289頁．

ミレー，ダミアン，エリック・トゥーサン／大倉純子訳『世界の貧困をなくすための50の質問』つげ書房新社，2006年．

毛利聡子（2001）『NGOから見る国際関係──グローバル市民社会への視座』法律文化社．

毛利良一（2001）『グローバリゼーションと IMF・世界銀行』大月書店。
ラインハート，カーメン．M．，ケネス．S．ロゴフ／村井章子訳『国家は破綻する――金融危機の800年』日経 BP 社，2011年。

Barrett, Marlene. eds., 2000, *The world will never be the same again*, Jubilee 2000 Coalition and World Vision.
BBC, "500m children 'at risk of effects of malnutrition'", BBC Website (http://www.bbc.co.uk/news/world-17034134) 15 Feb. 2012, (2012年5月3日最終確認).
Cornia, G. A., Richard Jolly, and Frances Stewward, (eds.), 1987, *Adjustment with a Human Face: Vol.1, Protecting the Vulnerable and Promoting Growth*, New York: Oxford University Press.
Crespo Cuaresma, Jesús and Gallina Andronova Vincelette, 2009, "Debt Relief and Education in Heavily Indebted Poor Countries," in *Debt Reliefs and Beyond: Lessons Learned and Challenges Ahead*, edited by Carlos A. Primo Braga and Dörte Dömeland, Washington, D. C.: The World Bank, 35-48.
Das, Udaibir S., Michael G. Papaioannou and Magdalena Polan, 2009, "Debut Sovereign Bond Issues: Strategic Considerations and Determinants of Characteristics," in *Debt Reliefs and Beyond: Lessons Learned and Challenges Ahead*, edited by Carlos A. Primo Braga and Dörte Dömeland, Washington, D. C.: The World Bank, 313-341.
Donnelly, Elizabeth A., 1999, "PROCLAIMING THE JUBILEE: THE DEBT AND STRUCTURAL ADJUSTMENT NETWORK", Case Study for the UN Vision Project on Global Public Policy Networks.
Easterly, William, 1999, "How Did Highly Indebted Poor Countries Become Highly Indebted?: Reviewing Two Decades of Debt Relief," Policy Research Working Paper 2225, World Bank.
Finnemore, Martha, and Kathryn Sikkink, 1988, "International Norm Dynamics and Political Change," *International Organization* 52-4, 887-917.
Hanlon J., 2002, *Defining illegitimate debt and liking the cancellation to economic justice*, Open University. June 2002.
Howse, Robert, 2007, *The Concept of Odious Debt In Public International Law*, UNCTAD discussion papers No.185.
International Development Association IDA Resource Mobilization Department (CFPIR), 2010, *Debt Relief Provided by IDA under the MDRI and HIPC Initiative: Update on Costs and Donor Financing as of June 30. 2010.*

International Development Association and International Monetary Fund, 2010, *United Republic of Tanzania Joint World Bank/IMF Debt Sustainability Analysis.*

International Monetary Fund, 2000, The United Republic of Tanzania Poverty Reduction Strategy Paper.

International Monetary Fund and International Development Association, 2001, *TANZANIA Completion Point Document for the Enhanced Heavily Indebted Poor Countries (HIPC) Initiative.*

Jubilee Debt Campaign (JDC), 2005, "President of Tanzania at Jubilee Debt Campaign conference," JDC website (http://www.jubileedebtcampaign.org.uk/President3720of3720Tanzania3720at3720Jubilee3720Debt3720Campaign3720conference+560.twl) (2012年5月3日最終確認).

Nebru, Vikam, and Mark Thomas, 2009, "The Concept of Odious Debt: Some Considerations," in *Debt Reliefs and Beyond: Lessons Learned and Challenges Ahead*, edited by Carlos A. Primo Braga and Dörte Dömeland, Washington, DC:The World Bank, pp.205-227.

Sander, Frederico Gil, 2009, "Odious Debt as a Principal-Agent Problem," in *Debt Reliefs and Beyond: Lessons Learned and Challenges Ahead*, edited by Carlos A. Primo Braga and Dörte Dömeland, Washington, DC: The World Bank, 229-260.

UNDP, Human Development Report, 1996.(広野良吉他監修『人間開発報告書——経済成長と人間開発』古今書院, 1996年。)

UNDP, Human Development Report, 1997.(広野良吉他監修『人間開発報告書——貧困と人間開発』古今書院, 1997年。)

UNDP, Human Development Report, 1998.(恒川恵市他監修『人間開発報告書——消費パターンと人間開発』古今書院, 1998年。)

UNDP, Human Development Report, 1999.(北谷勝秀他監修『人間開発報告書——グローバリゼーションと人間開発』古今書院, 1999年。)

World Bank, 2005, *Note on the G8 Debt Relief Proposal——Assessment of cots, Implementation issues, and financing options.*

World Bank, 2012, *Global Development Finance,External Debt of Developing Countries.*

第11章

世界銀行と平和構築
——「介入」の再考——

高橋清貴

1 平和構築とは何か

現代紛争の特徴

「戦争の時代」と言われた20世紀が終わり，21世紀では国家間の戦争はほとんど起こらないだろうと言われている。しかし，地域紛争や国内紛争（内戦）は1990年代からアフリカやアジア，中東で多発し，戦闘の形態も長期化，残虐化が進み，女性や子ども，といった多くの民間人被害者を生み出した。内戦あるいは地域紛争と呼ばれるこれらの紛争は，開発途上国，中でも特に貧しい国や地域で発生し，人間開発指数が低い国ほど紛争経験国となる傾向が高いといった報告すらある。

こうした「現代の紛争」は，これまでの戦争と次の3つの特徴において「新しい」と言われる。1つ目は，戦う主体がこれまでの国家間戦争のように国家に限定されているわけでなく，国内の武装勢力やテロリスト等非国家主体が中心となってきていること。2つ目は，そうした紛争当事者集団の特徴から，戦いの争点も，達成しようとする目的も不明瞭となり，終結点を見い出せず，社会が長期的に混乱状態に陥ってしまうこと，すなわち「紛争状態」が継続し，そうした混乱した社会状態であること自体が目的となるような戦い方が現れてきたことである。3つ目は，戦いの手段においても，これまでのように紛争によって獲得しようとするものと紛争によって失われるものを「費用対効果」の観点から比較することによって合理的な政策判断をするわけではなく，むしろ「紛争状態」という社会的混乱によって得られる政治的，経済的メリット，民

族意識の高揚や集団的アイデンティティの獲得のしやすさといった側面が強調される等，複雑な目的性から決められるようになっていることである。その結果，「現代の紛争」の要因は多様化・複雑化し，そのために調停や交渉による解決が難しくなり，再発をくり返しながら長期化してしまうのである。世界銀行の分析によれば，国家間紛争は起こったとしても約6カ月で一旦終結する可能性が高まるが，国内紛争は平均7年の長期にわたると報告している（註：世界銀行（田村勝省訳）『戦乱下の開発政策』シュプリンガー・フェアラーク東京，2004：85）。平和構築とは，こうした特徴を持つ「現代の紛争」と私たちはどう向き合うべきかという難問が，国際社会の新しい課題として現れてきているのである。

平和構築の誕生

「平和構築」という言葉は，1992年に当時の国連事務総長であったガリ総長が出した『平和への課題』（Agenda for Peace）と題する報告書から人口に膾炙するようになった。報告書は，平和維持活動（Peace Keeping Operation）に限らず，紛争前の「予防外交」（Preventive Diplomacy）から紛争に介入して解決を目指す「平和創造」（Peace Making），そして紛争後の復興・国づくりを担う「平和構築」（Peacebuilding）までの包括的な枠組みを提示したものである。国連がこうした報告書を作成した背景には，1990年代に入り冷戦が終結したことによって国家間戦争が起こりづらくなったという認識が生まれ，安全保障議論も国家を中心的主体として国民の安心と安全を守ろうという個別的安全保障の考えから国際的協調を重視した集団的安全保障の考えへの転換が試みられたことがある。すなわち国連の設立時に打ち立てた国際社会の平和と安全のために国際社会が協力して取り組むという集団安全保障の理念が，冷戦が終わったことによって実体化させる可能性が生まれたと考えるようになったのである。加えて，冷戦時代に朝鮮戦争や中東戦争，ベトナム戦争等を除けば，大きな国家間戦争は起きておらず，その一方で，人権や人道といった理念がグローバルに拡がったこともあるだろう。また，開発分野において，80年代に推し進められた自由主義経済の考え方の下での構造調整プログラムといった取り組みが成果

を上げず，市場経済を途上国で機能させるためにはネポティズムや様々な伝統的制度の解消といったガバナンス改革が必要と考えられるようになったこともあるだろう。「開発のため」に政治問題に介入する必要性が認識され始めたことも，集団的安全保障を押し進め，必要なら他国に対しても積極的に介入することも良しとする言説が構築されていったのである。すなわち，国際政治の分野で国際社会の秩序と安定のための集団安全保障というアプローチが現実味を帯びてくる一方で，開発分野でもガバナンス改革という政治問題が重要な課題となり，この2つの流れが融合したところに，人権概念が国境を越えて拡がり始めていたことが手伝って，内戦や地域紛争に苦しむ国とそこに住む人びとに対して国際社会が保護と支援の手をさしのべることは，国際社会の責任であるとする倫理意識が「平和構築」についての議論を活発にし，定着させていったのである。

平和構築議論の変遷——予防概念の高まり

　国連事務総長だったガリが，『平和への課題』と題する報告書を発表した当初，平和構築は「紛争の再発を避けるために，平和を強化し，堅固なものにする諸構造を明らかにし，それを支えるための行動」として定義され，紛争後に行われる活動として位置づけられていた。その後，2000年に国連がPKO（平和維持活動）のあり方を再考するために設置した委員会による報告書（通称，『ブラヒミレポート』）において，平和構築活動を紛争後に限定せず，平和維持活動と平和構築活動を継ぎ目なく実施する統合的活動として強調したが，それによって平和構築の概念が停戦直後から停戦中まで拡大していった。そして，2004年にコフィ・アナン国連事務総長の委託を受けて設置された「国連改革に関するハイレベルパネル」では，紛争の発生以前の予防から紛争後の復興活動を含む幅広い活動であるとして，さらに広い定義へと移っていった。このように平和構築の意義と役割についての理解は，その概念と定義をより広く解釈する方向へと議論を発展させていくと同時に，「平和構築」は単なる安全保障上の課題であるだけでなく，紛争が起こっている国や地域の多くが途上国であるという事実から社会開発の課題であるとする考え方が生まれてきたのである。

すなわち，分野を越えた共通課題であるとする認識が拡まったのである。その結果，紛争の予防や再発防止のために予防的観点から「開発」という経済課題に取り組む必要があり，また途上国の開発課題において成果を上げるためにはガバナンスという政治課題も重要であり，その両方に取り組むことが紛争を予防し，平和を築くという包括的アプローチの考え方が定着していったのである。

しかし，2005年3月コフィ・アナン国連事務総長が提出した「より大きな自由を求めて」(In Larger Freedom: towards development, security and human rights for all) と題した報告書は，先のハイレベルパネルの報告書をベースにしつつも，平和構築に関する記述では，そのマンデイトを紛争後の段階に限定し，紛争予防の段階は含まないとしている。続く2005年9月に開催された国連首脳会合 (World Summit Outcome) では，平和構築を進めるための制度改革として，国連の中に平和構築委員会 (Peacebuilding Commission: PBC) と平和構築活動を支援する平和構築支援事務局 (Peacebuilding Support office: PBSO)，そして平和構築基金 (Peacebuilding Fund: PBF) を設置することを決めたが，それらが対象とする活動も紛争後に限定するものであった。この一連の議論でアナン事務総長が拡大した平和構築概念を改めて限定しようとしたのはなぜであろうか。1つの理由は，実行性にこだわったからであろうと思われる。21世紀に入り国連に対する期待が高まる一方で，効率性の観点から改革を求める声も強くなっていった。これまでも国連は常にその効率性に疑問が持たれていたが，国連が平和構築を主導するためには，単に新しい組織を設置するだけでなくその実行性を確実にする必要があったのだろう。実際，新設の平和構築委員会を，総会と安保理のいずれの下部機関にするか，かなりの時間をかけて議論された。また委員会の構成国や議題設定の方法，紛争当事国の関与のあり方等を巡って加盟国間で利害対立があり，2005年10月に方針が発表されてから翌年2006年6月に発足するまで協議が難航したのである。そして，最終的に平和構築委員会が対象とするものは，紛争後の平和構築に絞られ，PKO活動との連携に関しては，終了後の活動展開とするのか，それとも同時並行的な実施とするのか，議論は続いた。紛争が起こりやすい脆弱国からすれば，平和構築は介入を正当化する方法と受け止められたからである。設置を優先させたいアナンとしては，加盟

国の懸念を払拭するためにも，平和構築を紛争後に限定させる必要があったのだろう。

次章では，こうした平和構築の議論の変遷を踏まえつつ，世銀がどのように概念整理をし，取り組みを進めようとしているのかを見ていく。

2　世界銀行と平和構築

世銀の平和構築における取り組みの特徴は，次の4点に集約されるだろう。第1に，世銀はマンデイト上，人権，民主化等の平和構築に密接に関連しうる政治的イシューに対して距離を保つという制約があること。第2に，緊急事態（emergency phase）や復興開発初期段階（recovery phase）よりもむしろその後の本格的な復興開発段階（reconstruction phase）において，巨額の資金動員力を活かして貢献することが期待されていること。第3に，途上国政府をパートナーとし，市場経済の浸透を念頭に，財政および基幹産業・インフラの再興を旨とする活動に重点を置いてきたこと。第4に，開発問題に関するKnowledge Bank（知識銀行）としての強みを活かし，事業実施面のみならず，研究の領域でもリーダーシップを発揮しようとしていることである。こうした特徴を前提に，世銀は時代の変化と平和構築をめぐる議論の変遷の中で，全体的に世銀の位置づけと役割を見直していったのだが，その結果「開発と紛争」の関係についての新たな解釈が生み出されることになったのである。この章では，世銀の紛争と平和構築の取り組みをめぐる議論を時系列的に俯瞰し，それまで水と油のような関係であった「開発と紛争」の関係がどのように深まっていったかを示すこととする。その最新の成果として，2011年に出版された『世界開発報告書2011年』（WDR2011）（「紛争，安全保障と開発」をテーマとする）を取り上げ，その中でどのような「中間項」を補助線として両者のつながりを論じているかを概観する。そして最後に，WDR2011で，世銀が平和構築の重要な要因として指摘する「外部ストレス」に対する国際社会の取り組み方について，WDR2011では十分に論じられていないが，重要な「小型武器管理」の問題を事例に考察を加える。結論として，供給サイド（先進国側）の責任と取り

組むべき役割(武器の製造,流通等の管理)を棚上げにしながら,需要サイド(途上国側)の問題へとすり替え,それを「支援」する形で決着させようとしているのが平和構築なのではないかと,問題提起する。その結果,本当の平和の課題は「先送り」され,「再生産」されてしまうのである。平和構築が安全保障という課題となったがために,国際政治の生々しい交渉の影響を受けることとなり,その結果,問題の先送りやすり替えが起こることとなり,その中で需要側を支援する「国際協力」という「美しい政策」文書に留まってしまっているのである。しかし,実態は,本章3節で論じるアフガニスタンの復興のように,社会的混乱を継続させるだけに留まってしまっているのではないかと思われるのである。

世界銀行の平和構築への取り組みと変遷

　世界銀行は,1997年に社会開発部にPost-Conflict Unit(ポスト紛争ユニット)とPost-Conflict Fund(ポスト紛争基金)を設立してから平和構築への関わりを始めた。翌1998年,世銀は,それまでの復興支援を「平和構築」の視点から見直し,その結果を踏まえて2001年に「開発協力と紛争についての業務政策」(Operational Policy)を策定した。ここにおいて開発と紛争が関連したものであることを明確に位置づけたのである。この中で開発と紛争をつなぐ中間項として重要視されたのが「脆弱国家」という概念とガバナンスである。

　2001年1月に策定された世銀の「開発協力と紛争」(Development Cooperation and Conflict)についての業務政策は,これまでの,どちらかと言えば,紛争経験国に対する復興支援という文脈に限定されがちであった世銀のオペレーション部隊に対して事実上初めて包括的な枠組みを提示するものとなった。特に,次の3点が強調されている。第1に,全ての援助対象国において,経済成長と貧困の削減が,潜在的な紛争の火種を小さくする(あるいはそのように努めるべきである)という認識のもとに援助を続ける必要があること。第2に,紛争の影響を受けている国においてこそ,その影響を勘案しつつも支援が有効であること。すなわち,紛争においてこそ,開発援助活動が必要であること(メインストリーム化)を強調。第3に,紛争直後の国においては,持続的な平和に向

けての移行を支援する必要があることだ。すなわち，世銀のマンデイトである貧困削減に強力かつ長期的に取り組むことが，紛争後の平和の維持に重要な役割を果たすとする解釈を打ち出している。但し，ここでは世銀が関与するタイミングは紛争後に限定していることに注意しておきたい。さらに世銀は，上述のポリシーの中で，スタッフに対し，一般の緊急支援，ジェンダー，先住民，非自発的移住等のポリシーを参照しつつ業務を進めるよう指導も行っている。

　これらの動きにおいて注目すべき点は，平和構築を開発援助の中の1つのセクターと捉えようとする考え方，あるいは，途上国の中の一部の戦後復興国における課題と捉える旧来のアプローチとの連続性を維持しながら正当性を確保するために，途上国における平和と開発を不可分一体のものとして捉える新たな枠組みの提示を行っているということである。1998年から2002年までに実施された Post-Conflict Fund からの贈与案件リストをみると，DDR (Demilitarization, Demobilization & Reintegration：武装解除，動員解除，社会復帰)，地雷対策，暫定政権への財政支援，旧兵士への教育，軍事施設の再利用（民生施設化），難民支援，非自発的移住者（女性）の雇用促進等といった紛争経験国固有の問題への対処を目的とする案件に混じって，女性の自立と連帯支援，メディアの強化，異民族間の対話支援といった将来の紛争の再発を予防する要素を持った案件が散見される。世銀が紛争予防といった政治的領域まで踏み込んで包括的な視点から平和構築を捉えようとする意志が垣間見える。

　現在，世銀の融資総額の約16％が紛争関連の融資であるとも言われている。また，世銀の融資対象100カ国の約4割に相当する国は，直近あるいは現在の武力紛争の影響下にあり，もし紛争の影響下にある国に対する援助を全てカウントするとすれば，平和構築のシェアは40％にも上る。世銀が有する援助形態のうち平和構築分野における支援であることを明確にうたっているものは，先に述べた Post-Conflict Fund（36カ国，110件，2002年10月現在で50.9百万ドル）であるが，この形態の援助に限定すれば，平和構築活動が世銀の全事業活動において占める割合は非常に小さなものとなる。しかしながら，平和構築の概念が開発援助の各所に浸透し，先に述べたように冷戦後，集団安全保障という概念の下で平和と開発という2つの目的が渾然一体となってきている現在において

は，このような設問や数字はむしろ意味を失いつつある。上述の「開発協力と紛争」というポリシーによって，世銀の平和構築に対する考え方を標榜しつつも，現代の紛争が再発を繰り返すという特徴を踏まえて，紛争にプラスであれ，影響を及ぼすような支援は，広い意味で「平和構築」とする解釈を世銀も受け入れようとしている。何らかの形で紛争の火種を小さくすることを期待し，紛争による影響を最小化することで，国づくりに貢献すると考えれば，世銀の融資およびその他の活動のほとんどが何らかの形で平和構築に寄与するものとして位置づけられる。こうして政治問題と距離を置くべきところの世銀のマンデイト上の制約を克服し，紛争への関わりと支援のタイミングをより紛争に近いところまで拡げることができれば，「市場経済の浸透」という世銀の本来の組織目的は，平和構築にとってむしろ歓迎される要素となろう。

平和構築の「知識銀行」

世銀の4つ目の特徴である「知識銀行」(Knowledge Bank) としての知的貢献について検討してみよう。国際開発のレジームにおいて常にリーダーシップを期待される世銀が，新たな概念を規範的に提示すること，実践面においても具体的な分析・評価手法をつくりだし，関係ドナーの間に浸透させていくことで，平和構築という言説が確立していく。後に議論するように平和構築はドナーや国際社会の共同や調整を最も必要とするが，その旗振り役をどの組織が担うかはきわめて重要な実践上の課題である。世銀は，それを政治的に力で巻き込むのではなく，「紛争分析」といった知的貢献によって進めるようとしている。

世銀は2005年4月に「紛争分析枠組み」(Conflict Analysis Framework: CAF) の草案を発表した。この草案は，①なぜ紛争を分析するのか，②紛争分析枠組み，③紛争影響評価 (Peace and Conflict Impact Assessment)，の3セクションにより構成されている。その中で紛争分析の目的として，次のように書いている。

紛争分析の目的は，世銀が当該国の貧困削減戦略に対する支援を確実にし，開発プログラムの紛争に対する影響に慎重になることで，資源を貧困削減に

集中させ，当該国が暴力的紛争に対する耐性（resilience）を強めようとするものである。（筆者訳）（WB CPR 2005, p.3）

この中で注目したいのは"resilience"（耐性）という概念である。CAFでは「紛争の原因となっている問題の解決手段として，暴力より政治的および社会的手段を選ぶ状況」と定義している。すなわち，紛争分析の目的は，紛争は社会の耐性（Resilience）が弱いことによって社会に内在する様々な対立要因を適切に処理することができないために，それが暴力的対立まで発展してしまうので，紛争を助長してしまう要因に対して配慮の意識を高めようとする考え方を基礎としている。分析の手順は，紛争リスクを9つの項目でスクリーニングし，それを6つに分類される変数群で評価するのだが，その9つのスクリーニング項目は，いずれも紛争を生じさせる要因を国内あるいは地域内から見つけ出そうとする本質主義的な考え方に基づいたものに留まってしまっている。例えば，①過去10年間に暴力的紛争の歴史を持つか（Violent conflict in the past 10 years），②1人当たりGNIが低いか（Low per capita GNI），③1次産品への依存度が高いか（High dependence on primary commodities exports），④政情が不安定か（Political Instability），⑤市民権や政治的な権利が制限されているか（Restricted civil and political rights），⑥軍事化が進んでいるか（Militarization），⑦少数民族の割合が高いか（Ethnic dominance），⑧活発な地域紛争があるか（Active regional conflicts），⑨若年層の失業率が高いか（High youth unemployment），である。これらの項目の分析から紛争リスクが高い（紛争に陥りやすい）とされた国や地域を，今度は6つの変数群に分けて評価する。例えば，①社会的および民族的関係（Social and ethic relations），②ガバナンスと政治制度（Governance and political institutions），③人権と安全保障（Human rights and security），④経済構造とパフォーマンス（Economic structure and performance），⑤環境と天然資源（Environment and natural resources），⑥外部からの圧力（External forces）である。これにより，援助国および被援助国は，貧困や紛争に重大な影響を与えている要因を洗い出すことができるとしている。こうした紛争分析は，確かに支援に入るアクターたちが自分たちの活動によって紛争を助長しないかどうかを

配慮するために重要なツールだが、その一方で紛争の原因がその社会に内在しているかのような見方を固定化させてしまう危険性があることにも注意を向けておきたい。

　もう1つ、世銀の知的貢献を示すものとして、例えば非国家間紛争の原因の1つとして、途上国における天然資源の存在および同資源の開発に伴う資金の非合法な流れに着目した研究がなされている点を挙げておきたい。同研究は、紛争予防のための対策にまで踏み込んでいるだけでなく、紛争に対する外部要因の影響についても一定の考察を加えており、その意味で今後の新たな平和構築関連の協力のあり方を模索する上で注目される。また同研究は、MDGs（ミレニアム開発目標）が平和と紛争の問題について明確な目標を含んでいないことに言及した上で、2015年までに紛争を半減することを国際社会共通の新たな目標として掲げることを提案しているが、このような提案は、2015年以後のポストMDGsとして開発援助における国際目標設定のあり方を考える議論が始まった現在、紛争国あるいは紛争経験国に対する私たちの責任を喚起するという意味で重要である。

　このように世銀が1997年にPost-Conflict Unitを設立してから、この15年間に、開発分野での「紛争と開発」の関係についての視点の確立、紛争配慮のための分析ツールの開発までを概観してみた。そこから見えたことは、世銀は、開発分野のメイン・アクターとしての地位を保ちながら、そのマンデイト上の制約を新たな解釈と枠組みの提示で乗り越えつつ、知的貢献を伴いながら「平和構築」という新たな開発分野を確立してきたと言えるだろう。次に、この世銀の最新の議論を『世界開発報告書2011』（WDR2011）を参考に読み解いてみたい。

世界開発報告書2011年（WDR2011）

　世銀の平和構築に関するまとまった報告書としては、2004年に発表された『戦乱化の開発政策』に続くものである。前書では、平和構築の対象とされる現代の地域紛争・内戦が、再発する可能性の高さや長期化等の特徴についてまとめつつ、それまで政治的課題であるために扱ってこられなかった紛争に対し

て世銀がなぜ関与する必要があるのかを論じた。これに続いて2011年に発表された新しい報告書では，現代紛争の特徴を改めて確認した上で，暴力の連鎖を止め，市民の安全と正義および雇用を提供するためには，正当性のある制度とガバナンスを強化することが重要であるとし，その課題に対してドナーや国際社会が果たすべき役割を論じて，さらに一歩実施機関としての議論を進めている。特に「戦争か，平和か」といった単純な命題ではなく，「犯罪的暴力」と「政治的な暴力」の区分けが曖昧にされた形で人びと（特に民間人）が暴力に苦しめられているのが現代紛争の特徴であるとし，紛争を1回限りの「出来事（イベント）」なのではなく，継続的かつ反復的する「状態」と捉えた上で，様々な形態の暴力が相互に結びついて地域的・世界的広がりをもって影響を波及していくものとしている。例えば，隣国が紛争下にあるため難民が流入することによってGDPが平均0.7％（推定）失われるとしている（世界の難民の75％が紛争状態にある国の近隣で暮らしているとされるが，そのことによって経済的負担のみならず，新たな紛争をもたらすことがある。例えば，94年のルワンダでの内戦が隣国のブルンジやコンゴに飛び火したことはよく知られている）。また，ある国で起こった政治的紛争は，麻薬や国際「テロ」組織といった国際化された犯罪組織を呼び寄せ，それが結果的に富裕国にまで影響を及ぼす暴力の拡大を招いている。紛争の影響のグローバル化は，こうしたテロ事件発生の蓋然性を高めたり，麻薬の蔓延といった直接的な影響に加え，国際社会がそうした暴力を抑制しようとする試みにかかる費用も増加するという間接的，経済的影響も無視できないのである。海賊対策としての軍活動の強化，航路変更や保険料の上昇等が起これば追加コストとなって国家財政や企業への経済的負担の増加を招くのだ。

　報告書はまた，低所得の脆弱国あるいは紛争影響国が被る影響についても触れている。例えば，他の途上国と比べて栄養失調に陥る可能性が2倍強，子どもを就学させられない可能性が3倍強，子どもが5歳未満で死亡する可能性が2倍強，清潔な水がない可能性が2倍強も高く，ミレニアム開発目標（MDGs）を達成した国は1つもない。事実，1981年から2005年に重大な暴力を経験した国は，そのようなことがなかった国と比較して貧困率が21ポイントも高く，開発を大きく遅らせている。すなわち，暴力が男性を戦闘部隊やギャング団に送

第IV部　外から働きかける

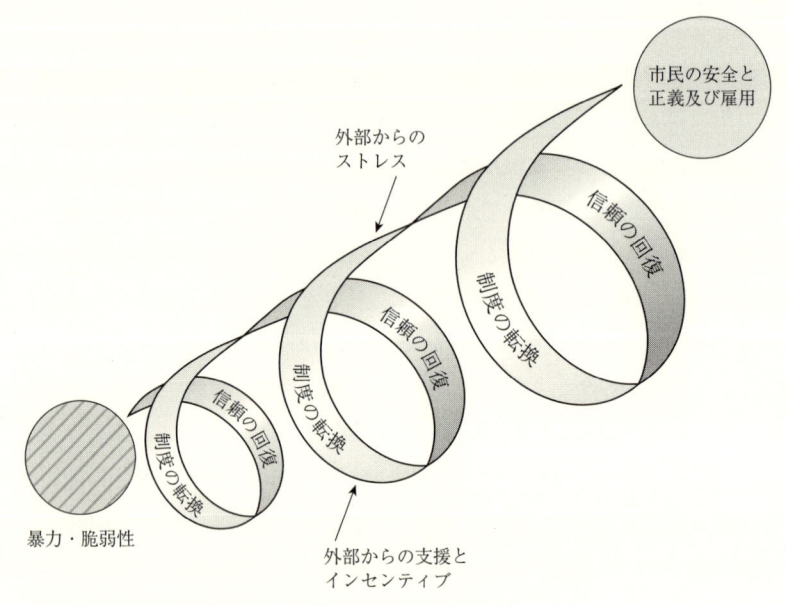

図 11-1　脆弱性と暴力から制度的耐性への動き
出所：『世界開発報告2011』。

り込む直接的な影響として現れる一方で，間接的な影響として女性や子どもに対しても生活を困難にさせる形で被害者にしているのだ。

　紛争は権力，利益，価値観のぶつかり合いの中から発生するものだが，それぞれが独立しているわけではなく相互に関連し合っている。1人当たりのGDPが低い国ほど大規模な政治的紛争や高水準の殺人の発生等の一般治安の悪化が見られる。その原因と結果を明快に分解するのが難しく，理解しておきたいのは，どんな社会（国家ないし地域）においても紛争や暴力を招くリスクを内的・外的ストレスとして内含しており，それらがどのような形で現れるか，あるいは解消されるかが社会の秩序形成能力なのであり，それが正当性ある形で制度として整い，機能しているかどうかということなのである。こうした理解に基づいて，報告書は暴力の連鎖を打破するためのロードマップとして，「信頼を回復し，市民に安全と正義，および雇用を提供する制度」を構築していく取り組みを平和構築モデルとして提案している（図11-1参照）。そして，

280

このモデルに基づいて,ドナーや国際社会が果たすべき役割について検討を加えている。

信頼の回復

「信頼の回復」においてまず重要なことは,十分に包摂的なプロセスでもって多様な関係者が協力するという意志と実践の努力である。理想的には,新たな秩序形成のための制度構築に向けて,国内において政府と関係する諸セクターが協調する必要があり,それに近隣諸国やドナー,投資家等が加わることで,その協調関係を確実なものにしていくことである。報告書は,協調関係の構築にあたっては,草の根レベルでのコミュニティ参画の重要性を指摘している。すなわち諸アクターの協力が分野横断的に水平に拡がるだけでなく,P.レドラックの平和構築モデルが示すように,垂直レベルでの協力関係が重要ということである(このことからレドラックは「中間アクター」の重要性を強調する)。こうした水平および垂直の両方で協調が進めば,紛争状態にあった過去との確実な決別の姿勢が国内外に示されることになり,外から更なる協力・支援を呼び込むのである。ここから平和構築の1つの要諦が得られる。すなわち,平和構築を進めるためには,成果や進捗を確実に目に見える形にすることが必要で,そのためには協調が期待されやすい分野へ支援を集中させ,国内の諸アクターや海外ドナー,国際社会の足並みを揃わせることである。

報告書は,支援を集中すべき分野として,市民の安全・正義・雇用につながる分野の制度改革を提案している。しかし,そうした分野の制度改革は,現地の条件に適合したものでなければならないため必然的に多様なものとなる。報告書は事例として,独立後のシンガポールでは違法な金融フローの防止に力を入れたケースや,レバノンでの経済回復のために必要な電気の回復に力を入れたケースを紹介している。また,ハイチでは,警察の改革に取り組み,特に彼らの仕事の規律を回復することに焦点を置いたこと等を挙げている。これらの事例は,成果を見えやすくする必要性を示していることに加え,紛争後の社会がそうした変化を吸収できるかどうかが重要であるため,変革のスピードは速すぎず,遅すぎずといった適切なペースで進められることが大切であるとして

いる。何よりも改革の成果が体系的に人びとに実感され，受容されていくことが重要であり，そのためには適切にモニタリングを行いながら漸進的に改善させていくことが望ましいとしている。その意味でも，支援をするドナーや国際社会は散発的な介入や一時期的に関心を寄せるのではなく，適宜リスク評価を行いながら長期的かつ継続的に関わることが求められるのである。紙幅の関係で，詳細に論じることはできないが，平和構築に力を入れているドナーの多くは，「紛争影響評価手法」や「平和構築ニーズアセスメント」といった"Do No Harm"（害を起さない）の理念に基づいたアセスメント手法を開発しているが，これらをドナー間ですり合わせながら共通のモニタリングの枠組みとして活用していくことが期待される。

　この意味で，"Do No Harm"の考え方は，単にリスク回避の実践的ツールであるだけでなく，新たな秩序形成に向けて諸アクターを調整するという平和構築の基礎的理念として重要であろう。また，それは平和構築の取り組みを脅かし，再び暴力に戻るリスクを増大させる要因が，国内にのみ存在するわけではなく，組織犯罪や麻薬取引ネットワーク，近隣諸国からの紛争の波及，経済的ショックといった外部からのストレスにもあることにも意識喚起させてくれる。実際に，それらが誘因となって，再び暴力の連鎖が復活する可能性は小さくない。紛争を起こしやすい脆弱国は，文字通り様々なストレスに「脆弱」であり，それをコントロールする能力と責任は一義的に紛争当事国側（需要サイド）にあったとしても，外部ドナーや国際社会（供給サイド）もリスク管理の責任も免れるものではない。実際には，国際社会の側も利害対立があるために足並みが揃わず，効果的なリスク管理ができていないのが現状で，不適切な介入（例えば，アフガニスタンでのアルカイダをターゲットとした「対テロ戦争」は，治安維持目的の多国籍軍が駐留する意義を形骸化させて，治安策を大幅に遅らせたこと等）が事態を複雑にしているのである。残念ながら，報告書では世銀のマンデイト上の限界からか，そうした政治的文脈上の問題についての分析は避けられている。

外部ストレスの管理

　外部ストレスのコントロールに関して，紛争助長の重要な要因である小型武器を事例に，もう少し議論を深めてみたい。報告書は，わずかだが小型武器管理の問題についても言及している。小型武器が紛争の直接の原因ではないにしても，紛争を助長する重要な要因であることは認識している。事実，小型武器による死者は年間50万人以上に及び，そのうち貧困国を中心とする武力紛争で亡くなっている人は5～30万人と言われている。それだけ影響の大きい小型武器は，冷戦後も数は減少せず世界で9億丁以上が流通し，そのうち違法取引も10～20％と多いままである。これに対して，報告書は「脆弱国における武器の違法取引に関する焦点は，国際的な領域から国内の地域にシフトしている」とわずかに言及しているのみで，それも小型武器管理は国内の問題であるかのような書きぶりである。しかし，実際には，紛争に苦しむ途上国の多くで小型武器が製造されているわけではない。むしろ小型武器が途上国に入り込む流通や保管といった外部アクターの関与の仕方に問題がある。しかし，そのことに同報告書は触れてはいない。小型武器であろうとも，その管理は「軍縮」という政治的課題となるからであろう。紛争分析は，政治的文脈の考察も欠くことはできないが，これも世銀のマンデイト上の限界であろうか。実際，小型武器の問題は，供給サイドと需要サイドの両面での取り組みが必要である。供給サイドでの対策としてのこれまでの国際的議論（小型武器貿易条約：ATT）は，運用を規定する「行動計画」の策定から始めたが，最終的に条約交渉に進む段となって交渉が進展しなくなってしまった。その理由は，小型武器は完全に廃絶することができないものであり，またその国際交渉としては各国の安全保障全体に及ぼす影響が小さいという構造上の特質から，人道的見地からの小型武器の運用規制することに多くのメリットを見いだせない先進国（特に武器製造国）が政治的インセンティブを持てなかったために，交渉を進展させることが難しかったからである。その結果，管理のもう一方の側，すなわち需要サイド（途上国側）での制度構築等の取り組みが相対的に焦点を浴びることとなり，小型武器自体の存在を規制する国際社会共通の条約をつくるという多国間アプローチよりも，その使用を各国，あるいはせいぜい地域的枠組みの中で規制する取り

組みに重きを置かざるを得なくなってしまったのである。

　このように世銀は国際政治上の課題に今ひとつ踏み込めないという限界はありつつも，報告書が次の3つの国際社会側での共同プログラムの必要性を指摘している点は評価できる。1つは，支援プログラムを市民社会組織（CSO）や企業，国連が共同で実施し，その資金の支出までの流れを独立にモニタリングすること。2つ目は，極端に大きいリスクが存在するときには世銀も含めて関与を継続することは難しいが，人道主義的な経済・社会プログラムを現地の人びとやコミュニティを活用して一貫した関与をするべきであり，多少統治が乱高下し，新しいリスクが発生しても支援全体を混乱させることなく調整できるように予備費等を増やしておくことである。最後が，脆弱な国家に対する外からのストレスを削減するための地域的・世界的行動への協調した取り組みの必要性である。例えば，反政府武装勢力の資金源となる不正に輸出されたダイヤモンドの管理に関わるキンバリー・プロセスや採取産業透明性イニシアチブ等が，これにあたる。世銀は，こうした措置の中心は「お金の流れを追跡する」こと，すなわち不法な金融フローを追跡することであるとしている。世銀が金融の専門組織であることを考えれば，金融フローに注目するのは十分に理解できる。報告書も言及しているように，今後は気候変動や食料価格と土地取得，そして何よりも水ストレスといった問題が深刻化してくることが予想されるが，それら資源ストレスが容易に政治的ストレスに転換し，紛争国・脆弱国に何らかのインパクトを及ぼし，暴力紛争に転嫁する可能性は否めない。

　資源ストレスへの具体的かつ実質的な対応策についての議論はまだ始まったばかりであり，2012年6月にブラジル・リオデジャネイロで行われた「国連持続可能な開発に関する国際会議」（通称，リオ＋20）でも規制に関する枠組みの話し合いにおいても，あまり進展がなかった。麻薬やダイヤモンドのような贅沢品といった国益に直接関与しないような課題であれば，国際社会の一定の合意（コンセンサス）を取ることはさほど難しいことではないかもしれないが，気候変動枠組み条約（COP）の交渉に見るように経済成長や産業のあり方，環境難民への対応といった直接的に国益に関わる問題は，やはり各国の政治的思惑の壁に阻まれなかなか合意に達しない。食糧や土地，水といった国益や安全

保障と結びついた資源ストレスを抑制するための国際的交渉は，より一層厳しいものとなることは必至である。さらに，注意をしておきたいのは，そうした国際交渉の場において，資源ストレスを被る側にある脆弱国の多くは，交渉能力が高くない場合が多いことである。そのため，脆弱国自体が資源ストレスを規制する議論よりも，開発の権利を訴えるアプローチを取ることが多く，その結果，議論全体が低調になってしまっているのである。こうしたことを考えても，脆弱国・紛争国の側が主体的に資源ストレスに対処できるような力を早急に整える必要があるが，当面それを補完するものとしては地域的な枠組みを強化することであろう。

3　アフガニスタンの平和構築

前節で，世銀の紛争と平和構築の関係についての考え方を『世界開発報告書』を中心に考察し，包括性という観点から評価できる点もあるものの，その実効性については，特に外部ストレスの管理の点において（例えば小型武器の貿易管理等），国際社会全体の一致した関心と関与が重要であるにもかかわらず，それが先進国側の直接的な安全保障に必ずしも関わらないために，交渉がなかなか進まないことを示した。実際，小型武器問題に関する国際社会の交渉は，供給サイド（武器を生産・輸出する先進国側）の問題よりも需要サイド（武器を輸入し，使用する途上国側）のガバナンスの問題に焦点が移り，本章を執筆している時点（2012年7月）でも交渉は再開されたものの，遅々として進んでいない。国際社会全体の関与を促すためには，政策課題の普遍化と同時に，その目標達成度と得られるメリットにおいて一定の明確化が求められるからだ。「他国の平和構築（紛争問題への介入）」という課題は，人道的見地から議論するだけで国家の政策目標とできるほど国際社会の平和秩序形成についての考え方が成熟し，合意されているわけではない。むしろ，ドナー国間の負担の分担といった責任論が出てくるのを避けるために，現場（需要サイド）での課題解決で対応する方向に論調がシフトしてしまうのである。さらに，紛争予防や平和構築は人道的に切迫性の高い課題であるだけに，軍備管理のような難しい課題を時間

をかけて交渉することよりも，即効性の高い現場での支援のあり方を議論することで，短期的成果を確かにしたいと考えてしまうのである。小型武器の議論に見るように，供給サイドで問題に取り組むことの重要性が認識され，その交渉が継続されていても，国家の優先課題とはなりづらいために政策選択として後回しにされてしまうのである。

それでは，果して供給サイドの課題を残したまま，世銀が言うように需要サイド（途上国側）でガバナンス課題に取り組むことで，実際に平和構築をどこまで進めることが可能なのであろうか。この問題を2001年の9.11をきっかけに米国を中心とした多国籍軍によるアルカイダをターゲットとした対テロ作戦と，タリバン政権崩壊後に国際社会が取り組んだアフガニスタンの復興を事例として検証してみたい。結論を先取りして言えば，アフガニスタンの平和構築では様々なレベルでのギャップ問題が生まれ，それによって復興が遅々として進まず，信頼の回復と制度の再構築という世銀が報告書で提示したモデル通りに進めることはできなかったのである。タリバン政権崩壊直後は，カルザイ政権に対する人びとの期待も高く，アフガニスタンが国としてひとつにまとまるチャンスがあったものの，介入した国際社会が様々なレベルで足並みを乱したために，それが進捗の障害となって，復興を遅らせ，その結果アフガンの人々はカルザイ政権や国際社会に対する信頼を失い，ますます復興のための求心力が失われてしまったのである。以下では，このギャップの問題を「期待と現実のギャップ」「政策実行の一貫性のギャップ」「中央と地方のギャップ」「援助機関の制度上のギャップ」の4点に整理し，それぞれ検討を加えることとする。

期待と現実のギャップ

アフガニスタンでは，ボン合意後，2002年6月の緊急ロヤジルガ（国民大会議と訳されることが多い）を経て，2005年に大統領選が行われ，武装解除も進み，復興が順調に進んでいると思われたが，今はその時の「復興は成功する」という思い込みに近い楽観的な見通しの下での過剰な期待感を煽るプログラムを策定したことに問題があるというのがひとつの共通認識となっている。この背景には米国の対テロ作戦の変化がある。米国は2003年，イラクへの侵略戦争を始

めたが，それはアフガンへの関心の離反でもあった。続く，2004年の米国大統領選挙でブッシュはイラクでの成功を引っさげて選挙戦を戦う予定のところ，イラク情勢が悪いために膨大な軍事費を使わざるを得なくなり，その一方で，アフガニスタンでの成功を「厚化粧」して望むことになった。『世界開発報告』にあるように平和構築では，国民からの信用を回復しながら，正当性のある政権をつくることが重要であり，そのプロセスは丁寧に正当性のある形で進められなければならない。アフガニスタンでもボン合意の中でアフガン再建は国民の意思の元で正当性のある中央政府を作ることが指摘されていた。しかし，カルザイを選出した2005年の大統領選では明らかな不正が広範にあり，そのプロセス自体がダメージを受け，カルザイ政権に対する国内外の信用を失ってしまった。国際社会もカルザイ政権を正当な政府として認めるのかという疑念を抱く一方で，アフガンの人びとから見れば汚職だらけのカルザイ政権をごり押ししている国際社会に対する不信というねじれが生じていたのである。ボン・プロセス以降，それまでは調和を重視し，国際社会全体でアフガン復興という大きな目標のためには多少の問題には目をつぶりながら全体を進めていこうとしていたが，そうした意思の統一が失われてしまったのである。この国際社会の意思の揺らぎを見て焦ったカルザイは軍閥を取り込む政治戦術に出て，その結果軍閥を解体しようとしてきた動きを逆戻りさせてしまったのである。ムジャヒディン時代に様々な人権侵害を行ってきた軍閥を政権の中に取り込まれたことで，アフガンの人びとはますますカルザイ政権と復興プロセス自体に対する期待と信頼を大きく失ったのである。

　しかし，カルザイばかりを責めるわけにはいかないだろう。カルザイ政権の不正の背景には，米国による「対テロ戦争」があり，国際社会が復興のサクセス・ストーリーばかりを喧伝する裏で，武装勢力が伸張していたことを見過ごしたことも要因としてある。この頃，米軍の対テロ戦争による誤爆が相次いだが，それをやめさせられない政府に対して，民衆は不信感を高めていったのだ。確かにカルザイは，米国が外から引っ張ってきた人間であり，元々彼に対する民衆の支持基盤はなかった。むしろ，西側諸国が支えていることで，復興が進むだろうという期待の下で信頼されていたに過ぎない。平和構築は，治安部門

の改革と制度づくりという政治プロセスと民生の復興という社会経済的な取り組みが車の両輪となって進むものだが，2005年の議会選挙までは政治プロセス中心で進めてきて，それなりの成果を見せたが，治安改革や民生の復興が伴っておらず，そのギャップが人びとのカルザイ政権に対する不信を高めてしまった。加えて，2005年のグアンタナモでの米軍のコーランに対する侮辱が引き金となって民衆の不満が一気に爆発し，ジャララバードでの大規模デモへとつながっていった。2006年にはカブールで米軍の発砲事件もあり，人びとの国際社会への信頼は完全に失われた。国際社会，特に米国はそれを正面から受け止めることをせず，カルザイ政権の問題に転嫁し，国際社会全体でも「カルザイでいいのか」という不信を増大させていってしまい，協調体制を失わせてしまったのである。

　その一方で，復興については，2002年に東京で復興支援国会合が開かれ，2004年に中期開発計画が作られ，2005年に暫定アフガニスタン開発戦略ができ，2006年のアフガン・コンパクトが策定される等，計画は次々に発表された。しかし，政治プロセスがうまくいっているという思い込みの下で，内容としてほとんど達成不可能に見える目標が採用され，掲げられてきた。一般に，紛争直後は，短期間に治安，政治，経済の状況が大きく変化する。計画も，それに合わせて柔軟に対応しなければいけないことは，WDRが指摘する通りである。しかしながら，そうした現実に根ざした評価も行われず，所期の高い目標がそのまま継続されてきたのだ。例えば，アフガン・コンパクトでは，2010年までに国軍を改革して専門集団化させ，民兵等違法な武装集団も2007年までに武装解除し，貧困人口も2010年までに3％までに減らすとしていたが，いずれも達成が難しいのは明らかであった。教訓を得るためにも，その詳細な分析が今後行われるべきだが，支援が現実に根ざして検討されたものでなかったために，人びとの信頼を得られなかったことは明らかだろう。

政策実行の一貫性のギャップ

　平和構築における民生の復興の難しさは，その計画の多くが直感や理念に基づいた机上の計画になりがちになることだ。復興初期は，そうした計画でも紛

争直後の人びとの生活は破壊され，ゼロ以下にまでなっているため，どのような取り組みであれ一定の成果を上げることができる。アフガニスタンでも，2002年に暫定政権ができたばかりの時，多くのアフガン人は難民として国外に出ていて，安定していなかった。そこに資源を投入すれば難民の帰還等，何らかの成果を上げることはできた。しかし，安定した復興から国づくりを行おうとすれば人材の育成等，時間がかかる成果を待つ必要があった。それも中央レベルだけでなく，むしろ人びとの生活に密着した地域レベルでの人材育成の必要性だ。アフガニスタンでは，先に述べたように必要な計画は「言葉」としてはできていた。しかし，組織や人材が十分ではなかった。だから，国際社会が支援する必要性があったわけだが，実際に支援を始めたところ，多くの現実的問題に直面した。汚職対策にしても麻薬問題にしても治安にしても，互いにリンクしていながら，なかなか改善がみられない。いくつもの条件が整うことが必要だからだ。例えば，灌漑用水を引いて種を与えても，技術と意欲と適切な見返りが伴わなければ進捗しない。暮らしの基盤は，様々なものが関連しているだけに，ひとつに支障があると成功がみられないのだ。援助に調整が必要であると言われる所以である。その一方で，「国づくり」として中央政府への信用回復という目的のためにも，農村社会での人びとの生活を安定させることが重要だ。例えば，治安安定化と民生回復がリンケージするプログラムとしてケシ栽培の換金作物への転換があるが，実際にはうまくコントロールできていない。ケシをいったん焼き払っても，補償がこなかったり，補償があっても十分でなかったりするケースが報告されている。その結果，期待を高められ，労働力を提供した農民は大きく失望し，各地での暴動やデモにもつながっていった。そうしたデモには，県知事に向けられたデモもあった。内戦時代のアフガン社会を知る県知事は，もし部族が立ち上がった時には抑えきれないという従来からの危機感を感じ取り，何らかの妥協を図ろうとした。その結果，表では中央政府や国際社会向けてケシ栽培を取り締まる姿勢を見せながら，裏では黙認するということが起こったのである。また，このような現実に対して，支援している国際社会もある程度わかっていて，「当該国のオーナーシップが重要」という建前論を盾に無視したり，あるいは仕方がないこととした。もちろ

ん強行すれば，様々な問題を引き起こす懸念もある。すなわち，計画に対して一貫性と柔軟性をどのようにバランスをとって進めるべきなのか，その判断はきわめて難しく，また実施している団体や組織によって異なるという別の次元での一貫性の問題が生じてしまったのである。

　これは，治安回復の課題にも言える。アフガニスタンは，中央から離れた各地域で軍閥や武装勢力が権力を有している現実を残しており，国づくりを進めるためには，これらの軍閥力を適切な形で中央政府の下で秩序立てる必要があった。その構造改革のために，時には既得権を持って居座っていた古い知事の首を挿げ替えて，中央から新知事としてテクノクラートを送り込んで中央集権化を図る試みがなされた。ねらいは，軍閥の力を削ぐことが目的である。しかし，その試みを徹底できず，2004〜2005年にかけて再び軍閥が勢力を伸張させてしまった。そして，これらが現在のタリバーンを復活させる温床となっていったのである。軍閥を整理し切れなかったのは，武装解除はしたものの，正当性のある警察や正規軍の育成が間に合わず，「権力の空白」を埋められないままに治安の回復が進まないため，地域住民の治安を求める声に応える形で再び兵士に戻る者も少なくなかったからある。特に「権力の空白」の下で米軍が「対テロ戦争」を続け，誤爆等の問題を引き起こしたために治安悪化と反米感情を助長させ，再びタリバーンを迎え入れてしまったのである。

　つまり，2002年以降の復興のプロセスには，いくつかのアンバランスがあった。建前では，「アフガン・オーナーシップ」とか「ライト・フット・アプローチ（LFA）」等がうたわれていたが，それはアフガン人に任せておけばよいという建前に過ぎなかった。良い理念であっても，それが建前となってしまったのは，その時イラク戦争を走らせているという米国の派兵事情があったからだ。米国はイラクと並行してアフガニスタンでも，大規模な軍事介入を行っていた。しかし，それはアフガン人のための治安が本当の目的ではなく，あくまでも米軍の「対テロ戦争」という文脈の下で正当化されていたのであり，したがって介入する場所や方法も米軍が決めていた。そのため，アフガン側には民衆の不満を和らげ，暴動を抑えるような明確な対処方針も手段もなかったのである。国際社会は，建前では民主主義やオーナーシップを唱えるが，平和構

築のような政治的文脈が強く影響するところでは，実際はそうした理念は介入する側の都合で解釈され，利用されていくことになる。それは，アフガンの人びとから見れば，自分たちの存在が無視され，軽視される中で外国の介入が続いていることとなり，それに対して人びとが不信を高めるのは当然のことだろう。

　加えて，介入している外国軍の国際治安支援部隊（ISAF）や北大西洋条約機構（NATO）軍の質の悪さも指摘しておくべきだろう。彼らは，戦闘部隊としては良いが，異文化に対して双方向で相手を理解する視点に欠けているため，国際協力や開発支援を行うためのアクターとしての資質に疑問を持たざるを得ない。アフガン人は「未開人」であり，「われわれ外国軍は，彼らを救うために来たのであり」，彼らに「文明とはこういうものだと教えてやる」という姿勢で向き合っている者が多い。国際協力等の経験がない軍人は，他者に対してステレオタイプ的な見方することに疑いを持っていない。それは，もう一方のアフガン人の側にも言える。ISAFや対テロ部隊が誤爆を行ったり，不当逮捕や家宅捜査によって米国一般への憎悪をつのらせ，展開されているISAFの人間全てを悪いものだと思い込んでしまうのだ。こうした双方向の他者に対する認識のギャップは本来は介入する側が慎重に人びとと接することで解消を試みるべきなのだ。しかし，そうした資質に欠ける者がさらに質の悪い行動をとることで状況をより一層悪化させてしまう。こうした配慮は援助の世界では常識である（はずである）。世銀の報告書でも，平和構築の要諦は信用回復であると指摘している。国際社会の介入の「質」を一貫させることは，介入する側の責任である。しかし，そこに軍事的アクターがいた場合，それを援助機関である世銀がコントロールしたり，調整することには限界があり，質の一貫性を確保することは構造的に難しかったのである。

中央と地方のギャップ

　人道的見地から平和構築を考えた場合，「最も脆弱で必要性の高い人びとを優先する」という人道原則に照らせば，優先すべきは地方の復興である。カブール等の中央には資源や人材が集まりやすく，国際社会からの関与やモニ

第IV部 外から働きかける

ターも容易で，暴力の乱用もある程度制限することができる。その一方で，地方は後手に回り，泥沼化することが多い。そして，民衆の多くは地方に暮らす。アフガニスタンとパキスタンは，国境の「連邦直轄部族地域」(Federally Administered Tribal Areas: FATA) や南部のヘルマンドで2006年から2007年にかけて和平協定が結んだが，パキスタンのムシャラフ大統領は部族に地域の治安を守らせることで彼らと合意を図る政治的な動きをとった。確かに，部族社会のアフガニスタンでは，部族の力への期待は高い。伝統的社会には伝統的なやり方があり，こじれた問題でも多くの人間がひざを交えて話し合い妥協を見出すことができていた。しかし，20年近くも紛争を経験し，武器が国内に蔓延してしまった現在のアフガニスタンで，どこまで「良き部族社会」が機能しているか心許ない。従来のように，部族の掟が確実に人びとを支配している所もあるだろうが，武器に「力」を借りた支配がまかり通り，長老等が発言する場所が少なくなっているのも現実である。混乱した情勢を変えるには，「特効薬」が必要であり，「部族社会」が機能すればなんとかなるという淡い期待ばかりを先行させてしまいがちになる。実際，地域で紛争を解決するための仕組みは，かつてとは違って弱まっており，地方の村で決まったことが守られないことも観察されていた。

　私が所属するNGO「日本国際ボランティアセンター」(JVC) が活動するシギという村でも，学校建設のために土地を借りようとしたら，4人の所有者が異議を申し立ててきた例がある。長老を通じて，合意を得ていたはずだが，それが徹底されなかったのだ。部族社会の共同性は，平和構築を考える際の柱ではあることは確かだろう。民主的な仕組みは，トップダウンではなく，草の根からつくっていくしかない。その意味で世銀が提案した「村落開発委員会」(Community Development Committee: CDC) を村でつくり，プロジェクトを起こして実施していく仕組みは重要である。新しいCDCを機能させるためには時間をかけた話し合いが必要で，そのために不安を持つ人びともあらわれるだろうが，地域に復興をアクセスさせる仕組みとしては大切である。重要なのは，それを部族の既存の仕組みとうまくつなげて，それを後押しするような形に部族社会を巻き込むことができるかである。「勝手に押しつけられている」とプ

ライドの高いアフガンの人たちは強く感じてしまいがちだからである。

その意味で，世銀が主張する「制度の構築」は，中央からアプローチするだけでなく，草の根からつくっていくことが重要なのだ。それは中央政府内でも同じである。アフガニスタンでは，国際社会が「アフガン・オーナーシップ」を求めたが，それが中途半端に前面に出たために逆効果になってしまった。現在でも，アフガンの行政組織は大臣が全てで，副大臣や局長がいても大臣が動かないとまったく機能しないのが現状である。これは，ライン・オブ・コミュニケーションができていないからで，長年の紛争の影響なのかもしれないが，人びとの間で信頼関係が弱いために業務内容も省内できちんと共有されず，1つの組織として上から下へ，下から上へと話が通じ合う仕組みができていないと言われている。再びJVCの経験に戻って言えば，関わっている医療クリニック支援に関連して情報が中央政府と地方の出先機関との間できちんと共有されていないために，スムーズな業務の運営が難しいという問題に日々直面せざるを得ないのである。多くの支援団体が，同様な問題を抱えている中で，復興が遅れていく。

援助機関の制度間ギャップ

このように平和構築は時間のかかるプロセスである。確かにアフガニスタンでも，経済規模は，1人当たりGDPが2002年から2008年までにかけて200ドルから400ドルと2倍になった。経済成長率だけをとれば，中国に肩をならべるほどである。就学率も上昇し，全てではなくとも，部分的に改善が見られるのもある。しかしその一方で，全体のパフォーマンスに対する評価は低いのである。9.11との関連もあって，国際社会の注目度も高く，リソースも集まったために，期待度が高かったことがこともあるだろう。また，復興初期の頃は大統領や議会選挙等政治プロセスが進むため，評価がしやすかったということもあるだる。しかし，それによって国際社会が関心を失い，限られた資源もその間に発生した新たな紛争や災害に向けてしまうことがある。平和構築で重要なのは初動から数年後の期間である。アフガニスタンでも，アフガン・コンパクト等復興計画案が出揃ってきた2005年以後，成果が見えづらくなってきた。パ

フォーマンスが落ちれば，当然，時間をかけてじっくりと取り組むことが必要になってくる。しかしながら，アフガニスタンのように厳しい環境の中で働く国際援助スタッフは，赴任期間が平均して約1～2年，長いところで5年と一般的に短い。そのため，現地事情をわかり貢献しようとするには時間が足りないのだ。こうしたことも手伝って，平和構築で行われる援助は，非効率であると言われてしまい，ドナー国は関心を失ってしまうのである。

4　「介入」の再考

平和構築は，紛争と平和という政治分野の問題と開発という経済分野の取り組みが一体となって，紛争国・地域の人びとと国際社会全体の安全保障を高めようとするものである。ここには，冷戦後のグローバル化の中で，戦争のあり方が変わり，経済が人びとの安全や安心に与える影響が大きくなってきたことが背景としてある。こうした中で，世界銀行も方針と役割の見直しを進め，これまで築いた「知識銀行」としての能力を活かして，平和構築においても紛争要因の分析から，平和構築モデルの提案や影響評価ツールの開発等，理論から実践まで重要な知的貢献を果してきた。しかし，実際に紛争国で平和構築を進めようとすると，前節でアフガニスタンを事例に分析したように様々なレベルでのギャップによってなかなか計画通りに進まない。これらのギャップの解消は容易ではなく，関わり方を間違えば，問題は複雑化し，状況は悪化する。先のアフガニスタンの経験は，実はこれらギャップの問題の多くは介入する側の国際社会の問題に起因していることを教訓として示している。つまり，人道的見地や倫理的見地から他国の紛争問題に民主的国づくりと再発予防の目的から積極的に介入しようとする平和構築なのだが，アフガニスタンを見るとき果してそれが良かったのかどうかの判断は難しい。理想通りに平和構築が進まないにしても，国際社会の介入が人びとの安全と安心を促進したのか，それとも複雑な問題をもたらしただけなのか，その評価は今後の課題として残されている。平和構築は，経済と政治分野の両方で他国に積極的に介入するものである。そのため，複雑な問題を導きやすい。通常の国際協力以上にセンシティブでなけ

ればならない。気候変動，食糧や土地問題，水等の資源問題が国家ナショナリズムを助長しやすい現在にあって，介入する側の先進ドナー国どうしの協調も難しくなっているのが実状である。そうした中，『世界開発報告書2011』が言うようにドナー国の協調の必要性をアピールすることは容易い。一方で"Do No Harm"（害を起こさない）の視点に立てば拙速な成果重視の介入そのものの是非についても，もっと議論すべきであろう。道徳的ジレンマを前にして，積極的な介入（例えば，人道的介入論）に賛同する者も少なくないだろう。しかし，先の小型武器の議論に見たように，介入の前にすべきことはないか，武器管理や資源ストレスを緩和するために先進国側がすべきことは多いのではなかろうか。そのための多様なステークホルダーによる対話と協力が不可欠なのであり，そういう場を世界銀行も積極的に形成していくべきではないだろうか。紛争や社会的混乱のみならず，気候変動や資源ストレス等による被害は，途上国・先進国に関わらず，その国の中で最も脆弱な人びとを直撃する。こうした人びとの多くはグローバル化が進む中で周縁化され，不可視化される傾向にある。世銀や先進諸国の国際社会のエリートが「良心」として積極的介入を訴えても，果してどこまで真剣に最貧困層や周縁化された人びとの問題と向き合い，寄り添えるのかという疑問は残る。その意味で，2011年のオキュパイ・ウォールストリートのような社会運動も，平和構築と決して無縁ではない。「誰のための平和構築か」という問いと共に，「われわれは何をすべきか」という問いは，これからも問われ続ける必要があるだろう。

参考文献
世界銀行（2004）『紛争下の開発支援』世界銀行．
世界銀行（2009）『紛争，安全保障と開発』（世界開発報告2011）世界銀行．

終　章

国際関係の中の世界銀行
——理論から見えること——

大芝　亮

1　世界銀行の役割を考えることはなぜ重要か

　世界銀行の政策や活動については，開発経済学や開発問題の分野でとりあげられ，専門家により議論されることが多いが，私たち市民1人1人にとっても，世界銀行の政策がどのようにして形成され，またいかなる活動が展開され，どのような効果・影響を及ぼしているのかを理解することは重要なことである。
　なぜそういえるのか。ひとつには，世界銀行の開発戦略は，他の国際開発金融機関（アジア開発銀行や欧州復興開発銀行等）や各国の援助機関（日本の国際協力事業機構（JICA）や米国のUSAID等）にも強い影響を及ぼすからである。また，世界銀行の提供する資金量は国際機関の中で最大であり，さらに世界銀行の融資が受けられるかどうかにより，その他の資金（他の国際機関，各国の援助機関等）が得られるかどうかも大きく左右される。最後に，世界銀行が融資を行うプロジェクトにより，地球環境に悪影響を生じる場合がでてきたり，あるいは，特定の少数民族の人権が侵害されるような事態が生じるならば，私たち市民にとっても，外国でのことと済ませるわけにはいかない。あるいは，日本の援助がこうした問題を引き起こさないようにするために，世界銀行のこれまでの工夫を学ぶことは大切なことといえよう。
　しかし，世界銀行と一口にいってもきわめて多面的な存在である。世界銀行の政策や活動を理解し，評価するとしても，どのような点が重要なポイントであるのか，すぐにわかるわけでない。このようなときに，国際関係の理論を参照するのである。

世界銀行の政策や活動を理解するといっても，単に，世界銀行がどのような手順・仕組みでいかなる戦略・政策を決定しているかだけを理解すればよいというものではない。このようなことであれば，世界銀行のスタッフや関係者に理解・評価のポイントを聞けば済むこととなもいえる。

　私たちがすべきことは，世界銀行の政策や活動が，現代の国際関係の影響をどのような形でうけているのか，また，世界銀行は，果して現代の国際社会の規範・価値の実現にいかなる程度，また，どのように貢献しているのか，について分析することである。国際関係における世界銀行の実績を吟味し，その役割と存在意義を考察することが必要である。

2　国際関係理論の3つの流れ

　国際関係の理論＝「国際関係をみる眼」には，主に次の3つのアプローチがある。第1はホッブズ的見方とよばれるものである。国際関係の主役は国家である。国家は自国の生存という国益を守るために国力を強化する。ちょうど，日本の明治政府のように，「富国強兵」策を採り，また他の国と同盟する。そして，国力の拡大を図る。各国がこのような行動をとるために，国際関係では，大国間のパワー・ポリティクスが展開するという見方である。

　第2の見方は，第1の見方と同様に，確かに国家間ではパワー・ポリティクスが行われるものの，決してむき出しの弱肉強食の世界が展開しているわけではないという。むしろ，領土保全や内政不干渉原則等に基づく国際法のルールにより，国際関係は運営されているとする。国際法の父といわれるグロチウスの名前をとり，グロチウス的見方といわれる。

　第3のアプローチは，上記の2つの見方と違い，国家間の相互依存関係や様々なレベルにおけるグローバル化の進展により，国家（中央政府）だけでなく，国際組織や，世界企業・国際NGO等の非国家的アクターもまた重要なインパクトを持つようになってきているという見方である。グローバル化した秩序を国家や様々な非国家アクターが協調して運営していくというグローバル・ガバナンス論が代表的なものであり，ホッブズやグロチウスと対比するために，

カント的見方といわれる。

3　ホッブズ的見方からの問い——世界銀行はアメリカ支配の機関か

　ホッブズ的見方を参考にすると，大国は世界銀行という国際機関においてもパワー・ポリティクスを展開する。実際に，世界銀行の歴史は，大国間のパワー・ポリティクスから大いに説明できる。

パクス・アメリカーナの落とし子としての世界銀行
　世界銀行の設立については，アメリカとイギリスの覇権争いが根底にあった。米英間では金をめぐるパワー・ポリティクスが第2次世界大戦勃発前から始まっていた（ガードナー 1969）。1935年3月，ドイツが再軍備宣言を行い，ヨーロッパでの戦争が近づいてくると，アメリカ議会では，これに巻き込まれないために，孤立主義が高まり，1935年8月，中立法が制定された。アメリカの武器を交戦国へ売ることが禁止されたのである。また，交戦国へアメリカ商品を売る際には，アメリカの船を用い，かつ現金払いで行うこととされた。1937年の中立法では，アメリカは交戦国へ武器輸出をしてもよいことになったが，自国船主義・現金払いという条件は変更されなかった。
　このような状況の中で，イギリスは，ドイツとの戦争準備のために米国からの武器輸入を拡大していった。1939年9月に第2次世界大戦がはじまると，いよいよ，イギリスは，国家の生存のために，アメリカからの武器や商品を大量に購入せざるをえなくなり，そのために，イギリスは，大英帝国内に保有していたドルはもとより，金も集め，武器・商品の購入にあてた。その結果，大英帝国内の金は，アメリカに流れた。大英帝国内の金保有が底をつくようになってはじめて，アメリカは，1941年3月「武器貸与法」を成立させた。武器購入のために，現金ではなく，「貸与」で済ませることが可能となった。イギリスは，アメリカへの金による支払いからようやく解放されることになった。高校の歴史教科書では，「武器貸与法の成立により，アメリカは民主主義の兵器廠として英国を支援した」といわれるが，実は米英間ではこのようなパワー・ポ

表終-1 アメリカのIBRDにおける投票権の推移

年	%
1946～47	35.07
1951	24.99
1961	29.25
1971	23.82
1981	20.84
1990	17.22
2012	15.56

出所：1946-47年から1990年までは，William N. Gianaris, "Weighted Voting in the International Monetary Fund and the World Bank", Fordham International Law Journal, 14-4, 1990.（インターネットより）。2012年については世界銀行ホームページより（http://siteresources.worldbank.org/BODINT/Resources/278027-1215524804501/IBRDCountryVotingTable.pdf）。

リティクスが展開していた。

こうして，1944年のブレトンウッズ会議では，アメリカが第2次世界大戦後の国際金融体制構想をめぐり，主導権を握ることになった。第2次世界大戦後，軍事力においてもアメリカはソ連とともに超大国となり，イギリスやフランスにはアメリカに対抗できるパワーはなかった。

第2次世界大戦後の国際秩序は，軍事・経済の双方で圧倒的なパワーを持ち，覇権国となったアメリカが形成したといわれる。いわゆるパクス・アメリカーナとよばれる国際秩序であり，戦後体制を一極体制とみる。戦後を米ソ冷戦の二極体制と捉える見方とは異なる。覇権安定論では，ソ連をむしろアメリカの覇権に挑戦する国として理解する。そして，覇権安定論に従えば，世界銀行とIMFは，このパクス・アメリカーナを支える国際組織として設立された。

世界銀行におけるアメリカのパワーは，様々な面で具現化されている。まず，世界銀行とIMFの本部は，ワシントンD.C.に置かれた。それも，ホワイトハウスからほんの2ブロック，アメリカ財務省からは1ブロック離れたところに設置された。

次に，歴代，世界銀行総裁はアメリカから，IMF総裁はヨーロッパからという暗黙のルールが敷かれた（2011年に定められた総裁選出方法について第1章参照）。

さらに，アメリカは，圧倒的な出資比率・投票権（世界銀行は，加重投票制を採用し，投票権は出資比率に応じて決められる）を持った。すなわち，1946～47年において，アメリカは35％の投票権を有し，第2位のイギリスの投票権は15％であった。世界銀行では，資本金を増額するときには，増資額の80％以上の拠

出が行われることが条件とされており，また，日本でいえば憲法改正に相当するような，世界銀行の協定変更には，全投票権数の80％以上の賛成票が必要であると定められている。アメリカが20％以上の出資比率・投票権を持つかぎり，アメリカの賛成がなければ，増資もできないし，また世界銀行の協定変更もできない。アメリカは，増資と協定変更について，拒否権を持ったのである。

日本の挑戦

このようなパックス・アメリカーナの世界に挑戦したのはほかならぬ日本であった。日本は，経済成長に伴い，世界銀行を構成する国際復興開発銀行（IBRD）および国際開発協会（IDA）の2つの機関で増資が行われるたびに，出資比率，そして投票権を増大させていった。

IBRD では，開発途上国への融資総額は資本金総額を越えてはならないとされている。それゆえ，IBRD が，融資額を増大させ，活動を拡大するためには，資本金を増額しなければならなくなる。こうして増資が行われるが，IBRD での増資の機会はそう頻繁にあるわけではない。

これに対して，IDA では3年ごとに増資が行われる。IDA は，最貧国相手に，無利子で長期の返済期間（現在では条件は多様化し，20年間，35年間，40年間の返済期間の場合がある）という条件でクレジットを供与するために，増資で得られた資金は3年間でいわば使用されてしまい，3年ごとに増資が必要となる。3年ごとのIDA増資交渉において，加盟国政府間では投票権をめぐり交渉が行われ，また世界銀行のマネジメントは，加盟国政府や加盟国政府を通じてNGOから，世界銀行の政策についての注文をうける。

国連の通常予算の場合であれば，支払い能力（GDP等で測定される）に応じて拠出金はいわば自動的に決定される。国連では，拠出金がいかに増大しようとも，総会での投票は1国1票だからである。しかし，加重投票制が採用されている世界銀行では，出資比率に応じて投票権が増大するため，日本に支払い能力があり，また支払う意思があっても，そのまま認められるとは限らないのである。

日本はIDAにおいては，1981～84年増資に関する交渉で第2位の出資国と

なり，IBRD において第2位の出資を認められたのは，1985年増資についての交渉においてであった。1968年に日本は GDP で世界第2位になっていることを考えると，世界銀行で第2位の出資率・投票権を得るまで，非常に時間がかかったのである。

ちなみに，IBRD の1985年増資をめぐる交渉では，アメリカの底力が発揮された。1968年に世界銀行の総裁に就任したロバート・マクナマラの時代に，世界銀行はその活動を積極的に拡大していった。そのために，1980年代はじめには増資が必要となり，各国に拠出を呼びかけた。

しかし，アメリカは，この当時，2重の赤字（財政赤字と国際収支の赤字）を抱え，世界銀行の増資において，とても20％以上の出資を行える余裕はなかった。アメリカが出資額を抑え，アメリカの投票権が20％を下回るような状況になると，アメリカは増資と協定変更に関する2つの拒否権を失うことになる。アメリカにとってのジレンマであった。

そこで，アメリカは驚くべき行動にでる。増資が発効するために必要な拠出額を従来の全体の80％多数から85％に多数に変更し，また，協定変更についても従来の80％多数から85％多数に変更したのである。自国の都合に合わせてルールを変更したのである。そもそも，アメリカはこの時点でいまなお20％以上の出資率と投票権を有していたので，どの国もこれに反対することはできなかった。

こうして，アメリカは，増資においては，従来よりも少ない割合の拠出で済ませ，出資率と投票権は20％を下回ることになった。しかし，増資と協定変更に関する拒否権は相変わらず維持できたのである。なお，現在，この拒否権をめぐり，やはり，増資や協定変更については，80％多数の支持を必要とするように修正すべきではないかという意見が出されている（第1章）。

他方，このアメリカの出資比率が下がった部分をだれが埋めるのか。それが日本であった。日本は，ようやく，1984年に，英国，フランス，西独を抜いて，IBRD でも第2位の投票権を獲得できたのである。

ちなみに，アメリカが，いざとなれば自分の都合に合わせてルールを80％多数を85％多数に変更するようなパワーは構造的パワー（ルールを変更するパ

ワー)と呼ばれる (Strange 1993)。これに対して，日本が増大させていった投票権は，いわば既存のルールの中で行使されるパワーであり，リレーショナル・パワー (ルール内で行使できるパワー) という。後者はいわば通常の，量的に測れるようなパワーであるのに対して，前者は，いざとなれば発揮できる底力とでもいうべきものである。

さて，日本はこのような高い地位を得て何をするのか。地位を得るだけが目的ではないのか。日本政府が国連安保理の常任理事国をめざすときに，これに反対する人々からはしばしば地位を得て何をするのか，という問いがなされたことと同じである。

世界銀行において，第2位の出資国となった日本は，1993年に『東アジアの奇跡』を世界銀行から出版する点で大きな働きをした (The World Bank 1993)。この本では，日本をはじめ，韓国，台湾，香港，シンガポールを主にとりあげ，政府主導の市場経済の発展もありうることを世界銀行は認めたといわれる。従来，世界銀行における主流の考え方は，ワシントン・コンセンサスとよばれ，政府の役割を小さく抑え，市場中心に経済発展を進めるというものであったが，『東アジアの奇跡』の出版は，世界銀行がアジア的発展もありうると公式に認めたという，政治的な意味合いがあった。

もとより，膨大な数の世界銀行のスタッフ (2010年において約9,000名) の考え方が急に変わったわけではない。むしろ，世界銀行事務局のスタッフの中には，アジア的発展を一般モデルとして認めることへの反対論は根強く残っていた。それゆえ，アジアの経験は，アジアの「奇跡」であり，決して一般モデルとはなりえないという反論がなされ，結果として『東アジアの奇跡』というタイトルとなった。日本の関係者の間では，これは「奇跡」ではないとして不満が強かった。

1980年代から冷戦後の1990年代にかけて，アジア的資本主義やアジア的人権等，アジア的方法をめぐって，活発な論争が行われた。ハンチントンの『文明の衝突』が話題となり，欧米に挑戦するのはイスラムか，あるいはアジアか，といった点をめぐり，活発な議論が行われた。このような状況の中での『東アジアの奇跡』の出版であった。しかし，1997年に韓国をはじめとするアジア

の経済危機が起こり，また，日本もバブル経済が崩壊し，その後，景気低迷がつづく中で，『アジアの奇跡』をめぐる論争は下火になった。

中国は挑戦するのか

2000年代に入り，中国の経済成長はめざましい。GDPで見ると，2006年に英国を抜き世界第4位に，そして2007年から2008年にかけてドイツを抜いて世界第3位になった。こうした経済発展を反映して，中国のIBRDでの出資比率・投票権も急速に拡大し，2010年には，ついに第3位の出資国となることが決まった。日本がGDPでは1968年に第2位となりながら，IBRDで第2位の出資国となるのに16年も費やしたことと比べると，あっという間のできごとであった。これに伴い，中国から世界銀行の副総裁も登場する。

中国はこのような地位を得て，世界銀行をどのような方向に持っていこうとするのだろうか。

中国企業はサブ・サハラや東南アジアに積極的に進出し，また政府は，活発な融資活動を行っている。しかし，中国は，欧米から人権問題ではげしく批判されているスーダンへ援助を行ったり，環境社会配慮において問題があると批判される等，先進諸国の援助方針と対決的な政策を展開しているとしていわれる。このような中国が，世界銀行で第3位の出資国となったが，今後，中国は，ワシントン・コンセンサスに協調的になっていくのだろうか，それとも世界銀行の内部で，ワシントン・コンセンサスを批判する勢力として活動するのだろうか。

ジョージ・メイソン大学のミン・ワン教授は，中国は，世界銀行においてはワシントン・コンセンサスに協調的になっていくだろうが，サブ・サハラ等での現在の政策を変更することもないだろうと予測する。中国は，多国間援助と2国間援助を使い分けるという見方である。

以上のように，世界銀行におけるパワー・ポリティクスは，アメリカによる覇権とそれへの挑戦という形で展開してきた。

4　グロチウス的見方からの問い——世界銀行は「経済」的な機関か

　グロチウス的な見方では，世界は国際法ルールに従い運営される。国際法の中心には内政不干渉原則があり，実際に，この原則に基づき，世界銀行協定は，世界銀行は融資の際には借入国の政治問題を考慮してはならないと定めている。国内政治への非関与の原則である。世界銀行は「経済」的な機関であり，借入国の経済的ニーズを測定し，これに見合うような援助活動を展開する。これが，グロチウス的な見方に従った場合の世界銀行観である。このような考え方には，そもそも経済と政治を分離できるとする政経分離が前提とされている。果して，現実に，世界銀行は借入国の国内政治には左右されないで活動を行ってきたのだろうか。

冷戦時代
　冷戦時代，アメリカは世界銀行を自らの冷戦戦略を進めるために積極的に活用した。第1に，世界銀行は，マーシャル・プランによるヨーロッパ復興支援を引き継ぎ，西欧諸国に対する経済復興を支援した。これは，アメリカ国務省政策企画部長であり，封じ込め政策の立案者であるジョージ・ケナンの考え方に沿うもので，西欧諸国で社会主義政党が支持をうけるのは経済が困窮していることが原因であり，復興援助により，西欧諸国の経済を復興させることにより，西欧諸国市民の社会主義への関心を薄れることを期待したものであった。経済的な封じ込め政策であり，世界銀行はその一翼を担ったのである。ちなみに，のちに，アメリカの封じ込め政策は，NATO（北大西洋条約機構）結成に象徴されるように軍事的な封じ込めをも行うようになる。
　第2に，冷戦時代，ソ連をはじめ，多くの社会主義国は世界銀行には加盟しなかった。世界銀行は西側諸国の国際組織であり，普遍的なメンバーから構成される国連とは大きく異なる点であった。
　第3に，ソ連離れを志向する社会主義国に対しては，世界銀行は資金協力を行い，これを資金的に応援した。その例は，まず，例外的に世界銀行に加盟し

ていたユーゴスラビアに見られる。世界銀行は，1949年以降，ユーゴスラビアに継続して融資を行ってきた。1960年代から70年代，そして80年代前半までを見ると，常に，世界銀行の全融資額の3～4％がユーゴスラビアに割り当てられている。

ルーマニアも，1973年に世界銀行への加盟し，融資を受けるにあたり，自国の経済データを世界銀行に提供することを拒んだため，世界銀行のスタッフは，クレジットワースネスの測定もできないのでは融資はできないとして反発した。しかし，当時のルーマニアは，チャウシェスク大統領のもとで，ソ連離れの外交政策を遂行し，西側諸国はこれに注目していた。世界銀行総裁のマクナマラは，1973年，政治的な判断を行い，ルーマニアへの融資を行った。

さらに，ハンガリーの世界銀行加盟も論争的であった。というのも，ハンガリーは1982年に加盟したが，すでにその当時でハンガリーの1人当たりGDPは2,100ドルであり，当時，世界銀行（この場合は特にIBRD）の借入国の地位から卒業すべき基準に近かったからである。しかし，債務状況が深刻であるという理由で加盟が認められた。そして，1986年にはポーランドが加盟した。このように東欧諸国は，しだいに世界銀行に加盟し，資本主義国との関わりを強め，冷戦の終結につながる下地が築かれていった。

南北対立

第2次世界大戦後，植民地が独立し，世界銀行は，これらの新興国への開発援助を本格化させる。新興国への資金協力機関をあらたに設置する必要があるとの議論が高まり，南の新興国は，総会において1国1票制度が採られている国連のもとに設置することを要求した。しかし，先進諸国は，1960年，これを加重投票制を採る世界銀行のもとに設置した。これが国際開発協会（IDA）である。このように，新興国への開発援助をめぐり，南北の対立があった。

西側先進諸国は，新興国への開発援助問題の主導権を「南」には渡さないという姿勢を貫きながら，同時に，新興国への開発援助そのものには積極的であった。その理由は，独立したばかりの新興国をめぐり，東西両陣営が，それぞれ自分の陣営に入れようと援助合戦を行っていたからである。アメリカ等は，

世界銀行による開発援助を，新興国を西側陣営に取り込むための1つのルートとして活用していたのである。また，そこでは，新興国においても，開発援助により経済成長が達成されるならば，共産主義ではなく，民主主義・資本主義が受け入れられるとの期待があった。

現実には，世界銀行が開発援助を供与する新興国の中には，国内で政治的自由や基本的人権が抑圧されている国も少なくなかった。アメリカは，これらの国へも，西側陣営にとりこめるのであれば援助を継続した。反共であれば，民主主義でなくても援助を供与した。そして，世界銀行も，国内政治への非関与を建前としており，民主主義かどうかは不問にされていた。

しかし，1980年代になると，開発に熱心でも，人権侵害がなされたり，あるいはおよそ民主化努力のない政治体制を開発独裁として批判する意見が強まった。世界銀行がマルコス政権下のフィリピンへ融資していることについては，アメリカでも論争があった。マルコス政権に対しては，アメリカ国内でも問題視されており，世界銀行のフィリピン人職員の中でも批判的立場の人は多かったからである。1983年，世界銀行のフィリピンについての国別レポート（当時の世界銀行の文書の中でもコンフィデンシアル度が非常に高い文書）が外部にリークされた。この国別レポートでは，マルコス政権の問題点として非民主的な点や人権保障での問題点が明瞭に指摘されていた。世界銀行が内部文書でマルコス政権を批判していることは内政干渉になるのではないかという意見もあり，論議を呼んだ。

このほか，世界では国内紛争も頻繁に起きた。世界銀行は，そのような場合，例えばチャドでの内戦の場合のように，国内紛争によりクレジットワースネスに問題が生じたためとして，融資を停止した。あくまでも，国内政治への非関与という原則に触れないような理由をつけたのである。

以上のように，冷戦時代においても，世界銀行は，社会主義国の加盟を認めず，また社会主義国の中でソ連離れを志向する国にはこれを応援し，さらに，開発独裁の国については，議論があるものの基本的には融資を継続し，さらに，国内紛争で事実上，融資が行いえない状況の場合にも，クレジットワースネスの問題として処理した。

冷戦後の政治的コンディショナリティとガバナンスの改善

　1989年から1991年にかけて冷戦が終結し，世界銀行においても旧ソ連・東欧ショックへの体制移行支援がはじまった。そこで登場してきたのが，借入国の民主化努力を融資の際に考慮すべきかどうか，という問題であった（大芝1994）。

　1991年に発足した欧州復興開発銀行では，借入国における民主化努力を融資の際に考慮することを設立協定で明記した。世界銀行のいう国内政治への非関与の否定であり，政経分離の原則の否定であった。欧州復興開発銀行の事務局には政治局が設置され，ここで借入国の民主化努力の評価がなされた。

　アメリカ，英国，フランス，ドイツ，スウェーデン等の先進各国政府も，2国間援助において，民主化努力を経済援助の条件とする政策＝政治的コンディショナリティ政策を公表していった。日本もまた，この流れの中で，1993年にODA大綱を発表し，政府開発援助の実施にあたっては，「開発途上国における民主化の促進，市場指向型経済導入の努力並びに基本的人権及び自由の保障状況に十分注意を払う」と定めた。

　それでは世界銀行はどうするのか。世界銀行の大口出資国である先進各国政府は政治的コンディショナリティ政策を掲げているが，世界銀行自身は，融資にあたっては借入国の政治状況に左右されてはいけないとする国内政治への非関与の原則を持っている。世界銀行にとってのジレンマであった。

　世界銀行は1991年に，ガバナンスとは，透明性，説明責任性，法の支配，公共部門の効率的運営の4つの要素から構成されるとし，経済発展と民主主義の関係は一概にはいえないが，経済発展のためにガバナンスを改善することは不可欠であるとした。政治的コンディショナリティ政策は採用せず，ガバナンス改善に世界銀行は取り組むとしたのである。

　グッド・ガバナンス概念の登場は，世界銀行をジレンマから救うことになった。というのも，次のような論理が成り立つからである。すなわち，ガバナンスはいわば行政的なものであり，民主主義かどうかを問うような国内政治の問題ではない。それゆえ，世界銀行協定には抵触しない。しかし，ガバナンスの内容には，法の支配や透明性確保等が含まれていることでわかるように，民主

主義と重なる部分が多い。ガバナンス改善を支援することは，ひいては先進諸国の民主化支援にも寄与するというものである。

　世界銀行の提唱したガバナンス概念は，政治問題への関与を好まない援助関係者の間で急速に広まった。また，冷戦直後の興奮が冷めてくると，民主化と経済援助を直接にむすびつけるような議論は下火となり，欧州復興開発銀行でも政治局は廃止された。

　冷戦後，世界銀行は新規の分野にも取り組むようになった。復興支援あるいは平和構築と呼ばれる分野である（本書11章参照）。冷戦後は，各地で国内紛争が起こり，政府は崩壊し，社会もまた分裂してしまった。そこで，紛争後には，元兵士の武装解除，難民の帰還から，そもそも政府づくり，軍隊づくり，警察づくりに至るまでの支援が必要となってきた。国連が中心となるが，世界銀行もまた，紛争時社会から平時の社会への復帰のために，様々な支援を行うようになった。世界銀行では，取り組みはじめた当初は，こうしたポスト・コンフリクト支援は当初は本来業務ではないとしていささか取組に消極的な姿勢も見られたが，しかし，1990年代から2000年代にかけて，アフガン戦争，イラク戦争と大規模な戦争がつづく中で，世界銀行にとっても重要な役割の1つとなり，世界銀行が毎年公表する『世界開発報告』においても特集号（世界銀行 2011）を組むにまで至った。

5　カント的見方からの問い──世界銀行はグローバル社会の組織か

グローバル・ガバナンスにおけるNGO論

　世界銀行は，基本的に国家間組織であり，理事会・総務会の代表は国家の代表であり，世界銀行グループの中心をなすIBRDおよびIDAの融資先は基本的に政府である。国内での富の分配の問題は，それぞれの中央政府が決めることであった。

　しかし，グローバル・ガバナンス論における，現代のグローバル社会では，国家だけではなく，様々な非国家的アクターが国際社会の運営に参画するようになっているという（山本吉宣 2008）。この見方に従えば，世界銀行について

も市場との関係のみならず，市民社会との関係をどう導くのかということが課題として浮かびあがってくる。

　開発援助や環境保全の分野でのNGOの役割をめぐり，くりかえし議論される問題の1つに，なぜ，NGOが国際会議や国際組織に参加するのか，というNGOの正統性の問題である。

　この問いを，グローバル・ガバナンス論では，公共性の概念から説明する。グローバル・ガバナンス論では，グローバル社会の運営という公共性のある業務は，国家だけでなく，非国家によっても遂行されるようになっているという。

　公共性とは何か。斎藤純一は，公共性には「国家に関係する公的なもの（official）」，「すべての人々に関係する共通のもの（common）」「誰に対しても開かれているもの（open）」という3つの意味があるという（斎藤純一 2000）。

　従来は，公共性の意味をオフィシアルであると考えてきたために，国際会議をはじめとする国際社会の運営には政府機関だけが参加しうるとみなしてきた。しかし，公共性をコモンあるいはオープンという意味で理解すると，国家のみならず，経済団体・企業やNGO等の非国家的アクター＝民間団体も公共的活動を担うことができることになる（大芝 2009：450）。開発援助と環境保全等の地球的公共性のある問題については，国家，国際組織，企業，NGO等が担い手として参画する。NGOの参加をめぐる正統性の問題は，要は，公共性をどのように理解するのか，という点にかかっている。

　次に，NGOにはいかなる役割が期待されているのだろうか。NGOの有効性の問題である。ホールとビアステッカーは，抽象的な表現ではあるが，市場には私的権威があり，NGOにはモラル権威があるという（Hall and Bierstecker 2002）。権威とは，パワーを制度化した形態あるいは表現であると定義され，下位のものは上位の権威を受け入れることに同意する。このような同意は，説得，信頼，共感により得られるのであり，強制によるものではない。

　為替取引，通貨安定，貿易政策等に関して，かつては国家が政策をつくり，規制もしてきた。しかし，市場競争を通じて，商品等のグローバル・スタンダードが登場し，企業の会計基準等についても，世界的に標準化するようになると，市場から生まれた標準・基準が様々な経済活動を事実上，管理・運営す

るようになっている。この意味で，市場には私的権威があるとホールとビアステッカーは表現した。

　ただし，こうした標準・基準は，市場，特にサプライ・サイドに焦点をあてるものである。ディマンド・サイド，すなわち消費者の側でも，市場から生まれてきた標準・基準をグローバル化社会における正統なものとして受け入れられているかとなると，労働団体や環境NGOによる反グローバル化運動が展開していることでもわかるように，話はそう単純ではない。

　市場がつくりだす標準・基準への疑問をいだき，これに代わる新たな価値・規範を提示するのがNGOの役割であり，NGOの提示する新たな価値・規範が市民社会で認められてきているという。これがNGOにはモラル的権威があるという意味である。

　ケックとシッキンクは，同様の考えかたに基づき，NGOには規範起業家としての役割があると表現する（Keck and Sikkink 1998）。本書第2章において，松本も，「東西冷戦終結後は，対人地雷全面禁止条約や気候温暖化防止枠組み条約等の新たな規範に基づいた国際条約の設立や，紛争の原因となるダイヤモンドの不正取引を規制するキンバリー認証制度のような国際レジームの形成に中心的な役割を果してきている」と述べる。

　最後に，グローバル・ガバナンス論は，大きな課題も提示する。それは，複数の地球公共財の衝突の問題である。地球環境をいかに保全しながら経済を発展させていくのか，また，商業上の知的財産権保護の必要性と認めつつ，医薬品は高価なものでも貧困層にも届くようにしているのか，というような問題である。

　さて，グローバル・ガバナンス論では，グローバル社会の運営におけるNGOの正統性・有効性・課題について理論的には以上のような議論が展開しているが，現実に，世界銀行とNGOは相互にどのような関係を築いているのだろうか。本書に収録された事例を参考に整理してみよう。

グローバル・ガバナンスにおける世界銀行とNGOの関係
　世界銀行は，かつてから，市場との関係を強く意識し，自らの役割を市場と

の関係において，最後の貸し手（Lender of last resort）として規定してきた。企業による直接投資が期待できる国やセクターについては，企業にまかせ，世界銀行は，企業にとり採算が合わず直接投資できないような最貧国向けの資金を供与したり，非採算部門のプロジェクトへ融資を行うべきものとしてきた。また，世界銀行が融資を行うことにより，その後，企業が投資を行うようになっていくことが世界銀行のカタリスト（触媒）としての役割であると規定してきた。

国際関係の変化に伴い，世界銀行はNGO/市民社会との連携にも強い意欲を見せてきた。そして，NGOとの関係において，世界銀行には主に3つの役割があるとしている（本書第2章参照）。それは，①世界銀行の政策から個別の開発事業に至るまで，NGOと「対話」すること，②世界銀行が支援する開発プロジェクトに「パートナー」としてNGOに参加してもらうこと，③世界銀行の借入国政府と現地NGOの関係を円滑にする「ファシリテータ」として行動すること，の3つの役割である。世界銀行が，市場のみならず市民社会との役割分担を規定するようになったことは1つの大きな変化である。

しかし，現実には，世界銀行とNGOは，問題領域ごとに，さまざまな協調と対立のパターンが展開している。これらを大別すると，1つは，マルチ・ステークホルダーの参加についてであり，もう1つは，規範についてである。

まず，マルチ・ステークホルダーの参加について。たしかにグローバル公共財をマルチ・ステークホルダーが関わって管理・運営していこうとする動きがある。例えば，世界銀行総裁のウォルフェンソンは，生物多様性の問題について，地球規模の問題であり，マルチセクター参加の基金を創設を提案した（本書第5章参照）。そしてクリティカル・エコシステム・パートナーシップ基金（CEPF）と呼ばれる生物多様性維持のための基金には，世界銀行，コンサーベーション・インターナショナル，地球環境ファシリティ，マッカーサー財団が参加し，のちに日本政府やフランス政府開発庁も参加している。

グローバル公共財をマルチ・ステークホルダーで運営するといって，常に，全ての関係するアクターが参加することが歓迎されているわけではない。先述のように，NGOの参加については，国際会議にどのNGOが参加するのかと

か，NGO が参加する正統性はどこにあるのか等の問いはくりかえされる。また事業活動への NGO の参加についても議論がなされる。1つの論点は，現地政府を強く批判している NGO は世界銀行の融資する事業に参加できないのかという問題である。世界銀行では，現地政府の合意は必要と定めている。

　実際に，現地政府の合意がない場合，NGO は事業活動を推進しにくいことは現実である。しかし，NGO が，世界銀行の事業に参加するからといって，これに政府批判を控えるように要請することも問題が多いだろう。世界銀行は，この状況に対処するにあたり，自らの役割を，現地政府と NGO の協力をとりもつファシリテーターとして規定している。世界銀行にとっては，現地政府と NGO の関係をとり持ちつつ，少しずつ，現地における住民のエンパワーメントを進め，現地の「政治」を変えていく努力をすることが課題である。世界銀行のファシリテーターとしての役割は重要であり，また，本書第4章で紹介される JSDF によるベトナム・プロジェクトで，いかに行政を巻き込むかに配慮されている点は注目すべきである。

　しかし，そもそも，開発途上国における様々な問題は，1つには，これらの国で民主的な政治・行政制度が未発達なことによっている。例えば，世界銀行のインスペクションパネルは，世界銀行に対する現地住民からの異議申し立て制度であり，グローバルとローカルをむすびつけるグローカルな制度といえる。しかし，これは国家レベルで民主化が進展し，国内で異議申し立て制度ができればある程度は対応できる問題でもある。

　さて，世界銀行にしても常に参加が歓迎されているわけではない。例えば，多くの NGO は，世界銀行主導で気候変動基金を設立することに反対し，この問題については，国連主導で進めるべきであるとの意見を展開している（第9章）。

　以上のことをまとめると，グローバル・ガバナンスとは，グローバル公共財をマルチ・ステークホルダーで運営することを特徴とする国際秩序として，なにか相互に協調的な体制があるかのようなイメージを描きやすい。しかし，現実には，本書第2章において，松本が，「実際にはいわば『場外』での（NGOによる）批判も『対話』の一部」であり，「『対話』をめぐる重層的な動きに着

目する」というように，協調と対立の双方が重層的に組み合わさっているのが，現在のグローバル・ガバナンスの特徴である。

さて，もう1つの問題であるNGOの規範起業家としての役割についてである。新しい規範は，深刻な事態に対する問題提起から生まれることがある。経済発展と環境保全をいかに両立させるかという公共財の衝突の問題は，いまや古典的とも思えるが，実際に深刻な問題として現れてきたのである。その典型的な例は，インドのナルマダ・ダム建設による環境破壊や住民の非自発的移住の問題であった。世界銀行は，その後，こうしたことが繰り返されることを防ぐために現実の対応としてインスペクション・パネルを設置した。

こうして，NGO・メコン・ウォッチが「環境・社会影響の問題を発見した」と表現するように（本書第8章），環境・社会配慮という1つの規範が成立してきた。本書第7章でとりあげたセーフガード政策は，この環境社会配慮という規範を具体化していったものである。また，少数派の保護という規範については，本書第4章において，多数派中心の言語教育政策の中でとりこぼされる遊牧民を支援することを目的として，日本のNGOがモンゴルにおける遠隔就学前教育プロジェクトを世界銀行の資金援助（世界銀行のもとに日本が設置した日本社会開発基金（JSDF））を得て，実施していることが紹介されている。

現在では，環境社会配慮という規範も第2段階に入ってきている。地球環境保護と少数派の人権保護が衝突する場合もでてきているからである。本書第2章で，松本は，「環境保全を題目に人々を立ち退かせたり，天然資源の利用を禁止したりする事業を指す。本書で扱っているラオスのナムトゥン2ダム（第8章）や気候基金（第9章）はまさに『環境保全』が問題とされているイシューと言える」と指摘する。

NGOの提起する新しい規範は，環境社会配慮だけではない。ジュビリー2000による途上国政府の債務帳消し運動（本書第10章）は，債務に関する市場での規範への疑問を提起した。たしかに，市場における契約遵守という規範からは債務帳消しは大問題である。しかし，途上国の今後の経済発展を確保するためには債務帳消しが必要であるという，いわば経済的な視点からの議論がある。また，独裁的な政権や抑圧的な政府による過去の債務を最終的には途上国

の住民が負担させられる，ということで良いのだろうかという疑問もある．実際，1980年代に，ラテンアメリカやアジアでは，クーデターによる政権やいわゆる開発独裁型の政権が，選挙によらない政府であるというような正統性欠如の負い目を，大規模な経済発展計画で経済的に成功することにより帳消しにしようとして，大幅な借入を行ったことに起因があるからである．

6　世界銀行における政策決定

　世界銀行は，国際関係の構造やパワー関係に影響を受けて活動するが，世界銀行の活動もまた国際関係に影響を与える．前者については，ホッブズ的見方，グロチウス的見方，カント的見方というような国際秩序に関するマクロ的理論を参考に考察した．この節では，後者について，国際関係論における政策決定論を参考に検討しておきたい．

　国際関係論では，各国の外交政策はいかにして形成されるのかについて，政策決定論とよばれる理論が発達してきた．その代表的なものはG. アリソンによる3つのモデルである（Allison 1972）．

　第1は合理モデルとよばれるもので，国家は国益の最大化をめざして政策を決定すると想定されている．世界銀行の場合にあてはめると，世界銀行の目的は開発援助であり，途上国のニーズに合致し，かつ最も効率的・効果的なプロジェクト/プログラムに融資する．世界銀行は民間資金との関係で，自らの役割を，最後の貸し手として位置づけ，民間資金が採算性から興味を示さないが，途上国にとり，ニーズの高いプロジェクト/プログラムへの融資を行う．あるいは，民間資金が流れてくるような部門へ融資するというカタリストとしての役割も持つ．

　こうした観点から，世界銀行の資金の国別配分や部門別配分が，実際に，途上国のニーズを反映しているか，経済発展に効果的なものか，さらには民間資金の流れと競合していないか，といった点が計量分析等でチェックされている．

　第2は組織過程モデルであり，国家の決定というのは，実はそれぞれの官庁が主体となって行うものであり，通常は，官庁が長年の間に培ってきた標準作

業手続き（SOPs、いわばマニュアルもしくは慣行）に従って決定がなされると見る。

　我々は世界銀行に対して経済援助のために働く国際機関だというイメージを持っているかもしれないが、このモデルに従うと、世界銀行といえども、巨大な官僚組織であり、その行動パターンは日本の官庁と類似している。確かに、世界銀行の事務局には、1万人を超えるスタッフがおり、巨大な官僚組織として、日常的な業務に対応している。ただし、世界銀行事務局に特徴的なことは、世界銀行官僚には、ジェネラリストとしての特性と、財政専門家、エコノミストおよびテクノクラートという専門家としての特性の二面性がみられることである。

　まず、ジェネラリストとして、実験的なプロジェクトよりも成功率の高いプロジェクトを好む傾向があるといわれる。いくらニーズが高くても失敗する可能性の高いプロジェクトは敬遠されがちということになる。また、予算消化は大きな任務であり、世界銀行の職員にとり、大口の被援助国・被融資国というのは、実は大事なお客さんである。融資をしてあげているというよりも、いささか誇張になるが、世界銀行はこれらの国に融資させていただいているとすらいえる状況でもある。インドやパキスタンはその典型であり、これらの国は世界銀行事務局にとり非常に重要な国である。

　他方、専門家集団としては、正確で、技術的にみて手堅く、目的が明確で、効果の測定方法も明瞭なプロジェクトを好むといわれる。

　第3モデルは政府内政治モデルといい、国家の政策は、じつは政治家や議会、財界、業界、官庁等の交渉や駆け引きの結果であり、かならずしも国家として一枚岩的にまとまって、コスト・ベネフィットを計算し、国益を追求する上でベストな方法が選択されている、というわけではないとする。世界銀行に当てはめると、世界銀行を自律的な国際組織としてみると、むしろ、通常の組織と同様に、マネジメントにとっては、外圧と内圧がある。

　外圧としては、大口出資国の行政や議会が口をはさみ、また、借入国があり、企業やNGOがあり、というように多様なアクターが政策決定に参加すると見る。外圧の中で大きな影響力を持つのはアメリカ大統領・行政府およびアメリ

カ議会である。

　アメリカ大統領はまず，先述したように，人事の面で影響力を持つ。世界銀行の総裁は，現在に至るまでアメリカ政府が受入可能なアメリカ人である。世界銀行の開発戦略は，総裁のもとで作成されるのであり，アメリカの大統領および国務省は，世界銀行に対して，大きな影響を及ぼしうる。

　アメリカ議会の果しうる役割も大きい。アメリカでは対外援助について，議会の権限は強く，援助関連法案の審議に上院・外交委員会と下院・国際関係委員会が担当し，援助予算については上下の歳出委員会が審議を行う。アメリカの議会では，ロビーイングが活発であり，現在では，対外援助について，NGOの議会に対する影響力は強い。世界銀行の執行部にとり，アメリカ議会対策は重要であり，それゆえ，NGOもまた，世界銀行に対して強力な圧力を行使できるアクターになってきた。ただし，多数のNGOが一枚岩にまとまっているわけではない。

　企業や財界・業界団体もまた，もちろんアメリカ議会に影響を及ぼしうる。むしろ，これまでは企業や財界・業界団体はきわめて強い影響力を持ってきており，それゆえ，世界銀行は，自らの役割を，市場との関係に焦点をあて，カタリストであるとか，最後の貸し手であると規定してきた。加えて，世界銀行の総裁は私企業の出身者も多い。

　アメリカ議会が世界銀行に影響を及ぼしやすい機会として，世界銀行の増資交渉がある。いうまでもなく，各国政府が大口株主として強い発言力を持つからである。特に，IDAの場合，3年ごと資金がなくなるために増資せざるをえず，第2章で松本が指摘するように，アメリカ議会を通じて，NGOはこの機会を積極的に活用した。アメリカ以外の国の政府，議会，企業，NGOもまた，外圧をかけうる。

　国際世論は外圧として世界銀行の政策決定に及ぼしうるだろうか。この点で注目すべきは，いわゆる反グローバル化運動である（山田敦 2002）。シアトルで開催されたWTO（世界貿易機構）閣僚理事会への反対運動には，環境・労働団体等が多数参加し，一躍注目を集めた。その後も，世界銀行・IMF総会やG7・G8サミットに対して，また，ウォール街において，反グローバル化運動

が行われた。こうした動きも外圧のひとつとして注目すべきだが，その影響については判断しにくいものがある。

世界銀行マネジメントにとり，内圧とよぶべきものには，理事会がある。大口出資国を含む25名の理事で構成される理事会は，増資問題や新規加盟国の承認等について重要な役割を果す。しかし，事業活動については，総裁を中心とするマネジメントの管轄事項であり，個別の融資案件の審議について，理事会は基本的に受け身であることが多いといわれてきた。

その理由は，1つには，理事の多くが，本国の財務省や中央銀行から派遣され，せいぜい4～5年間ほど理事として世界銀行に関与する一時滞在者であり，世界銀行の業務に精通した頃には帰国することにある。また，そもそも理事自身，基本的に，世界銀行の個別案件についてあまり深く関与する意思はない，といわれる。理事の大半が，融資活動のような事業活動は，マネジメントの管轄事項であり，これを尊重することが世界銀行の「政治化」を防ぎ，世界銀行の国際「経済」機関としての効率を高めていると認識しているというのである。

理事会では，基本的にコンセンサスが重視され，投票が付されることは少ない。しかし，それでも，個々のプロジェクトの承認をめぐり，投票に付されることはある。アメリカの理事の投票行動については，議会において公表されており，いかなるプロジェクト案に反対投票を行ったかがわかる。例えば，1974年には，インドが核実験を行ったことを理由に世界銀行のインドに対する多くのプロジェクト案に反対投票を行っているが，これは政府の指示に基づくものである。また，世界銀行によるインド・ナルマダダムへの融資についてのように，大きな論争を呼んだものについて，アメリカや複数の先進国の理事が反対投票を行っている（本書第2章）。

世界銀行マネジメントにとり，もう1つの重要な内圧は，官僚機構としての世界銀行事務局である。組織過程モデルの個所ですでに述べたが，世界銀行事務局には，ジェネラリストとしての特性とエコノミスト集団としての特性があり，こうした特徴を持つ事務局自身が，1つのアクターとして，世界銀行における政治過程に参加するのである。世界銀行の内部での政策決定について，世界銀行マネジメント，理事会，事務局は決して一枚岩ではなく，例えば，ナル

マダムの件で見られたように（本書第2章），理事会がマネジメントあるいは事務局から理事会への情報公開が少ないとして不満をもつこともある。

NGO‒世界銀行委員会なども，NGOとの対話を公式化・内部化している点で，内圧の1つと理解してもよいかもしれない。しかし，NGOの世界銀行への働きかえのチャネルは，こうした公式の委員会に限定せれず，むしろ世界銀行の内外に重層的になってきているという（第2章）。

国際関係の理論から見えてきたこと

世界銀行の政策や活動を理解する上で，どこがポイントなのか。この点で助けとなるのが国際関係の理論である。ホッブズ的な見方に基づくと，世界銀行においても，熾烈なパワーポリティクスが展開している。世界銀行は国際関係を反映する。

グロチウス的な見方を参考にすると，世界銀行は，内政不干渉原則に基づく政府間の「経済」組織である。借入国の国内政治に関わってはいけないし，これに左右されてもいけない。しかし，これは建前であり，実際には，借入国の政治体制は，世界銀行が融資を行う上でしばしば重要な要素になった。この建前を維持することで，世界銀行は政治的な対立の場となることを避けてきた。

カント的な見方によると，地球公共財の管理・運営のために，世界銀行，各国，企業，NGOはどのような協議の場をつくり，相互にどのような役割分担をしているのか，が焦点となる。この点を見ることにより，グローバル・ガバナンスにおける公と私の関係がどのように変化してきているのか，を理解することができる。世界銀行とNGOの関係の現状分析からは，単なる一次元的な協調関係ができてきているのではなく，むしろ，世界銀行の内外で，協力もすれば批判もする重層的な関係ができていることがわかった。これが現在のグローバル・ガバナンスの1つの特徴である。

最後に，日本には，国連神話ということばで表わされるように，国際組織をなにか特別なものであるかのように見る傾向がある。しかし，政策決定論からは，世界銀行もまた組織の1つであり，組織一般についていえることは世界銀行にも妥当する。世界銀行がグローバルな市民社会から支持を得るためには世

界銀行における政策決定過程が透明性の高いものであることが必要である。それと同時に，市民社会の側も，世界銀行に対して，単なるイメージで評価するのではなく，世界銀行がいかなる制約の中で行動しているのか，政策決定過程とその環境について理解した上で，世界銀行の活動を評価することが必要である。

参考文献

稲田十一編（2009）『開発と平和——脆弱国家支援論』有斐閣。
大芝亮（1991）「世界銀行の政策決定と国際政治の構造変化」『法学研究（一橋大学研究年報）』22, 95-154頁。
大芝亮（1994）『国際組織の政治経済学』有斐閣。
大芝亮（2009）「地球公共財とNGO——あらためてNGOの正統性について考える」『一橋法学』8-2, 35-45頁。
斎藤純一（2000）『公共性』岩波書店。
段家誠（2006）『世界銀行とNGOs——ナルマダ・ダム・プロジェクト中止におけるアドボカシーNGOの影響力』築地書館。
日本国際政治学会編（2009）『日本の国際政治学』（全4巻）有斐閣。
松本悟（2003）『被害住民が問う開発援助の責任——インスペクションと異議申し立て』築地書館。
山本吉宣（2008）『国際レジームとガバナンス』有斐閣，第5章。
山田敦（2002）「反グローバリゼーションの諸位相」『一橋法学』1-2, 406-423頁。
世界銀行（2012）『世界開発報告〈2011〉紛争，安全保障と開発』一灯舎。

Allison, Graham T., 1972, *Essence of Decision: Explaining the Cuban Missile Crisis*, Little Brown & Co.（宮里政玄訳『決定の本質——キューバミサイル危機の分析』中央公論社，1977年。）
Kapur, Devesh, Lewis, John P. and Webb, Richard., eds., 1997, *The World Bank: Its First Half Century*, Brookings Institute.
Keck, Margaret E. and Sikkink, Kathryn, 1998, *Activists beyond Borders*, Ithaca: Cornell University Press.
Keohane, Robert and Nye, Joseph, Jr., 1977, *Power and Interdependence*, Longman（滝田賢治訳『パワーと相互依存』ミネルヴァ書房，2012年。）
Gardner, Richard N., 1969, *Sterling-Dollar Diplomacy: the Origins and the Prospects*

of Our International Economic Order, New expanded edition, McGraw-Hill.（村野孝,加瀬正一訳『国際通貨体制成立史』東洋経済新報社,1973年。）

Gianaris, William N., 1990, "Weighted Voting in the International Monetary Fund and the World Bank", *Fordham International Law Journal*, 14-4.

Hardt, Michael and Negri, Antonio, 2001, *Empire*, Harvard University Press（水嶋一憲訳『帝国――グローバル化の世界秩序とマルチチュードの可能性』以文社,2003年。）

Hall, Rodney Bruce and Biersteker, Thomas J., eds., 2002, *The Emergence of Private Authority in Global Governance*, Cambridge: Cambridge University Press.

Mason, Edward S. and Asher, Robert E., 1973, *The World Bank since Bretton Woods*, Brookings Institute.

Strange, Susan, 1993, *States and Market*, Continuum International Publishing Group,（西川潤他訳『国際政治経済学入門』東洋経済新報社,1994年。）

The World Bank, 1993, *The East Asian Miracle: Economic Growth and Public Policy*, Oxford University Press（白鳥正喜監訳・海外経済協力基金開発問題研究会訳『東アジアの奇跡：経済成長と政府の役割』東洋経済新報社,1994年。）

索　引
（＊は人名）

ア　行

アカウンタビリティー　212
アジア開発銀行（ADB）　13, 100, 185, 190, 297
『アジアの奇跡』　304
アドボカシー　51, 152, 153, 210, 228, 233, 254
　──NGO　50, 64, 70, 91, 188, 209
アパルトヘイト　263
アフガニスタン　286-288, 290, 292, 293
アフガン・コンパクト　288, 293
アフリカ開発銀行　259
異議申し立て　183, 184
意思決定　128
　──の枠組み　194
1ドル1票　41, 43
1国1票　301
インスペクションパネル　59, 62, 67, 183, 184, 229, 314
インターアクション　79
インターナショナル・リバーズ　199, 205, 206, 209
インドビルマ・ホットスポット　138
インペリアル・オーバーリーチ　8
ヴォイス・リフォーム　41, 45, 46
ウォー・オン・ウォント　251
＊ウォルフェンソン, J. D.　38, 120, 187
エージェンシー問題　62
エコシステム・プロファイリング　141, 143
エトス　8, 17
援助協調　142
援助政策　117
欧州復興開発銀行　297
大蔵省（現財務省）-NGO定期協議　69, 86
オーナーシップ　60, 249, 289, 290

オキュパイ・ウォールストリート　295
オックスファム（OXFAM）　251
温室効果ガスの排出削減　138
オンブズマン制度　70

カ　行

外圧　60
介入　294
開発協力と紛争　274, 276
　──についての業務政策　274
開発経済学　297
開発コミュニケーション（C4D）　153
開発政策・人材育成基金（PHRD基金）　12, 83
開発政策融資　169, 170
外部アプローチ　58
外部ストレス　283
外部評価　87
科学的妥当性　136
格差　205
拡大HIPCイニシアティブ　250, 260
拡大構造調整融資（ESAF）　247
掛け算の事業展開　112, 113
貸し手の責任　255
加重表決制度　56
家族計画協会　164
カテゴリB　176
カトリック海外開発協会（CAFOD）　245
ガバナンス　271, 285
火曜グループ　69
環境アセスメント政策　59, 60, 174, 175
環境NGO　32
「環境・持続社会」研究センター　86
環境・社会影響　189
環境社会管理枠組み（ESMF）　232

323

環境社会システム　178
　　——のアセスメント　177
環境社会配慮基準　173, 182, 183
環境社会配慮策　198
環境社会被害　56, 58
環境政策の遵守　211
環境プロジェクト　30, 70
環境保護　16
換金作物栽培　201
カンクン合意　216, 217
簡素化された基準　180
*カント，イマニュエル．309, 315
カンボジア　139
気候温暖化防止枠組み条約　51
気候資金　218
気候投資基金（CIF）　217-219, 237
気候変動の緩和　137, 138
気候変動枠組条約（UNFCCC）　215, 219, 237
技術移転　5, 153
基礎教育　104
汚い債務　256, 262, 263
規範　70
規範のライフサイクル論　255
*キム，ジム・ヨン　39
キャパシティ　210
キャリアアップ　14, 15
キャンペーン　195, 197
キューバ　262
教育協力NGOネットワーク（JNNE）　85
教育予算　260
協議　52, 91
強制的な立ち退き　30
協調　281
　　——融資　13
　　——融資強化スキーム（ACF）　13
共同ファシリテーション委員会（JFC）　66
業務指令（OD）　59
　　——14.70　76
業務政策ノート（OPN）10.05「世界銀行融資プロジェクトの準備と実施におけるNGOの関与」　75

業務マニュアル声明（OMSs）　59
拒否権　43
キンバリー認証制度　51
キンバリー・プロセス　284
苦情処理メカニズム　205
グラント契約　101
クリーン開発メカニズム（CDM）　224
クリーン技術　220
グリーンピース　68
クリスチャン・エイド　245
クリティカル・エコシステム・パートナーシップ基金（CEPF）　119, 126-128, 134, 136, 138, 140, 141, 143-145
グローバル・ガバナンス　309-311, 319
グローバル・ジャスティス運動　256
*グロチウス，フーゴー　298, 305, 315
軍閥　287
ケア・インターナショナル　193
経済成長　191
ケシ栽培　289
*ケナン，ジョージ　305
ケルン債務イニシアティブ　254
権利ベースのアプローチ（ライツ・ベース・アプローチ）　109, 236
言論の自由　190, 196
構造調整プログラム（SAPs）　246, 248
構造調整融資（SAL）　29, 30, 55, 58, 248
公聴会　56, 61
小型武器貿易条約（ATT）　283
小型武器問題　285
国際NGO　51, 145, 193
国際開発協会（IDA）　17, 33, 44, 190, 301, 306
　　——の増資　45, 60, 61, 63, 88, 89
　　——への加盟に伴う措置に関する法律　45, 88
国際家族計画連盟（IPPF）　164
国際協力機構（JICA）　21, 185
国際協力銀行（JBIC）　15, 185
「国際協力」条項　24
国際金融公社（IFC）　17, 35, 69
国際自然保護連合（IUCN）　193

索引

国際助言グループ　207
国際通貨基金（IMF）　2, 245, 248
国際復興開発銀行（IBRD）　25, 33
国際レジーム　51
国連開発計画（UNDP）　192, 245
国連機関　236
国連児童基金（UNICEF）　100, 249
国連社会開発サミット　250
国連神話　319
国連人間環境会議　54
国連貿易開発会議（UNCTAD）　246
国連ミレニアム総会　257
「50年で十分だ」キャンペーン　252
子どもの権利　109
＊コナブル，バーバー　57, 76
コペンハーゲン合意　216
コミュニティ参加型「遠隔就学前教育」　105
コミュニティ中心の開発（CDD）　81
コンサベーション・インターナショナル　120, 121
コンセッション契約　199, 200
コンセプト・ノート　156, 157
コンセプト・ペーパー　98
コンセンサス　39, 43
コンソリデーション・プログラム　127
コンディショナリティ　6, 248

サ 行

再生可能エネルギー　224
採掘産業透明化イニシアティブ（EITI）　71, 284
財務官　196
債務削減の効果　261
債務持続可能性分析　264
財務省-NGO定期協議　174, 191, 194, 195, 206
財務省国際局開発機関課　194
債務帳消しキャンペーン　→ジュビリー2000　69, 245, 257
　　──日本実行委員会　255
債務と開発に関する欧州ネットワーク（EURODAD）　252

債務の支払拒否　262
サイヤプリダム　197
サミット　217, 247
サルダル・サロバルダム　30, 61
サンフランシスコ平和条約　1
ジェンダー　58
資金メカニズム　122, 124
資源ストレス　284, 285
思春期保健　163
自然資源　114
　　──へのアクセス　133
自然生息地　175
実施型NGO　64
実施可能性調査　192
市民社会基金　78
市民社会政策フォーラム　67
市民社会組織（CSO）　49, 50, 134, 136, 144
諮問会議　100
社会開発　271
　　──計画　198
社会技術　160
社会経済調査　209
社会システムのアセスメント　183
社会主義国　109
借入国のシステム　180
借金　204
重債務貧困国（HIPCs）　250
集団的安全保障　270
自由・無差別・多角主義　24
授権資本　40
出資比率に応じた意思決定　239
ジュビリー債務キャンペーン　252, 259
ジュビリー・サウス　256, 258
ジュビリー2000　69, 245, 251, 253, 254
ジュビリー・プラス　259
ジョイセフ　151, 155
小規模無償プログラム　78, 124
少数民族　106, 109, 111, 113, 114
承認の文化　38, 46, 62
情報公開　58, 68, 180, 181, 212
情報コミュニケーション技術（ICT）　153
新幹線　10

325

人権　16, 273
新興ドナー　90, 184
人口・リプロダクティブ・ヘルス能力向上プログラム　155, 165
審査の基準　232
人的貢献　14, 15
人道的介入論　295
森林減少　224, 229
森林炭素パートナーシップ基金（FCPF）　226, 228-230, 234, 238
森林投資プログラム（FIP）　226
水質悪化　199
水力発電セクターの環境・社会面での持続性に関する国家政策　212
スタッフ人件費　102
ステークホルダー協議　172, 173, 176, 180, 181
ストラテジック・コンパクト　38
スピード感のある援助　115
スリランカ　159, 161, 163
成果連動型プログラム融資制度　169-172, 184
請求払資本　40
生計回復　188, 201
生計手段　231
政策　115
　　──提言　152-154, 158, 163
　　──提言能力　155, 157, 166
　　──不遵守　62
脆弱国　32, 274, 279, 282
生態系サービス　130-132, 146
生物種保全　140
生物多様性　119, 130
　　──保全　134
　　──ホットスポット　121, 124, 125
セーフガード政策　169, 172, 177, 206, 229, 231, 232, 238, 239
セーブ・ザ・チルドレン（SC）　95, 109, 265
世界開発運動（WDM）　245
『世界開発報告書2011』　278
世界銀行　21, 23, 25
　　──・IMF年次総会　256

──グループ　33
　　──・市民社会グローバル政策フォーラム　66
　　──・市民社会フォーラム　66
　　──に関するNGO作業グループ　55
　　──の組織　33, 36
　　──のミッション　3
　　──不要論　119
世界ダム委員会　70
セクター調整融資　29
絶対的貧困　131
セバンファイ川　199, 200
全アフリカ・キリスト教会協議会　252
先住民族　30, 229, 230
　　──の権利　228
戦略的環境政策アセスメント（SESA）　232
早期警戒リスト　69
総裁選び　38
総務会　37, 68
測定，報告，検証（MRV）　225
卒業　10, 11
　　──国（地域）　34
ソブリン債　264
村落開発委員会　292
村落貯蓄基金　203, 204

タ 行

第三者評価　140
対人地雷全面禁止条約　51
大西洋憲章　23
対テロ戦争　287
第2位の出資国　12
タイ発電公社（EGAT）　193
対話　51
多国間開発銀行（MDBs）　21
多国間債務救済イニシアティブ（MDRI）　258
多国間投資保証機関（MIGA）　35, 69, 190
タンザニア　259, 260, 264
炭素基金　226, 227, 234
地球環境ファシリティ（GEF）　123, 215, 221

索 引

知識銀行　276, 294
地元住民の参加　58
仲介役　80
中国　10, 16, 42, 90
　　――の投票権　41
中所得国　34
中途退学　104, 105
貯水池漁業　202
ティアーファンド　245
適応基金　236
適切な言語・様式　181
デフォルト　246
デモ　68
伝統的な資源管理手法　141
天然資源　191, 278
投資紛争解決国際センター（ICSID）　36
投票権　41
投票行動　174
透明性　87
　　――の欠如　190
独立専門家パネル　207
独立評価グループ（IEG）　176
土壌の劣化　202
土地ベースの移転戦略　182
土地利用転換　132
ドッジ・ライン　1
「トリクルダウン」理論　28
トルーマン・ドクトリン　26
ドロップ・ザ・デット　259

ナ 行

内閣府行政刷新会議事業仕分け　85
内部アプローチ　58
ナムトゥン2ダム　70, 89, 187
ナルマダダム　30, 86
日本開発銀行　7
日本国際ボランティアセンター（JVC）　292
日本社会開発基金（JSDF）　83, 95-98, 102, 105, 106, 154, 165
日本人職員　14
日本特別基金　12
日本のNGO　194

日本の世界銀行加盟　3
任意拠出金　83
人間の安全保障　130
人間の顔をした構造調整　249
人間の鎖　253
任命理事　42
ネパール　159, 161, 163
ノビブ（NOVIB）　251
ノンプロジェクト融資　26, 28, 248

ハ 行

パートナーシップ　73, 79, 82, 122, 128
波及効果　112
パックス・アメリカーナ　300, 301
パブリック・コメント　172, 178
パブリック・コンサルテーション（公衆協議）　68
払込資本　40
パリ・クラブ　246, 247
バリ行動計画　226
パワー・ポリティクス　298, 299
番犬（Watch Dog）　188, 209
ピア・エデュケーター（仲間内教育者）　158
『東アジアの奇跡』　303
東ティモール　165
非持続的な利用　132
非自発的住民移転　181
　　――政策　181
ビジビリティ（目に付きやすさ）　165
貧困　212
　　――コミュニティ　132, 133, 138
　　――削減　132, 187, 191, 198, 201, 204, 212, 223
　　――削減基金（JFPR）　96
　　――削減戦略（PRS）　81
　　――削減戦略ペーパー（PRSP）　250
貧富の格差　202
ファシリテーター　73, 80, 81
ファストトラックイニシアティブ――教育計画策定基金　85
ブーメラン効果　57
「不可逆的な」影響　174

327

不正蓄財回収イニシアティブ　264
武装解除　288
部族社会　292
不適切な調査手法　207, 208
不当な債務　255
フレーミング技術　158
＊プレストン，ルイス　65
ブレトンウッズ　1, 3, 7, 300
プロジェクト融資　169, 170
分権化　65
紛争　32, 269
　　──・安全保障・開発グローバルセンター（CCSD）　32
　　──影響国　279
　　──関連の融資　275
　　──国　257
　　──の影響のグローバル化　279
　　──分析枠組み（CAF）　276
　　──リスク　277
『文明の衝突』　303
米国輸出入銀行（米輸銀）　4-6
平和構築　270, 271, 273, 294
　　──委員会（PBC）　272
平和創造　270
平和と開発　275
『平和への課題』　270
ベーシック・ヒューマン・ニーズ（BHN）　28
ペロシ修正条項　60
包括的開発フレームワーク（CDF）　81, 251
暴力的紛争に対する耐性　277
補償　199, 200, 206
保全投資　123, 126, 139
保全ニーズ　143
ホットスポット　141
＊ホッブズ，トマス　298, 299, 315
ボランティア　108, 114, 157
ポロノロエステ・プロジェクト　56

マ 行

マーシャル・プラン　26, 305
＊マクナマラ，ロバート　37, 54, 62, 302

マルチ・ステークホルダー　312
緑の気候基金（GCF）　216, 221, 237
　　──移行委員会　222
緑の帝国主義　32
ミャンマー　139
ミレニアム開発目標　119, 132, 152, 190
民間セクター　35
民間投資　90
民主化　273
無償資金　149, 164
メコン・ウォッチ　88, 89, 196, 199, 203, 205, 206, 209
モース委員会　61
もぐらたたき　210
モニタリング　116, 207
モラルの低下　261

ヤ 行

焼畑農法　202
融資条件　6, 9, 248
融資の停止　56
輸出指向型の農業　58
輸出信用機関（ECA）　69
遊牧民　104, 105
幼児教育　107
予防外交　270

ラ 行

ラオス　187
リプロダクティブ・ヘルス／ライツ　152
リレーショナル・パワー　303
林産物　201
累積債務問題　38
連携　116, 145
連合国通貨金融会議　25
ログフレーム　157

ワ 行

ワールドビジョン　79
ワシントン・コンセンサス　303, 304
ワッペンハンス報告書　62

索引

欧文

Action Aid　218, 221
Bank Information Center (BIC)　228
BOOT方式　189
Do No Harm（害を起さない）　282
Friends of the Earth (FoE)　218, 221, 235
G7先進国首脳会合　247
Global Witness　228, 233
GP14.70　77
HIPCイニシアティブ　250, 258
IMF・世界銀行総会　11
JSDF運営委員会　101
JSDF申請　99, 100
JSDFの申請プロセス　98
JSDFの予算経費積算基準　103
JSDFプロジェクト　110
JSDFモンゴルプロジェクト　103
JSDFユニット　101
KBA（重要生態系地域）　143
Make Poverty History（貧困を過去のものに）キャンペーン　259
NGO（非政府組織）　15, 16, 30, 45, 47, 49, 50, 109, 165, 173, 188, 192, 197, 205, 209, 218, 219, 222, 228, 229, 233
　――作業グループ　64, 66
　――-世界銀行委員会　54, 55, 57, 58, 63, 65, 66
　――セクターの参画　146
　――との協力関係　75, 76
　――との定期協議　16
　――のアドボカシー活動　237, 239
　――の専門性　78
　――向けの資金　78
PKO（平和維持活動）　271
REDD＋　224-226, 231, 235, 238
The Nature Conservancy　235
Third World Netwook　218
UNESCO　100
UN-REDD　236
USAID　297
World Resources Institute　228, 233

執筆者紹介 (所属,執筆分担,執筆順,＊は編著者)

行天豊雄（ぎょうてんとよお）（公益財団法人国際通貨研究所理事長,元財務官：**序章**）

＊松本悟（まつもとさとる）（編著者紹介欄参照：**はじめに・第1章・第2章・第3章・第6章**）

新井綾香（あらいあやか）（公益社団法人セーブ・ザ・チルドレン・ジャパン,ベトナム事務所現地代表：**第4章**）

日比保史（ひびやすし）（一般社団法人コンサベーション・インターナショナル・ジャパン代表理事：**第5章**）

吉留桂（よしどめけい）（公益財団法人ジョイセフプログラム専門家：**第6章**）

田辺有輝（たなべゆうき）（特定非営利活動法人「環境・持続社会」研究センター（JACSES）プログラム・コーディネーター：**第7章**）

東智美（ひがしさとみ）（特定非営利活動法人メコン・ウォッチ,ラオス・プログラム担当：**第8章**）

清水規子（しみずのりこ）（公益財団法人地球環境戦略研究機関（IGES）気候変動グループ研究補助：**第9章**）

藤井大輔（ふじいだいすけ）（債務と貧困を考えるジュビリー九州代表,九州国際大学国際関係学部助教・副学部長：**第10章**）

高丸正人（たかまるまさと）（債務と貧困を考えるジュビリー九州運営委員：**第10章**）

高橋清貴（たかはしきよたか）（特定非営利活動法人日本国際ボランティアセンター（JVC）調査研究・政策提言担当,恵泉女学園大学人間社会学部国際社会学科特任准教授：**第11章**）

＊大芝亮（おおしばりょう）（編著者紹介欄参照：**はじめに・終章**）

《編著者紹介》

松本　悟（まつもと・さとる）
　　1963年　神奈川県に生まれる。
　　　　　　早稲田大学政治経済学部卒業。
　　　　　　シドニー大学大学院地球科学研究科地理学専攻研究修士（MSc）。
　　　　　　東京大学大学院新領域創成科学研究科国際協力学専攻博士課程修了（学術博士）。
　　　　　　NHK報道記者，日本国際ボランティアセンター（JVC）ラオス事務所代表，メコン・ウォッチ代表理事などを経て，
　現　在　法政大学国際文化学部准教授。
　主　著　『メコン河開発』築地書館，1997年。
　　　　　　『被害住民が問う開発援助の責任』（編著）築地書館，2003年。
　　　　　　『徹底検証ニッポンのODA』（共著）コモンズ，2006年，ほか。

大芝　亮（おおしば・りょう）
　　1954年　兵庫県に生まれる。
　　1976年　一橋大学法学部卒業。
　　1983年　一橋大学大学院法学研究科博士課程退学。
　　1989年　イェール大学Ph.D（政治学）。
　　　　　　上智大学法学部助教授，一橋大学法学部助教授，同大学院法学研究科教授，同大学院法学研究科長，日本国際政治学会理事長などを歴任し，
　現　在　一橋大学副学長・同大学院法学研究科教授。
　主　著　『記憶としてのパールハーバー』（共編著）ミネルヴァ書房，2004年。
　　　　　　『平和政策』（共編著）有斐閣，2006年。
　　　　　　『衝突と和解のヨーロッパ——ユーロ・グローバリズムの挑戦』（共編著）ミネルヴァ書房，2007年。
　　　　　　『国際政治学入門』（編著）ミネルヴァ書房，2008年。
　　　　　　『オーラルヒストリー　日本と国連の50年』（共編著）ミネルヴァ書房，2008年，ほか。

　　　　　　　　　　NGOから見た世界銀行
　　　　　　　　　——市民社会と国際機構のはざま——

　　　　　2013年5月30日　初版第1刷発行　　　　　〈検印省略〉

　　　　　　　　　　　　　　　　　　　　定価はカバーに
　　　　　　　　　　　　　　　　　　　　表示しています

　　　　編著者　　松　本　　　　悟
　　　　　　　　　大　芝　　　　亮
　　　　発行者　　杉　田　啓　三
　　　　印刷者　　中　村　知　史

　　　　発行所　　株式会社　ミネルヴァ書房
　　　　　　607-8494　京都市山科区日ノ岡堤谷町1
　　　　　　　　　電話代表　(075)-581-5191
　　　　　　　　　振替口座　01020-0-8076

　　　©松本・大芝ほか，2013　　　中村印刷・清水製本

　　　　　　ISBN978-4-623-06503-5
　　　　　　　Printed in Japan

国際政治学入門	大芝 亮 編著	A5判 二四二頁 本体二八〇〇円
オーラルヒストリー 日本と国連の50年	明石 康／高須幸雄／野村彰男／大芝 亮 編著	四六判 三七二頁 本体二八〇〇円
衝突と和解のヨーロッパ	秋山信将／大芝 亮 編著	A5判 三三八頁 本体四五〇〇円
よくわかるNPO・ボランティア	大芝 進亮 編著	A5判 三三八頁 本体二五〇〇円
NPOと政府	川口清史／田尾雅夫／新川達郎 編著	B5判 二二四頁 本体二五〇〇円
NPOと政府	E・T・ボリス／C・E・スターリ 編著／上野真城子／山内直人 訳	A5判 三六二頁 本体五〇〇〇円
NPOと公共サービス	L・M・サラモン 著／江上 哲 監訳	A5判 三二八頁 本体五五〇〇円

―― ミネルヴァ書房 ――

http://www.minervashobo.co.jp/